中央高校基本科研业务费专项资金资助（NJUSTWGY14001）
南京理工大学研究生院"与海外共建课程"（2014—2016）

语用学学人文库

何自然 主编

景晓平 著

语用学视角下的**新闻转述研究**

A Pragmatic Study of Journalistic Discourse Reporting

暨南大学出版社
JINAN UNIVERSITY PRESS

中国·广州

图书在版编目（CIP）数据

语用学视角下的新闻转述研究 ／ 景晓平著 . —广州：暨南大学出版社，2016.12
（语用学学人文库）
ISBN 978 - 7 - 5668 - 1891 - 1

Ⅰ.①语…　Ⅱ.①景…　Ⅲ.①新闻语言—研究　Ⅳ.①G210

中国版本图书馆 CIP 数据核字（2016）第 151413 号

语用学视角下的新闻转述研究
YUYONGXUE SHIJIAO XIA DE XINWEN ZHUANSHU YANJIU
著　者：景晓平

· ·

出 版 人：徐义雄
策划编辑：杜小陆　刘　晶
责任编辑：刘　晶　金　杰
责任校对：梁嘉韵
责任印制：汤慧君　周一丹

出版发行：暨南大学出版社（510630）
电　　话：总编室（8620）85221601
　　　　　营销部（8620）85225284　85228291　85228292（邮购）
传　　真：（8620）85221583（办公室）　85223774（营销部）
网　　址：http：//www. jnupress. com　http：//press. jnu. edu. cn
排　　版：广州良弓广告有限公司
印　　刷：佛山市浩文彩色印刷有限公司
开　　本：787mm×960mm　1/16
印　　张：13.75
字　　数：246 千
版　　次：2016 年 12 月第 1 版
印　　次：2016 年 12 月第 1 次
定　　价：35.80 元

总　序

　　语用学（pragmatics）作为一门学科，近二十多年的发展日新月异。语用学的学术视角从最早的语言哲学扩展到语言学，逐渐触及语言学的各个领域，出现了各类与语用学相结合的新兴学科和边缘学科，对翻译学、外语教学、词典编撰、跨文化交际、人工智能、文学批评、心理学等许多相关学科产生了深远的影响。语用学现已成为当代语言学中的显学，吸引了越来越多的学者从事语用学的学习、教学和研究。

　　20世纪60至70年代，与语用学有关的课题在西方语言哲学的日常语言学派中十分盛行，但直到70年代末至80年代初它才成为语言学的一个分支学科。1977年，《语用学学刊》（*Journal of Pragmatics*）在荷兰发行，标志着语用学作为一个学科得到正式确认。同一时期，pragmatics引入日本，被翻译为"語用論"，日本学者毛利可信于1978年就曾以"意义的不确定性——从语义学到语用学"为题发表过文章；1980年，毛利可信出版了亚洲第一部语用学专著《英語の語用論》（《英语语用学》）。在我国，语言学界前辈许国璋先生于1979年在中国社会科学院语言所主持出版的《语言学译丛》中就曾连续译介过与日常语言哲学有关的奥斯汀的《论言有所为》等文献。《语言学译丛》改版后的《国外语言学》季刊在1980年就刊登了胡壮麟先生介绍国外语用学的文章。到了1983年，西方正式出版了列文森的《语用学》（*Pragmatics*）和里奇的《语用学原理》（*Principles of Pragmatics*）。这些国外语用学的经典著述，经我国学者不懈引进，使语用学在我国开始扎根、发芽。随后，经过三十多年的努力，我国语用学研究得到不断发展，研究队伍不断壮大，与国外同行学者之间的学术交往日益增多，并不断产出具有国际视野的研究成果，体现出中国学者的学术见解和创新。

　　当然，我国语用学研究的全面创新及语用学学科的深度发展还有很长的路要走；作为我们自己的学术团体，中国语用学研究会也有很多工作要做。2011年，第十二届全国语用学研讨会暨第六届中国语用学研究会年会在山西大学外语学院召开之际，研究会常务理事会决定组织出版"语用学学人文库"（以下简称"文库"），并成立了编委会，约请暨南大学出版社自2012年起出版语用学方面的有关论著。中国语用学研究会认为，在这个时候筹划出版"文库"系列丛书是有其积极意义的，可以极大地促进我国语用学教学与研究的繁荣，使汉语、外语学习和实际运用得到应有的重视，使汉语在我国社会经济生活中的使用质量得到不断提高，并为在国际上普及汉语和宣传中华文化而助力。

我们计划"文库"系列丛书每年出版2至3部专著。这些著述着重反映以下三个方面的内容：第一，评介当前国外语用学学科的前沿课题；第二，结合和借鉴国外语用学的理论和实践，指导和提高我国汉语和外语的教学与研究；第三，介绍我国学者在语用与社会、语用与文化、语用与翻译、语用与心理、语用与认知等方面的创新成果。

我们曾征询过国内外有关专家、教授、学者的意见，草拟了一份"文库"选题建议，发布在"中国语用学研究会网"（www. cpra. com. cn）上，供大家撰稿时参考。我们盼望我国从事语用学教学与研究的同仁能够积极支持这个"文库"的出版计划，踊跃撰稿，为进一步繁荣我国语用学的学术研究作出贡献。

"语用学学人文库"编委会

2012 年 5 月

序

　　景晓平在其博士论文基础上撰写的书稿——《语用学视角下的新闻转述研究》顺利通过专家评审，入选"语用学学人文库"，即将付梓，我感到由衷的高兴，也致以诚挚的祝贺。

　　话语转述是人类交际中的一种普遍现象，大量出现在新闻报道中。研究新闻转述行为发生的交际过程，揭示新闻话语作为公共话语中的隐含意义，是当前国内外的前沿课题，体现了语用学与新闻学的交融。《语用学视角下的新闻转述研究》从语言顺应论的视角对新闻转述行为进行了较为系统的研究，对转述过程中的各种语言形式和策略的灵活选择进行了深入的讨论。作者收集了大量的新闻话语转述语料，采取定性和定量相结合的研究方法，详细探讨了新闻转述过程中所使用的各种策略。研究表明，新闻转述行为是新闻转述者在新闻交际语境下实施的一种顺应性言语行为，新闻转述方式、转述措辞的多样化选择及其对相似性的复杂影响反映了转述者在机构语境制约下的常规选择，但新闻话语转述行为对不同语境因素的顺应常常表现出冲突性。各种转述策略的运用则是新闻话语转述者在新闻语境制约下的主动性顺应选择，体现出新闻话语转述者较高程度的元语用意识，关于娱乐新闻转述的个案分析正说明了这一点。该书不仅考察了新闻话语转述实践，而且在理论建构上进行了探索，对语言顺应论进行了局部修正，将合作原则中的交际内容纳入到顺应论的思想中，指出言语交际包括语言形式和交际内容的选择，加强了顺应论的可操作性和解释力。在研究方法上，该研究将转述语与原话语进行对比，清晰地反映原话语在转述过程中所发生的变化，更好地揭示了转述形式与内容属性之间的相互关系。该研究对于教学、新闻语篇的阅读与写作也具有重要的启示。

　　景晓平于2007年考入南京大学，攻读语用学博士学位，成为本人指导的第一个女弟子。她在本人指导下，在读书期间努力研读语用学理论和研究方法，勤学好问，潜心学术，于2010年顺利答辩，获得博士学位。毕业后，景晓平博士致力于语用学教学与实践，将语用学思想贯穿到自己的课堂内外和社会生活中，充分体现了语用实践的人本思想。

该书在博士论文基础上进行了大量的修改和完善，从选题策划到现在著书成说，历时九年，表现出其严谨的治学态度，非常值得称赞。

收笔之际，我衷心祝愿景晓平博士在今后的学术生涯中，永葆学术热情，在语用学及相邻学科的道路上不断求索，从容不迫，边走边看，边看边想，边想边写。最是寂寞冷清处，也常常是风景最美的地方。

陈新仁

2016 年 3 月 10 日

目　录

第一章

导 言

1.1 引言

当代语用学的显著特征之一是强调学科之间的相互交叉，所关注的话题已经远远超越了传统的语用学研究课题（冉永平，2007，2011，2012）。新闻话语是当前国内外语用学界普遍关注的一个重要议题，近年来国内外一些重要的语用学会议（冉永平，2011；首届美洲语用学，2012）都设有"语用学与传媒语言"的专题。2007 年 Jef Verschueren 在日本语用论学会第十届年会上指出，研究语用学需要考虑它与其他研究领域的关系，尤其是如何为公共领域的生态建设作出贡献。语用学可以用来分析话语中隐藏的意识形态模式①，因为意识形态是一种被想当然的意义或隐蔽意义，而隐蔽意义隶属语言语用学研究的范围（陈新仁、余维，2008：110）。新闻话语的语用研究是当前语用学关注的一个重要议题，体现了语用学与传播学之间的相互融合，也充分说明了语用学可以为公共领域的生态建设做出贡献。语用学研究的一个根本目标是对各种语用现象做出完全、充分的理论解释（陈新仁，2001：379），传统语用学主要关注理想交际者的原型言语行为（Levinson，1979；陈新仁，2001），对新闻话语作为公共话语的语用研究无疑是对传统语用学研究的一个必要补充，有助于实现语用学这一宏大的目标。本研究所采用的顺应论（Verschueren，2000）考虑了语言在认知、社会和文化中发挥功能的复杂性，将语言各个层面的结构特征与语境联系起来，能够揭示语言在社会生活中的方方面面发挥的作用。

话语转述是交际中的一种普遍现象，正如 Bakhtin & Volosinov（1981：92）所言，我们所说的话语中大多充斥着他人的话语，任何语句均包含着半隐秘的或者完全隐秘的他人话语。本研究以语言顺应论为指导思想，以新闻转述作为研究对象，将其看作发生在特定语境中的言语行为，透视该类言语行为发生的交际过程，揭示新闻话语作为公共话语中的隐含意义，描述形成这种隐含意义的各种语言选择，期望有助于人们对新闻转述的深入理解。

---

① 意识形态最明显的一种表现就是语言使用，它可以反映、建构和维持意识形态的模式（Verschueren，2011：18）。

1.2　研究对象

话语可以成为其他话语的谈论对象，可以被批评、质疑、评论或者简单地转述（Coulmas，1986：2），话语转述（discourse report）本质上是一种言语行为（Sternberg，1982a：146；Bamgbose，1986：77）。话语转述与人们进行交际和表征世界的其他模式不同，其显著特点在于指向另一言语或思维。在转述时，两个独立的话语事件进入一种表征（representational）或模仿（mimetic）关系，这种表征行为与其他表征行为的区别主要在于被表征的事物本身是一种具有表现性特征的主观体验：言语（speech）、思维（thought）以及表现行为（expressive behavior）（Sternberg，1982a：107）。对话语事件的转述是新闻报道的一个重要组成部分，由于新闻话语在语言运用的客观性和准确性上具有较高的要求，发生在新闻语境下的话语转述行为吸引了新闻传播学界和语言学界的广泛关注。下面我们主要从原话语的属性、话语转述的参与者（转述者、接收者与说话者）和语式、语码的选择等方面明确本书的研究对象。

从原话语的属性来看，新闻话语转述①所再现的话语通常是真实发生过的、具体的他人话语。话语转述再现的原话语在理论上可以是抽象的语言表达，也可以是具体的语言使用，可以是在过去某个时间真实发生过的，也可以是可能发生的虚拟话语。Noh（2000）依据原话语的属性总结了文献中提到的三类引语（quotation）：纯引用/提及（pure quotation / mention）、转述言语/思维（reported speech / thought）和混合引语②（mixed quotation）。其中，纯引用再现的是抽象表征（abstract representation），转述言语再现的是公开表征（public representation）（语句），转述思维再现的是思维表征③（mental representation），混合引语所再现的对象同时具备前两种特点。具体例句如下：

（1 – 1）a. "Life" is monosyllabic.

　　　　　b. Peter to John：Leave here at once, and never come back.

---

① 为了简洁起见，本书统一采用术语"新闻转述"来指称"新闻话语转述"。

② 本研究所使用的"混合转述"与 Noh 使用的"混合引语"在界定上是不同的，混合转述的定义及具体类别详见第三章。

③ 由于本研究只关注对具体话语的转述，在此暂不介绍转述思维。

Mary：Peter said, "Leave here at once, and never come back. "

c. Mary：Peter told John to leave there at once, and never come back.

d. The teacher used "the rod of love" to make us learn better.

(Noh, 2000：9 – 18)

例（1 – 1）a 为纯引用，转述者不是在转述他人的话语，而是在谈论一个语言表达式，所引用的成分只是抽象类型（type）的一个具体例示（token），只是被提及而没有被使用。例（1 – 1）b 和（1 – 1）c 为本研究所关注的话语转述，转述者 Mary 在转述 Peter 的话语，只是使用的转述方式不同：例（1 – 1）b 为直接转述，例（1 – 1）c 为间接转述。Noh 将例（1 – 1）d 称为混合引语，认为句中的"the rod of love"可以用来"提及"某种语言表达式，也可以是"使用"该表达式，表达某种命题内容。本研究认为，只要例（1 – 1）d 所转述的话语是真实发生过的，就可以将该类混合引语看作话语转述的一种方式，与例（1 – 1）b 和例（1 – 1）c 类似。此外，新闻转述不包括转述者对过去某个时间可能发生的话语进行猜测所构成的虚拟性转述（hypothetical report），即原话语不存在的情形，如下例：

(1 – 2) I would/should/could have told him…

(Sternberg, 1982a：140)

从话语转述的参与者来看，新闻话语的转述者通常是原始交际情景中允许在场的参与者，大多数时候并不是直接的听话者，而是预期的旁听者（expected auditor），或者只是偷听者（overhearer）。媒体话语转述的主要任务是向读者客观报道具有新闻价值的话语，读者作为原话语事件的局外人，通常没有直接的机会了解原始事件。依据转述者是否为交际中的参与者，新闻转述属于 Bamgbose（1986）所界定的"目击式转述"①中的"目击者向目击者转述"和"目击者向局外人转述"。同时，考虑到原说话者

---

① Bamgbose（1986：77）认为一个言语情景中的可能参与者包括说者（addresser）、听者（addressee）和他人（other）。Bamgbose 区分了两大类转述：目击式转述（eyewitness report）和传闻式转述（hearsay report）。其中，目击式转述包括目击者向目击者转述（eyewitness – to – eyewitness）和目击者向局外人转述（eyewitness – to – outsider）。前者是标记性转述，后者则是无标记性转述。传闻式转述的特点在于转述者在重复一个或多个转述者所传递的信息（1986：93 – 95）。

在交际中的角色，新闻转述相当于 Park（2005）所界定的"第三方引用"①。考虑到原话语与转述语的语式特点，报纸新闻转述的特点为对口语语篇/书面语篇的书面转述。从符号本身的选择来看，话语转述包括言语类转述（verbal report）和非言语类转述（nonverbal report）。由于篇幅限制，本书暂不讨论对他人话语的非言语类转述（如盲文新闻或手语新闻）。

本书既研究转述者采用了什么样的语言形式对原话语进行转述，也考察原话语的信息内容在转述语境中有何变化，并在此基础上探讨各种转述策略。这一研究视角排除了哲学研究中的纯引用/提及②、叙事语篇中的各类思维转述以及虚拟性转述，因为纯引用和虚拟性转述不涉及真正的原话语事件，不出现在新闻话语中，而思维转述通常不可捉摸，难以考察。

综合以上介绍，本书探讨在作为公共话语的新闻话语（van Dijk，2003）中新闻记者作为原话语事件中的部分参与者如何转述他人说过的话语，具体请看下例：

(1 - 3)［该例为《泰晤士报》对第一场辩论中 Obama 话语的转述。文章先转述了 McCain 对 Obama 在竞选过程中"过分自由"的指责，此处为 Obama 对 McCain 的反驳。］

原话语：John, it's been your president who you said you agreed with 90 percent of the time who presided over this increase in spending. This orgy of spending and enormous deficits⋯

(Debate 1, 2008 - 09 - 26)

转述语：Mr. Obama, referring to the financial turmoil, said："John, it's been your president who presided over this spending, this orgy of spending," adding that McCain voted for most of Mr Bush's budgets and had backed 90 percent of the current president's legislation.

(The Times, 2008 - 09 - 27)

本书将具体分析上例中的转述者在转述原话语时所采用的方式和具体的措辞及其在内容真实性上的变化，并讨论记者在新闻转述过程中使用的语用策略。

---

① Park（2005：80）区分了三种类型：自我引用（self quotation），即话语的实施者（animator）转述自己的话语；对方引用（co - party or second - party quotation），即话语的实施者转述在场者的话语；第三方引用（third - party quotation），即实施者转述不在场的第三方的话语。

② 如例（1 - 1）a，"Life" is monosyllabic。

1.3 研究内容

从言语行为来看，新闻转述行为可以从以言指事（locutionary act）、以言行事（illocutionary act）和以言成事（perlocutionary act）三个方面进行分析（詹全旺，2009）。新闻语篇中的以言指事行为体现了新闻语言与新闻报道客体之间的关系，是新闻言语行为最基本的层面；以言行事行为体现了新闻语言与新闻报道主体之间的关系，体现了新闻报道主体及其所在的共同体的立场和态度；以言成事行为体现了新闻语言与受众之间的关系，新闻报道对受众的思想、感情产生影响，甚至使受众采取某些行动（詹全旺，2009：52-53）。限于篇幅，同时也考虑到新闻言语行为的效果所涉及的多种复杂因素[①]，本书只讨论新闻转述行为中的以言指事和以言行事，通过描述新闻转述行为在转述方式和转述措辞以及转述内容上的变异性，分析新闻转述的策略，揭示新闻转述行为的顺应性。

依据语言顺应论，语言的顺应性选择发生在语言结构组织的任何层面上，既包括语言形式，也包括交际策略（Verschueren，2000）。新闻转述行为在形式上的选择涉及符号系统、交际渠道、语码、语体、语篇、句式结构、词汇等，但研究者需要关注具有明显交际价值的语言结构的选择，尤其是那些显著地发生在某一个语言层次上的顺应性选择，以及由此产生的特别的语用意义（何自然、谢朝群、陈新仁，2007：89）。本研究主要关注影响交际价值的转述方式（reporting mode）和转述措辞（reporting wording）的选择及其对转述真实性的影响，并分析转述策略。鉴于文献中对转述真实性所存在的争议，我们借鉴关联理论对表征和元表征的论述[②]，使用"相似性"（resemblance）这一概念来讨论话语转述的真实性问题。结合文献中有关话语转述的研究所存在的问题，本书尝试在语言顺应论（Verschueren，2000）的框架下对新闻转述行为在形式上的选择及其对内

---

① 以言成事（perlocutionary act）是指通过说什么而取得了某种效果（the achieving of certain effects by saying something）（Austin，2002：121）。顾曰国认为，我们不能一味地用效果来决定以言成事的性质，因为效果发生在听者一方，以言成事是说者所为。以言成事与效果之间并非简单的因果关系，因为听者不是无意志的、听任说者支配的机器人，话语产生效果是一个说听者相互作用的过程（顾曰国，2002：F35）。

② 根据关联理论（Sperber & Wilson，2001：229），任何一个命题形式的表征都可以因其能真实表述客观事件而表征客观世界，同时也可以凭借其与另一个命题形式的相似性（resemblance）来表征另一个表征，通常人们公认的话语的阐释性使用（interpretive use）就是话语/思维转述。在Noh（2000）的研究中，相似性用来研究各种类型的元表征性使用，可以表现在内容或形式方面。

容相似性的影响进行描述和讨论，并进一步阐释新闻语境制约下话语转述行为的各种策略。

本书具体涵盖了以下四个方面的主体内容：①对新闻转述方式的选择及其在内容上的相似性进行描写和分析；②对新闻转述措辞的选择及其在内容上的相似性进行描写和分析；③对新闻转述所采用的各种策略进行讨论；④对娱乐新闻转述行为进行个案分析。

第一，对新闻转述方式的各种选择进行细致的描述，并讨论各类转述在内容相似性上的不同偏离，揭示新闻转述在方式及其相似性选择上的变异性。参照文献中对各种转述方式的分类和对语料的观察，本书对新闻转述方式进行描写，通过对比原话语与转述语来讨论各类新闻转述的真实性。传统研究一般默认直接话语在形式和内容上均忠实于原话语，而间接话语则只是在内容上忠实于原话语。近年来对口语中的话语转述研究对所谓的忠实性提出了质疑，如 Tannen（2007）、Mayes（1990）。参照关联理论，话语转述属于语言的阐释性使用，涉及两个表征之间在逻辑或命题形式上的相似性（Sperber & Wilson，2001），这种相似性并非是等同的，而是类似于 Noh（2000）所说的"弱于字面式的重述"。在此基础上，我们认为，新闻转述在内容上并非总是忠实于原话语，转述内容的相似性在各类转述方式上应具有不同的体现。

第二，对新闻转述的措辞选择进行描写，并讨论各类转述措辞选择在相似性上的特点，揭示新闻转述在措辞选择上的变异性。新闻转述内容的相似性在各类转述措辞的选择上应具有不同的表现，转述措辞的选择及其忠实性的讨论均需要对转述语与原话语进行对比，并参考其所在的双重语境进行分析。措辞的准确一般情况下意味着绝对的忠实，但也并非总是如此，同样，措辞的变化也不一定总是在真实性上偏离原话语，这都有待于对大量新闻转述的语料进行深入的分析和讨论。

第三，对新闻语境制约下新闻转述的各种策略进行讨论，揭示新闻转述在客观性背后所隐藏的主观性。当前对新闻转述的研究主要以评论语言学/批评语言学①为主，批评语言学的主要贡献在于将语篇的社会意义和意识形态功能以及语言结构和社会结构之间紧密地联系起来（辛斌，2002：40）。但是依据语言形式的选择判断其意义和使用者的行为特点很容易导致形式与功能的机械对应，在实际生活中，语言选择不是机械地严格按照规则，或者固定地按照"形式—功能"关系做出，而是在高度灵活的语用

———————————

① 何自然先生在给笔者的邮件中指出应该使用"评论语言学"，因为汉语的"批评"与英语的"critical"是不对等的。

原则和语用策略的基础上来完成（何自然，2000：F21）。此外，新闻转述的对象总是具有一定影响力的、读者比较感兴趣的新闻话语事件，因而受社会文化和心理因素影响比较大。与此同时，报纸篇幅有限、时间紧迫等特点都在一定程度上限制着话语转述的各种选择。当然，转述者也会充分利用这些语境因素对新闻话语进行策略性地转述。本研究结合话语转述所发生的媒体交际语境，探讨话语转述的语用策略及其影响因素。

最后，对娱乐新闻话语中的转述行为进行个案分析，探讨转述者在转述非严肃话语时所采取的转述策略。新闻语篇强调客观性和忠实性，其中，以娱乐大众为目的的娱乐新闻转述行为更值得关注。通过收集大量的娱乐新闻转述，本书描述了娱乐新闻记者在转述他人话语时所采用的转述方式和消息源特点，分析了娱乐新闻转述的意识突显和过度顺应。

本书的研究内容有助于解决文献中有关话语转述所遗留的一些问题，尤其是话语转述的忠实性问题及其与话语形式之间的复杂关系，而在特定的机构话语中，转述行为的这些特点将更加复杂。在语用学的视角下，话语转述在命题内容上的种种偏离及其在形式上的具体选择可以得到较为全面的解释。

1.4 理论框架

为了更好地实现我们的研究目标，本书以语言顺应论（Verschueren，2000）为理论框架，引进合作原则（Grice，2002）和关联理论（Sperber & Wilson，2001）中有关信息内容的讨论，将言语交际关于信息内容和语言形式的选择一起纳入变异性的考察范围，对语言顺应论予以局部修正，使其适应于新闻转述的研究。

语言顺应论认为，人们使用语言的过程基于语言内部和外部的原因，在不同的意识程度下不断地进行语言选择的过程，这些选择取决于语言的变异性、商讨性和顺应性（Verschueren，2000）。顺应论将语言使用和人类生活各方面联系起来，充当连接语言资源的语言学和跨学科领域的纽带① （Verschueren，2000：7）。与此呼应，现代传播学的研究也在发生着"话语转向"（胡春阳，2007），很多学者采用微观的文本分析方法，研究以语言为基础的各种象征符号如何构建社会现实。顺应论所主张的语用综

---

① 有关顺应论的介绍与评价，请参看《语用三论：关联论·顺应论·模因论》（何自然等，2007）。

观论拓宽了语用学的研究视野（何自然等，2007；Jaffe，2001），从认识论的高度，将其系统化为一种语用理论（刘正光、吴志高，2000），把传统语用学研究课题的内容都贯穿起来了（何自然、于国栋，1999）。顺应论在方法上是多元的（钱冠连，2000），允许纳入不同的理论主张，具有很强的包容力和解释力（徐学平，2005）。当前对于语言顺应论的批评包括解释力过强、万能性和不可证伪性（刘正光、吴志高，2000；Huang Yan，2001；蒋澄生、廖定中，2005）；忽视主体性/主观能动性（刘正光、吴志高，2000）；过于笼统、解释不充分（杨平，2001；谢少万，2003）等。国内对顺应论的修正主要包括杨平（2001）的"关联—顺应"模式，冉永平（2004）的"顺应—关联"模式和廖巧云（2005a，2005b，2006）的"合作—关联—顺应"模式。陈新仁（2010）认为这些都是一些积极的尝试，有一定的道理，但将合作原则、关联理论和顺应论在同一个层面上进行组合似乎有所不妥。他指出，对于语言顺应论这样的宏观理论，我们要思考的是如何将各种微观理论融入到该理论框架中，充当顺应论主旨下的解释模块。在顺应论的应用研究当中，我们需要的是带有宽容态度的理论"细化"与"充实"工作（毛延生，2011）。

1.4.1　语言顺应论的主要问题

语言交际涉及两个基本层面：内容层面和形式层面（吕公礼，1999：21）。Zipf（1949）用"省力原则"来解释语言形式与其表达的信息之间的协商。内容层面用 Grice 的话说就是"明说/隐含"［What is said（conveyed）/implicated］或"信息交换"（exchange of information），关于形式层面，Grice 也有简洁的表述："如何表达明说"（how what is said is to be said）（Grice，2002）。Grice 明确指出："方式原则不是（像前面几个范畴）与明说相关联而是与如何表达明说相关联。"（2002：27）后来的学者普遍继承了这一基本认识，Levinson（1987）在批评 Horn（1984）的 Q 原则和 R 原则[①]时就指出 Horn 没有区分命题内容的最简化和表达形式的最简化，随后 Horn（1988）对两个原则进行了修改，前者指内容，后者指形式。关联理论也明确区分了交际中的两个大问题：交际的内容是什么？交际是如何进行的（Sperber & Wilson，2001：1）？交际中的内容和形式类似

①　Horn（1984，1988）的 Q 原则是建立在听话者基础上的，指原来的量准则的第一条：信息量要充分；R 原则是建立在说话者基础上的，包括原来的关系准则、量准则的第二条和方式准则：信息量是必要的。Horn 的两个原则是对 Grice 合作原则中的四个准则的修正，与 Levinson（1987）的三原则（Q 原则、I 原则和 M 原则）并称为新格莱斯（New Grice）研究。

于文学中的二元论①，即形式与内容可以分开对待，但内容优先于形式（申丹，1999：27）。说话者需要根据交际意图，首先决定说什么，即决定话语内容，然后寻找最合适的话语组合形式，把信息意图传递给听话者（冉永平，2004：28）。我们赞同以上观点，交际内容虽然不是独立存在的，总是外化为一定的语言表层形式，但是对于交际内容在质量（真/假）、数量（多/少）和关系上（相关/不相关）的选择并不一定表现在语言形式上，而形式上的变化未必就意味着内容上的变化。比如语法化主要研究形式上的变化，从 be going to 到 be gonna 只体现了形式上的简化，而其表达的信息内容并没有发生变化。I－C－E－C－R－E－A－M 也只是 ice－cream 的非正常拼写和语音表现形式，并不涉及交际内容的变化。因此，有必要将交际内容与语言形式分开讨论，而不是将交际内容隐含在语言形式的选择中。

作为语言交际研究的一个重要问题，"交际内容"的选择在顺应论中没有得到足够的重视，在具体表述上也出现了不一致的地方。顺应论在谈到顺应的结构客体时指出语言结构的选择范围发生在话语组织的任何一级层次，包括符号系统、交际渠道、语码、语体、言语事件、语篇、言语行为、命题内容、句、短语、词、语音，并指出这些选择是同时进行的（何自然等，2007：87）。这里列举的 12 个方面既包括语言形式，也包括语言形式所表达的内容。但作者更多的是在讨论语言形式的顺应性选择在交际中产生的不同效果，比如，在表达同一命题时的不同语码、语体、词汇、语音等形式上的选择，而忽略了交际内容本身所具有的选择性。陈新仁（2004：70）指出，"语言选择"（linguistic choice）这一表达的频繁使用或许具有误导性，与语言相关的选择并不只限于对语言单位自身的选择，语言使用者不仅仅选择语言形式，在语言形式选择的背后，必然隐藏着一种言语交往方式，包括命题内容、话语特征、信息量等。

任何语用理论都不能偏离语义重心，在顺应论中，具有变异性的语言选择层次必然是以语义为参照的语言运作体系（张克定，2000），否则就会出现交际真空或者交际失控（张艳君，2009）。然而，我们认为，顺应论的语义重心体现在其默认了一定的命题内容，然后进行语言结构的选择，也包括对同一命题内容内部不同信息结构的安排。顺应论将命题内容与语言形式的各种选择并列，没有给予内容本身以足够的重视。在谈到命

---

① 在文学研究中，存在一元论和二元论之争。一元论认为形式与内容密不可分，对表达形式的选择就是对内容的选择；二元论认为形式与内容可以区分，同一内容可用不同的形式来表达（申丹，2001：F32）。

题内容时，Verschueren（2000：127）指出，从结构上看，命题内容与小句或句子是一致的，由于其超越形式结构进入"意义构成"（formatting of meaning）领域需要单独对待。在命题内容这一节里，他主要讲述了交际中的指称方式和对"指称—述谓"的限制和丰富（如情态或否定等）。在谈到话语构建的原则时，他指出超句层面上的构建过程多半是组织内容的问题，正是内容上的谋篇布局或信息结构过程的不同原则间的这种经常发生的、受制于对意义连贯的普遍需要的相互作用，决定了句法层面对意义生成的产出与贡献（Vers chueren，2000：134－139）。然而我们发现，尽管Verschueren意识到了交际内容的重要性，但是无论在语篇层面还是句子层面，这些讨论仍然是围绕既定的命题内容而进行的语言选择，并没有直接讨论交际内容本身的变化对交际所起的作用。

此外，策略的选择说明语言选择要受到其本身之外因素的限制，这就表明语言选择与其本身之外因素的相关性，其基础不在于形式，而在于出于语义考虑的策略性。语言选择具有不同的意识程度，而判断意识程度高低的标准在于对该语言选项相关语义掌握的熟练程度（张艳君，2009：82）。尽管策略的选择本身常常与命题内容有着密切的联系，却更多地与语言形式相联系。语言使用的策略是利用意义生成过程中的外显性和内隐性之间相互作用的种种方式，如含意、隐喻、礼貌和幽默等（Vers-chueren，2000：156），最终也落实在语言结构的选择上。语言使用者对语言形式蕴含的语义掌握只能说明在交际过程中使用者需要先决定话语内容或策略，再选择语言形式。因此，顺应论预设了命题内容的重要性，但无论语言结构还是策略的选择都隐含着既定的命题内容，没有像合作原则那样直接讨论命题内容的变化。

1.4.2　修正的语言顺应分析模式

上文明确了交际内容对语言交际研究的重要性，以及顺应论中内容选择的缺失，本节尝试将合作原则中关于交际内容变化的维度纳入顺应论，对顺应论进行修正，期望能有利于话语转述的深入研究。下面我们先讨论合作原则融入顺应论的可行性，然后再勾勒出顺应论的新模式。

合作原则与顺应论都是从话语产生的角度讨论交际，都强调交际目的对语言使用的影响①。合作原则与顺应论的互补性体现在以下几个方面：

---

① Grice认为："会话准则……以及与之相关的会话隐涵，是跟某特定目的相联系的，而会话……要适合且主要服务于这特定的目的。"（2002：28）合作原则明确指出："尽量使你的话语在发出时能符合当时你所参与交谈的共同目的或方面。"（Grice，2002：26）语言顺应论也指出："语言的顺应性特征使人得以从一系列范围不定的可能性中进行可协商的语言选择，从而尽量满足交际的需要。"（Verschueren，2000：61）

理论基础、研究对象和语境观。首先，两者在理论基础上具有互补性，两者的结合可以将概念性分析和社会学分析结合起来。合作原则主要是从哲学角度讨论社会真空里的典型或模式化交际，顺应论主要从社会心理角度出发，强调交际中的社会文化这一参数（廖巧云，2005）。社会语用学经常批判合作原则缺乏社会文化分析，Turner（2002）为其辩护，认为 Grice 理论构建的支柱是概念性分析而不是实证性的社会学分析。新格莱斯（New Grice）语用学理论的概念和方法论来源于（分析性）哲学；社会语用学理论的概念和方法论则源自（批判性）社会学。社会语用学强调社会学研究的伦理特性，与合作原则相比具有更多优势，而合作原则也暗含了社会文化因素对含意的制约作用。其次，两者在研究对象方面具有互补性。合作原则以交际双方的会话为研究对象，所考察的四个范畴中前三个是关于信息内容方面的，最后一个是关于信息表达形式的。顺应论以语言选择为研究对象，语言选择主要指语言结构的选择，尽管策略的选择可能暗含着某种含意的表达，但没有明确信息内容本身的变化。再次，两者对语境的理解具有互补性。Grice 在用合作原则解释会话含意时给人一种错觉，即交际双方似乎总是具有互知，主要关注共享语境下的理想交际者的原型言语行为或无标记行为，对诸如社会意义、情感意义、修辞意义等还无法做出描写或解释（陈新仁，2001：384 - 387）。Levinson（1979：376）认为最好是把合作原则的准则看作无标记交际语境的体现，对准则的违背可以看作特殊的或标记性的。而实际情况是，在交际中，双方不一定共享语境。顺应论认为语境是在交际中动态生成的，不是双方共享的，而是三个世界中由交际双方的视线所激活的部分。以上分析表明，合作原则与顺应论的结合可以实现概念分析与社会文化分析、信息内容和语言形式、无标记语境与多元语境之间的有机整合。

整合之后的顺应论将包容合作原则中关于信息内容的讨论，信息内容的选择主要指合作原则中信息内容在质量、数量和关系维度上的各种变化，语言形式的选择维度指顺应论中讨论的语言、语码（包括各种变体）、风格、话语构建成分和构建原则，两个层面的选择，都是由一定的交际效果驱动的。交际内容上的变异性选择可以参照关联、质量和数量三个维度，在正常的交际中，说话者会选择相关性较高、话语真实性较高、数量较合适的信息内容。但是为了实现特定的交际目的，说话者会违反这些准则，说出不相关、虚假的话语，提供过量或不足的信息。就交际内容在不同维度上的变异来看，本书参照关联理论的看法，认为无论是质量维度、数量维度还是关系维度，都不是简单的二元划分，而是有着不同程度的变化。在质量维度上，交际者会选择准确的话语、随意言谈或者假话，类似于关联理论所说的"刻意—随意—隐喻"（literal – loose – metaphor）的连续统（Sperber & Wilson，2007，2012；Carston，2009）。在数量维度上，为了追求交际效果的最大化，人们在交际过程中常常遵循经济原则（Zipf，1949），但也会提供过量信息（陈新仁，2004）。在关系维度上，交际者提供的信息可能是相关、弱相关或不相关（何自然，2002）。在此基础上，我们认为交际内容在关系、质量和数量三个维度上的变化都存在着类似的连续统：关系维度上的"相关—弱相关—不相关"，质量维度上的"精确—松散—歪曲"和数量维度上的"过量—适量—不足"。这样，交际内容上的选择变异性就体现为关系维度、质量维度和数量维度上的各种可能性的集合。明确了交际中内容和形式的变异性选择后，我们将顺应论中的三个概念——变异性、商讨性和顺应性重新进行了界定：

变异性：指语言交际所具有的可变选项，包括交际内容属性（在关系维度、质量维度和数量维度方面）的选择和针对既定交际内容的不同语言形式的选择。

商讨性：交际内容的属性和语言形式的选择不是机械进行的，也不是按照固定的形式与内容、功能的关系进行的，而是在高度灵活的原则和策略的基础上进行的。

顺应性：语言交际的顺应性特征使人们得以在范围不定的系列可能性中（包括程式与内容）进行商讨性的选择，从而尽量满足交际需要。

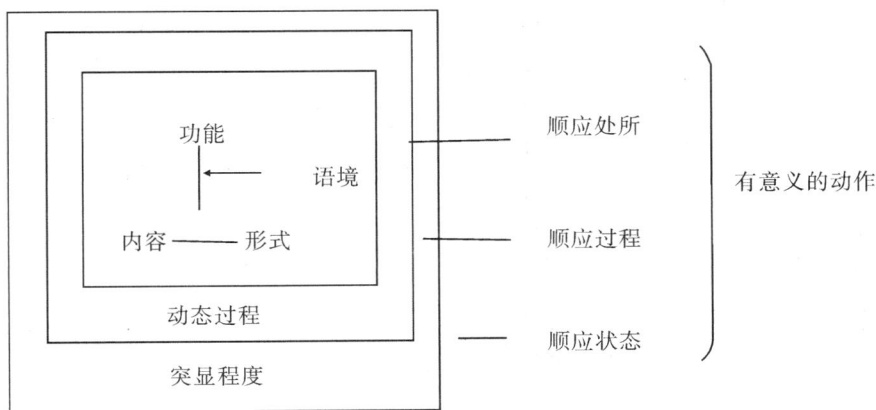

修正的语用学理论结构图（Verschueren，2000：67）

在修正的顺应论框架中（见图），交际内容和表达形式被赋予了同等重要的地位，表现了交际内容、语言形式与功能在语境制约下的多重关系。交际内容通常会外化为一定的语言形式①，但从语言形式上不一定能看出交际内容属性的各种变化。同一交际内容可以由不同的语言形式来表达，而不同的语言形式可以表达同样的交际内容。语言使用者会选择提供相对真实的信息，但在特定的情景中，如医生面对患了重症的病人时，会选择善意的谎言；为了解决会话冲突、巩固会话和谐、提高会话效率，交际者会提供过量的信息（陈新仁，2004：9）；为了转移话题、避免伤害他人等而选择不相关的信息。这些真实/虚假信息、经济型/过量型信息、相关/不相关信息可以采用类似或不同的词汇和句式结构来表达，表现为直接或间接的方式，出现在各种类型的语篇中。交际内容在不同维度上所表现的特征、在语言形式上的具体实现以及在交际中所发挥的作用并非机械的一一对应，而是体现出较为复杂的商讨性关系。整合后的语言顺应论更具有可操作性，能够将话语转述的形式选择和内容上的变化纳入统一的理论框架，充分展示话语转述在交际语境下的顺应性选择，从而避免形式与内容或功能之间的机械匹配。

1.5　研究方法

新闻转述作为一种交际行为，是一种选择过程，具有变异性（表现在转述方式和措辞选择）、可协商性（会顺应语境和交际意图，体现为各种策略），即具有顺应性。围绕着新闻转述行为的这一交际属性，本书的研究内容可以概括为以下四个问题：

（1）在实施新闻转述行为时，转述者在转述方式上做出了哪些选择？这些选择是否影响转述语与原话语在内容方面的相似性？在哪些方面体现出语境与语言选择的顺应关系？

（2）在实施新闻转述行为时，转述者在转述措辞上做出了哪些选择？这些选择是否影响转述语与原话语在内容方面的相似性？在哪些方面体现出语境与语言选择的顺应关系？

（3）在新闻媒体语境的制约下，新闻转述者为了实现其交际意图使用了哪些调控策略？

（4）娱乐新闻转述行为是否表现出不同于一般新闻转述的语境顺应性？

---

①　交际者有时候会面临"言不尽意"或者"无声胜有声"的局面，这些都反映了语言表达在交际中的局限性。此外，交际者不一定会选择语言作为表达形式，绘画、舞蹈等都可以作为表达某种交际内容的形式。本书主要侧重于言语交际内容的讨论。

本书将新闻转述者作为转述行为的核心主体，将新闻转述行为的整个交际过程纳入研究范围。通过回答以上四个问题，本书试图解决文献中有关话语转述所遗留的一些问题，尤其是话语转述的忠实性问题及其与话语形式之间的复杂关系，而在特定的机构话语中话语转述的这些特点将更加复杂。在语用学的视角下，话语转述在命题内容上的种种偏离及其在形式上的具体选择在"修正的语言顺应论"中可以得到较为全面地解释。本研究还针对娱乐新闻转述行为的特点进行个案分析，以了解娱乐新闻话语中的转述语是否表现出不同于严肃新闻的特点，同时也反观严肃新闻话语是否表现出娱乐新闻的特点。

1.5.1　定量研究和定性研究相结合

当前对话语转述的研究方法有定性研究，也有定量研究。定量研究多围绕着话语转述的方式展开，而有关话语转述忠实性的研究只有一些个案分析。早期对话语转述的研究多以定性研究为主，如传统语法对各类话语转述方式的语法特征的描述，文体学对各种转述语的文体效果的探讨，语义学对话语转述真实条件的分析以及语用学对话语转述的功能、语境分析等。近年来随着语料库语言学的发展，话语转述的研究逐步趋向于定量分析，如 Semino 等（1997）运用语料库对 Leech 和 Short（2001）提出的言语和思维表达类型进行了数据上的统计。Short 等（2002）运用语料库对"话语表达"在不同文体中的忠实性进行了研究，但仅对一篇新闻报道与原话语进行了个案式的对比分析。类似的研究还有关于言说动词"say"及其变体的统计（Tannen，2007）、转述方式（Fairclough，1995；辛斌，2000）、消息来源和转述动词（辛斌，2006）等的统计分析。值得关注的是 Sleurs 等（2003）通过研究新闻记者创作新闻语篇的整个过程来研究新闻转述，综合采用了访谈、观察、过程分析等多种方法。Harwood（2009）运用访谈的方法对学术语篇中转述语的功能进行了研究。

定量研究与定性研究并不是截然分开的，不能仅仅依靠数据的形式来判断，还要考虑分析数据的方法。定量设计的研究结果应用性强，但不足的是，定量研究通常过于简单化，生态信度差。定性研究对现实世界能够做出比较真实的描述，能够展示现实世界的复杂性，但耗时费力，研究结果的应用性不强。正如 Cohen 和 Manion（1991）所说："社会科学家已经开始放弃了界定性和定量数据之间的虚假选择；他们更关心两者之间的结合，只有这样才能充分发挥各自的优势。"很多学者提倡两种设计的有机结合，即"平衡的混合式设计"①。

针对当前话语转述研究所存在的问题，本书采用混合式研究中的不平衡设计，即定性研究和定量研究都使用，但以定性研究为主，这与我们的研究问题有着密切的关系。以新闻转述为研究对象，通过对比转述语与原话语，对新闻转述在转述内容和转述形式的选择及其与新闻语境之间的互动关系做出较为全面的解释，这就要求我们的研究在整体上采纳定性研究的方法，但需要在局部上对数据进行定量分析，以支撑定性分析的结论。第一，对话语转述的变异性选择做出细致的描写，需要定性研究和定量研究的结合。转述方式主要参照 Leech 和 Short（2001）对言语表达方式的分类以及 Semino 等（1997）对该模式的修改，同时参照本研究的语料，先进行定性讨论，然后进行量化的统计。转述方式在内容相似性上的特点主要以定性分析为主，辅之以局部的定量分析。第二，对转述形式的选择，参照原话语的措辞对转述语的措辞选择进行定性分类，然后进行量化的统计。转述措辞在内容相似性上的特点主要以定性分析为主，辅之以局部的定量数据。第三，对新闻转述在语境制约下如何进行策略性的选择则主要依赖对语料的仔细观察，并给出定性的分析和讨论。依据以上研究方法回答本书的研究问题，本书试图勾勒出新闻转述行为的各种选择。

1.5.2　语料收集②

关于话语转述的语法研究主要使用研究人员内省的语料或语法书或其他参考书上出现的例句，对各类转述方式的语法特征进行细致的描写。语义学的研究主要对文献中出现的例句以及研究者内省的例句进行理论上的探讨。文体学研究的语料主要是在文学作品中出现的转述语，与以前的语料相比较为多样化，基本上确定了话语转述的几种基本类型。这些研究被指责语料不真实，因为人们在日常生活中会使用教科书上没有包括的一些形式和结构（Yule et al.，1992）。批评语言学和语用学研究开始关注真实语境中的转述语，如 Fairclough（1995）收集了新闻报纸中的话语转述，Clark 和 Gerrig（1990）、Yule（1992）等选取了大量的口语和书面语中的语料。Holt 和 Clift（2007）主编的论文集以口语语料为主，类型更加多样化，涉及多人谈话、叙事/非叙事环境、机构话语等。此外，近年来的研

---

①　平衡的混合式设计（balanced mixed design）包括"平行—平衡"设计和"顺序—平衡"设计，两者的区别在于定量设计和定性设计是独立使用还是有先后顺序。在不平衡设计（unbalanced mixed design）中，依据定性设计和定量设计的重要性，区分"定量设计占支配地位"还是"定性设计占支配地位"。（文秋芳，2004：70~72）

②　关于娱乐新闻转述的语料收集，请参看本书第七章。

16

究开始以大规模的语料来进行，Thompson（1994）以 Cobuild 语料库为研究对象，Semino 等（1997）建设的语料库包括 8 万多个词，涉及 20 世纪小说和当代新闻故事，Short 等（2002）建立了一个大约 26 万个词的书面英语语料库，包括三类叙事体裁：小说、报纸新闻和自传。话语转述的研究已经趋向以真实语料为研究对象，关注具体语境中的话语转述使用情况。

针对语用学研究方法中的语料选取问题，Verschueren 提出了四项要求：语料要有多样性；要充足；要符合研究目的；要仔细研究语料，看是否存在有悖于结论的情况。至关重要的是，具体语料的收集要能够回答研究者提出的问题（2000：246 – 250）。本书的研究目标之一是探讨话语转述在内容属性上的各种选择，这就必然要求收集到的语料能够分析出转述在内容上与原话语之间的变化，也就是说，必须能够找到原话语事件。将转述语与原话语进行对比的方法对于研究话语转述来说是非常有效的（辛斌，2000），如 Fairclough（1995）、Ikeo（2009），但通常由于原话语的不可获取而放弃。因此，本书在语料选取上的一个重要标准是原话语的可获取性，原话语可以是口语或书面语，转述语则主要来自报纸上的新闻。本书选取语料的具体步骤如下：首先，就世界范围内普遍关注的话题查找原始视频或书面文件。本书选择美国总统大选的辩论以及竞选结束后总统的几次演讲为原话语事件：美国总统竞选的三次辩论、竞选结束后候选人的两次演说和新任总统的两次演讲，总计 7 个视频。其次，在中国、英国和美国几家重要的电子版报纸网站中输入相关的关键词，检索相关的新闻报道。总计检索到 15 家较有影响力的报纸，其中，《中国日报》和《人民日报》为中国较为权威的综合性英语新闻报纸；《泰晤士报》和《卫报》为英国较有影响力的两种综合性新闻报纸，《太阳报》则为英国销量较高的一份小报；《纽约时报》《华盛顿邮报》和《洛杉矶时报》为美国最具有影响力的三大报纸，《论坛报》《芝加哥论坛报》《洛杉矶时报》主要支持共和党，《巴尔的摩太阳报》主要支持民主党，《纽约每日新闻》《纽约邮报》和《华尔街日报》保持中立的态度（王俊杰，2006）。最后，在收集到的新闻报道中，逐句查找含有转述动词或原话语信息的话语转述现象。用于研究的原话语事件来自 155 篇能检索到的文章，总计 1 550 例话语转述。

1.5.3　语料标注与分析

本书对新闻转述行为在形式上（包括方式和措辞）的选择及其内容的相似性进行了识别和人工标注（标注使用的符号和原始标注的例句见附录二）。

参照文献中的分类和对本书语料的观察，我们将新闻转述方式分为直接型话语转述（direct discourse report）、间接型话语转述（indirect dis-course report）和混合型话语转述（mixed discourse report）①。直接转述的主要判断标准为表现原说话者视角的第一人称和/或引号的使用，间接转述的判断标准为表现转述者视角的第三人称代词的使用，混合转述的判断标准为直接话语和间接话语成分的同时出现。

在话语转述的措辞方面，本书通过对比转述语和原话语之间在词汇和结构上的差异来对转述措辞的选择进行分类。需要说明的是，转述语在词汇和结构两方面的选择与原话语有不同程度的差异性。依据转述语与原话语在措辞上的差异程度，本书将话语转述分为字面型转述（verbatim report）、局部字面型转述（partially verbatim report）和重述型转述（rephrasing report）。

在话语转述内容的相似性方面，本书结合转述语的语境和原话语的语境，对话语转述的相似性进行了判断，在整体上区分了保真型转述（report of fidelity）和失真型转述（report of infidelity）。需要指出的是，本书在具体识别和判断转述语与原话语的相似性时是对所转述的那部分信息的相似性进行考察。同时，在判断内容的相似性时忽略措辞上的使用，只考察所转述的内容。转述内容的相似性可以指话语转述在语言意义上与原话语的相似性，即语义保真型转述（report of semantic fidelity），也可以指向话语转述在语用意义上与原话语的相似性，即语用保真型转述（report of pragmatic fidelity）。对语义保真型转述的判断主要看转述语和原话语在语言意义②上是否一致，考察转述语是否表达了原话语完整的字面意义。判断转述内容在语用意义上的相似性③主要依据被转述语篇和转述语篇的上下文，来判断转述语是否是原话语的隐含意义。

语料标注完成后，本书采用了 AntConc 3.2.2 中的 Concordance 功能依次提取各类新闻转述措辞和转述方式的使用频次及其在内容相似性方面的特点，并将结果输入 SPSS17.0 中，以便制作相关图表和分析数据。在比较数据的差异时，本书使用了 SPSS 的多元分类数据的独立性检验。

---

① 为了简洁，本书统一采用直接转述、间接转述和混合转述。

② 这里的语言意义是指由语言编码所表达的意义。

③ 陈新仁（2007）提出了"语用真实性"（pragmatic truth）的概念，用来指交际双方所能接受的信息传递方面的近似性。

1.6 全书结构

本书共包含八个章节。

第一章为导言，对研究的整体情况进行介绍，包括引言、研究对象、研究内容、理论框架、研究方法和全书结构六个部分。第二章为相关研究概述，主要对以往文献中关于话语转述的研究课题和新闻转述的相关研究进行梳理，总结前人研究的成果并指出存在的问题。有关话语转述的文献回顾主要围绕着话语转述的定义、转述方式、功能和真实性几个方面展开。有关新闻转述的相关研究则主要介绍新闻学研究、批评话语分析和少量的语用学研究。第三章和第四章探讨新闻转述行为的变异性。第三章对新闻转述在方式上的各种选择进行描述，并讨论各类转述方式在内容相似性上的主要特点。第四章对新闻转述的措辞选择进行描写，并讨论各类转述措辞在相似性上的特点。第五章探讨新闻转述调控策略的选择，对新闻转述的各种策略进行详细的讨论，揭示转述者在转述过程中的介入方式。第六章探讨新闻转述行为的顺应性，对新闻转述行为在转述方式上的选择及其相似性、转述措辞的选择及其相似性和转述策略进行顺应性解读。第七章为新闻转述顺应性的个案研究，对娱乐新闻转述行为进行了调查分析。第八章为结论，总结本书的主要发现，在理论、方法与实践上的启示，同时指出本书的不足之处以及未来研究的主要方向。

第二章

相关研究概述

2.1　引言

　　本章主要介绍现有文献关于话语转述的研究话题与新闻转述的相关研究，总结以往研究的成绩与不足，确定本研究的方向。本章由六个小节构成。第一节为引言。第二节主要介绍话语转述的界定。第三节介绍话语转述的三个维度：转述的方式、转述的功能与转述的真实性。第四节概述新闻转述的研究现状。第五节为对相关研究的总体评价，归纳话语转述相关研究中存在的成绩和不足，讨论新闻转述所需要解决的问题。最后，第六节概括本章的主要内容。

2.2　转述的界定

　　话语转述是人类言语交际中的一种普遍现象，历来为语言学家、哲学家和文学批评家所广泛关注，先后出现了各种术语，比较有代表性的有引语（quotation）（Cappelen & Lepore，1997；Recanati，2001；Noh，2000）、转述言语（reported speech）（Jespersen，1924；Quirk et al.，1972；Coulmas，1986；Noh，2000）、语言转述（language report）（Thompson，1996）、言语表达（speech presentation）（Leech & Short，2001）、话语表达（discourse presentation）（Semino et al.，1997；Short et al.，2002）、话语表征（discourse representation）（Fairclough，1995）等。话语转述的研究一直在遭受这种令人不安的"术语和概念上的混乱"（Short et al.，2002：333），不同的术语分别表现了话语转述过程中的不同侧面，体现出研究者采取的不同的理论视角，也体现了话语转述本身的复杂性。

　　引语（quotation）在文献中使用较为广泛，体现了学者们对于语言的自反性特征和转述本质的讨论。在语义学和哲学研究中，引语是一个笼统的术语，其分类主要依据语言的"使用"和"提及"这一对概念①。Cappelen 和 Lepore（1997）、Noh（2000）均参考所引述部分的词语是使用还是提及对引语进行了分类。其中，纯引用为对抽象的语言表达式的提及，直接引语是对具体话语的提及，间接引语是对具体话语的使用，混合引语则

---

　　① 有关引语的语义学研究，具体请看 Noh（2000）和辛斌（2009）。

同时涉及语言的使用和提及①（Cappelen & Lepore，1997；Noh，2000）。Clark 和 Gerrig（1990）也将引语的具体类别称为"直接引语"和"间接引语"，但他们用"引语"笼统地指称直接引语。Halliday（1994）运用"投射"（projection）来描述直接引语和间接引语等所在的小句复合体内部的逻辑语义关系②："其中一个小句的功能不是对（非语言）经验的直接表征，而是对（语言）表征的表征。"（Halliday，1994：250）直接引语和间接引语的区别在于前者为并列投射，而后者为主从投射，从投射结构来说，并列投射为引用（quote），主从投射为转述（report）。由此看出，引语在概念所指上不是很明确，有时泛指对抽象的语言表达式的引用，有时仅指称转述具体话语的直接引语。

转述言语／引语（reported speech／quotation）是话语转述的语言学研究中使用较为广泛的一个术语，主要用来指"转述另一个话语的不同方式"（Coulmas，1986a：2）。传统语法将转述引语分为直接言语／引语和间接言语／引语（Jespersen，1924；Quirk et al.，1972），主要关注不同类别的转述引语的语法特点及其相互转换规则。Leech 和 Short（2001）使用"言语和思维表达"来指称文学语篇中的各种表达模式，在具体描述各类转述方式时仍然使用直接引语和间接引语等。Short 等（2002：334）在讨论各种文体中的转述时使用了一个较为笼统的术语——"话语表达"（discourse presentation），根据原话语在语式上的属性区分了三种直接形式：直接言语（direct speech）、直接思维（direct thought）、直接书写（direct writing）。由此可见，转述言语是话语转述语言学研究主要使用的一个术语，依据原话语的语式特点，转述言语可以用言语、思维或文字来表达。

话语转述的语用研究更倾向于在语境中探讨话语转述方式及其功能。Volosinov 是最早从语用角度对话语转述③进行研究的，他将转述言语界定为"言语内的言语，话语内的话语，同时又是关于言语的言语和关于话语的话语"（1986：115），在指称各类转述方式时 Volosinov 使用的术语为直接话语（direct discourse）和间接话语（indirect discourse）。Sternberg（1982a）认为话语转述将两个话语事件联系起来，使用转述话语／言语（reported discourse／speech）来指称话语转述的现象，使用直接话语和间接话语指称具体的转述方式。Thompson 从语言功能角度，将转述称之为"语

---

① 具体例句请参看本书第一章例（1−1）。

② Halliday 指出，投射小句表示日常经验现象，被投射小句表征一个自身也属于表征的二级现象（second − order phenomenon），即元现象（metaphenomenon）（Halliday，1994：252）。

③ 对话语转述的研究主要是为了说明他对句法研究的语用视角。Volosinov 指出，对句法形式的建设性研究只有在完备的言语（utterance）理论基础上才有可能（1986：110）。

篇中标志的声音"（signaled voices in the text）：如果说话者或写作者以某种方式标志出篇章里出现了另外一个声音，那么源于该声音的任何语段（其表现也可能是隐蔽或模糊的）都可称为语言转述（language report）①（Thompson，1996：506）。Tannen 对"转述言语（reported speech）"表示质疑，她认为"转述言语"这一术语具有很大的误导性，意味着人们可以转述他人的话语，同时保留原话语的性质（2007：104），而实际生活中说话者常常是在建构话语。Tannen 采用的术语为"建构的对话"（constructed dialogue）：将话语框架当作对话而不是"转述"，认为是在当前话语中对词语的重新语境化（2007：17）。

从不同术语的使用可以发现，"引语"涵盖的范围较大，涉及哲学研究中对于语言自反性本质的探讨，该术语可以用来指向抽象的语言表征，也可以用来指称具体的转述方式。"转述言语"常用来指称文体学或语法学所讨论的转述方式。这些术语可以涵盖转述这一笼统的语言现象和具体的语言表达方式，却不利于我们对于新闻转述过程的动态研究。对新闻转述过程的深入研究要求我们采用新的研究视角，对文献中采纳的各种术语的使用予以澄清，才能准确地探讨原话语作为一个独立的发生在特定情景下的言语事件如何被记者在转述过程中重新语境化。

从言语行为的视角来看，话语转述应当隶属于 Searle（1979）所说的表述类言语行为，即话语与世界（体现为言语事件）的一种匹配，只不过话语转述是表征他人话语作为客观存在的表述类言语行为。话语可以成为其他话语的谈论对象（Coulmas，1986：2），话语转述本质上是一种言语行为（Sternberg，1982a：146；Bamgbose，1986：77）。

从语用学的视角考察新闻话语的转述现象，必然涉及具体的转述过程，应当将语言使用过程视为"语用行为"（Mey，2001：206）。因而，本书选用术语"话语／言语转述"（discourse/speech reporting）来指称转述他人话语的言语行为过程，对文献综述和讨论中涉及的术语做如下说明："转述话语／言语"指话语转述现象，直接话语／言语和间接话语／言语指称具体的转述语，在指称具体的转述方式时使用直接转述或间接转述。在本研究中，"话语转述行为"主要用来表示对话语转述行为和过程的关注，具体涵盖以下两个方面的意思：第一，本研究所关注的话语转述是指对客观存在的话语事件进行的转述。文体学家使用"表达"来关注文学作品中

---

① 这一宽泛的视野来自 Bakhtin 的"异声同啸"以及 Kristeva 在其基础上提出的"互文性"两个概念。Bakhtin 认为"语言本质上是一元的、同质的"（Saussure 的语言）是具有误导性的。互文性指任何语篇都是由引语拼凑而成，任何语篇都是对另一语篇的吸收和改造（辛斌，2000b：14）。

的各种形式，没有独立于转述话语的前话语（anterior discourse）。"表征"和"转述"均意味着存在前话语和用来转述前话语的后话语，"表征"主要用于批评话语分析①，其目的在于找出前话语与后话语之间的错位部分，"转述"是语言学传统研究的一个基本术语（Short et al.，2002：334）。在本研究中，我们的主要目的是从实际语料出发，研究话语转述的基本问题。我们倾向于采用"转述"一词，从而避免在研究开始就预设话语转述中存在各种偏离。第二，新闻转述既包括对口语语篇的转述，也包括对书面语篇的转述，而"话语"这个术语可以涵盖这两类语言使用。在 Short 等（2002：334）的研究中，"话语"作为一个上义词，其下义词包括口语、思维和书面语。总体来说，"话语转述行为"符合本书的关注对象和研究视角。

2.3 转述的各个维度

关于话语转述的思想最早可以追溯到古希腊哲学家 Plato（Sternberg，1982a：113）在其著作《理想国》（*Republic*）中所区分的两种表现话语的方式：叙事和模仿②。此后，各个领域里的学者们开始对这一有趣的现象进行了大量的研究，相关的文献可谓汗牛充栋。本节主要介绍话语转述的方式、功能和真实性三个方面的研究。

2.3.1 转述的方式

在话语转述的研究中，转述方式是最先引起学者们关注的话题，文献也最多。早期的研究主要是在结构主义影响下描写各类转述方式的语法特点及由直接话语向间接话语转换的规则，代表人物有 Jesperson（1924，1954）、Quirk 等（1972，1985）。Jesperson（1924：290）指出，当人们想要转述自己以前说过的或他人曾经说过的话时，有两种方式：给出原说话者使用的准确表达——直接话语；依据转述语境对原话语进行改动——间接话语。就英语而言，直接话语和间接话语之间的区别在于时态、人称和

---

① 论新闻语篇中的话语转述时，Fairclough（1995：54）采用的术语为"话语表征"（discourse representation），在解释为何选择这一术语而不是常用的"言语转述"（speech reporting）时，他陈述了两条理由：新闻语篇表征的对象既包括口语也包括书面语；总是存在这样或那样的方式来表征或理解原话语，而不是透明的转述。

② 这里的叙事（diegesis）指间接描述他人的话语，模仿（mimesis）指直接描写他人的话语，即作者以他人的身份说话（Sternberg，1982a：113）。

对原话语的表现形式。在时态上，直接话语保留动词原来的时态，间接话语则需要参照主句中的时间，将所转述的话语时间进行推移（backshift）。在人称上，直接话语保留原来的人称，间接话语则参照转述者的视角更改原来的人称。具体请参照例（2-1）中的两个例句。

（2-1） a. He said，"Where do you come from?"

b. He asked me where I came from.

（Noh，2000：29）

Quirk 等（1972：785-789）也持类似的观点。此外，他们还注意到了语境因素（尤其是转述语境）对语言形式的影响，他们指出，人称、时态上的这些变化不总是发生，因为这些形式的使用总是要优先考虑是否适合转述语境，而不是被转述话语的语境。除了直接话语和间接话语之外，还有一种介于两者之间的转述语，即自由间接话语①，大量地出现在现代叙事作品中，表现人物的意识流。自由间接话语的特点为没有转述小句，保留直接话语句式结构的特点，如直接疑问形式、称呼语、附加疑问语等。其转述标记为动词时态的后移、人称、限定词、副词的变化。例句如下：

（2-2） So that was their plan，was it? He well knew their tricks，and would show them a thing or two before he was fin-ished. Thank goodness he had been altered，and that there were still a few honest people in the world!

（Quirk et al.，1972：789）

话语转述的文体学视角主要关注在文学作品中出现的各种转述方式，尤其是自由直接话语和自由间接话语，主要代表人物有 Banfield（1973，1978）、Leech、Short（2001）、Semino 等（1997）。限于篇幅，本节主要介绍在文体学方面影响较大的 Leech 和 Short（2001）对转述方式的分类。Leech 和 Short（2001）对文学作品中的各类话语表达模式进行了详细的讨

---

① 其他的说法还有 Tobler（1894）提出的"由直接言语和间接言语组成的一种特殊的混合体"、Kalepky（1899）的"隐性引语"（veiled speech）、Lerch（1919）的"准直接引语"（quasi-direct speech）（徐赳赳，1996：53）、Kruisinga（1925）的"半间接风格"（semi-indirect style）和 Jesperson（1924）的"表征的言语"（represented speech）（Noh，2000：28）。

论，他们指出文学作品中的转述模式除了直接话语和间接话语，还包括自由直接话语、自由间接话语和言语行为的叙述性转述。直接话语有两个特征可以表现叙事者的存在：引号和转述小句。自由直接话语是去掉其中的一个或两个特征而产生的，如例（2-3）。言语行为的叙述体比间接话语更间接，只转述言语行为的发生，而没有明确地给出说话的内容以及原话语的形式，这种形式在总结相对来说不太重要的话语时比较有用，如例（2-4）。自由间接话语①比间接话语更自由，其典型特征为：省略转述小句，但时态和人称都与间接话语相类似，具体例句如例（2-5）。

（2-3） a. He said I'll come back here to see you again tomorrow.

b. "I'll come back here to see you again tomorrow. "

c. I'll come back here to see you again tomorrow.

（2-4） He promised to return.

（2-5） Name, Jo. Nothing else that he knows on. Don't know that everybody has two names. Never heard of sich a think. Don't know that Jo is short for longer name. Thinks it long enough for him. He can't find no fault with it. Spell it? No. He can's spell it.

（Leech & Short, 2001：322-327）

马博森、管玮（2012）将不带引导小句和引号的自由直接话语［如例（2-3）c］和自由间接话语［如例（2-5）］称之为"零转述"（zero quotative），并对汉语会话中的零转述进行了系统的研究。这种零转述的主要特点是没有引导小句作为转述标记（Mathis & Yule, 1994）。

话语转述的语法研究主要关注各类转述方式在结构上的区别，Li（1986）从词汇句法和韵律特征两个方面详细区分了直接话语和间接话语。近期的实证研究却表明，直接话语和间接话语之间的界限并不是很明确（Holt, 1996），转述语和非转述语之间也没有明确的界限（Bolden, 2004）。早期研究对直接话语的重视得到了 Coulmas（1986）的支持，Coulmas（1986a）对14种语言中的话语转述类型进行了研究，发现直接言语

---

① Leech 和 Short 对自由间接话语的定义较为宽泛，认为自由间接话语是一个具有"家族相似性"的术语：在不同的方面彼此相似，不需要依赖某一个界定性特征，只要符合其中的一到两个条件即可：时态可以为现在时，叙事者可以为第一人称，也可能会有转述小句（Leech & Short, 2001：329）。

具有普遍性，各种语言都有直接话语，而有的语言中没有间接话语。Yule 等（1992：246）却认为将直接话语作为第一位，而间接话语由直接话语转换而来是一种很危险的想法，人们在写作时并不是这样转换的①。Yule 等（1992）从日常会话、官方记录以及文学作品中收集了一些真实的语料，发现人们在转述他人的话语时会使用教科书上没有包括的一些形式和结构，比如，在转述问句例（2-6）a 时，会使用例（2-6）b 的句式：

(2-6) a. How can it be fun for you when I don't like it?

b. She said how can it be fun for me when she didn't like it.

（Yule et al.，1992：246）

例（2-6）b 同时具有直接话语和间接话语的特点，从句中的代词"you、I"和助动词"don't"的时态进行了推移，但保留了主语加助动词倒装的语序，can 在时态上也没有进行推移。Semino 等（1997）在语料库中发现了一种新的话语表达方式：声音的叙述性转述（narrator's report of voice），具体包括两种：指向人物所进行的话语活动和笼统指向涉及很多参与者的话语事件，具体见下面例句。

(2-7) a. "Don't you love Barrie's plays?" she asked，"I'm so fond of them." She talked on. Rampion made no comment. (Aldous Huxley, Point Counter Point)

b. We spoke to vice madam Michaela Hamilton from Bullwell，Notts，who arranged girls for a Hudson orgy at the Sanam curry house in Stoke. (The news of the world，"Hudson Fixed Sex Orgies as his Charity Fund Collapsed")

c. An unholy row broke out yesterday over a new politically—correct Bible. (*The Daily Mirror*, God is a Mother in Bible Rethink)

（Semino et al.，1997：25）

在例（2-7）的 a 和 b 中，叙事者只是描述了说话者在进行话语活

---

① 有的转述句没有对应的直接话语，如 McCawley（1988：286）注意到英语中有的问句可以被转述，但不可以直接当问句使用。

27

动，却没有说明在实施什么样的话语行为。这种模式比言语行为的叙述性转述更加间接，处于话语表达介入连续统的最左边，叙事者/转述者对话语的控制最明显，读者与原话语事件的距离最远。在具体语境中，"声音的叙事性转述"可以用来产生各种效果，表现特定人物的视角，如例（2－7）a；或引出报道的作者对故事中人物的采访，如例（2－7）b。在例（2－7）c中，读者只知道一群人就一个特定的话题表达不同的意见，但没有明确指出具体实施的言语行为或表达的命题（Semino et al.，1997：25）。Waugh（1995）也指出这种对很多话语事件的笼统指称在新闻报纸中很常见，经常用来为后面的详细报道做好铺垫。对话语转述方式的研究也促使人们关注转述小句内部其他成分的使用，研究发现，引述词（quotative）"说"（say）的使用也出现了各种变体①，如"tell""go""like"（Tannen，2007）和"be like"（Yule et al.，1992；Macaulay，2001）。

当前应用语言学界对转述方式也进行了大量的研究，如转述的时态问题（Swales，1990），不同学科在转述上的差别（Hyland，1999），转述动词在语态、时态、句子功能上的关联（Shaw，1992）等。不少研究开始关注二语学习者语篇中的转述语，主要集中在转述动词和转述语的时态等语法特征，语料主要来自于学位论文和少量的本科生作文。Thompson 和 Ye（1991）研究了非母语学习者在学术英语写作中转述动词的使用情况。胡志清、蒋岳春（2007）对中外研究生学术论文进行对比研究，发现中国学生使用的转述动词较为单一，类似的研究还有孙迎晖（2009）、史文霞等（2012）。Campbell（1990）研究了三组本科生在课堂作文中引用背景资料的情况，发现母语使用者的转述频率较高；与母语使用者、高水平二语学习者相比，较低水平的二语学习者使用较多的直接话语。Shi（2004）对中国英语学习者和母语使用者进行了比较，发现母语使用者比二语学习者使用了更多的直接转述。陈建林（2011）对比了中美学生在论说文中的转述情况，发现中国学生的转述动词比较模糊笼统，转述结构比较单一，转述来源也不太确定。

语法学家对直接话语、间接话语和自由间接话语的语法特点给予了详细的描写，然而，这些描述对于课堂之外所可能遇到的情况来说是远远不够的（Harman，1990），对于人们如何理解现实生活中的各种转述话语没

---

① Yule 等（1992：248－249）认为"be like"的使用表明说话者并非逐字转述原话语，所转述的话语与原话语只是近似（approximation），有时候也用来引导原来不清楚的话语。"go"用来引导实际上没有说过的话语，"be like"和"be"可以用来引导两个不大可能对话的参与者的直接话语，如两只小狗的对话。当会话参与者的身份确定时，常常出现零转述（zero quotative）。

有任何帮助（Yule et al.，1992：245），这就意味着语法学家需要不断地总结新的规则（彭建武，2003：17）。近期对转述语在形式上的研究更注重语料的真实性，研究者开始关注文学语篇之外的语料，如新闻话语、学术话语、学习者语篇等，发现了实际生活中使用的各种丰富的转述方式。总体来说，对话语转述的各种形式的描写为话语转述的功能、真实性等研究提供了重要的参考，任何语言研究的第一步都需要对语言现象给予充分的描写。此外，话语转述的语法研究表明了直接话语的重要性，但对于直接话语的普遍性还存在着争议，有待历史语言学、语言类型学的进一步研究。

2.3.2　转述的功能

话语转述的功能是与各类话语转述的方式密切联系在一起的，本节主要介绍各类转述方式中叙事者/转述者对所转述话语的态度与话语转述在具体语篇中的各种语用功能。

依据叙事者介入人物话语的不同程度，Leech 和 Short（2001：324）对文学语篇中各类转述话语①的形式进行了有序排列②：

叙述—言语行为的叙述性转述—间接话语—自由间接话语—直接话语—自由直接话语。

Leech 和 Short（2001）认为，在转述言语的序列中，直接话语为常规模式，从直接话语向右，自由感逐渐加强；向左则意味着远离逐字转述，靠近作者的介入。自由直接话语处于最右方，完全不受叙事者控制，好像作者离开，将舞台留给人物。言语行为的叙述性转述处于最左边，表现人物的话语完全被叙事者控制。自由间接话语处于言语表现渐变群较为间接的一方，允许叙事者采用两个视角，使读者和人物的话语之间有了距离，插入作者的声音，常常会产生一种讽刺性效果。申丹（1991，1999）认为变换人物话语的表达方式成为小说家用以控制叙述角度和叙述距离，变换感情色彩及语气等的有效工具。具体来说，自由直接话语是叙述干预程度最轻的一种形式。直接话语具有音响效果，带有引导句和引号，不能像自由直接话语那样自然地与叙述语混合。间接话语为叙述者提供了总结人物话语的机会，具有一定的节俭性，可以加快叙事速度。小说家常利用直接转述和间接转述的对比控制对话的明暗度。言语行为叙事体具有高度节俭

---

① 两位作者区分了转述言语和思维，限于篇幅，暂不介绍有关转述思维的序列。

② McHale（1978）认为各种转述语之间没有明确的界限，无法精确地予以分类，转述语处在一个连续系统，从纯粹的叙事（digetic）到纯粹的模仿（mimetic）。

和掩盖的作用，把人物话语变成言语行为来叙述，作者行使最大的干预权。

对话语转述的文体学研究主要关注文学作品中各种转述类型所产生的文体效果，其优点在于将这些类别看成作者通过结构的选择对任何言语或思维所进行的有意识的转述（Thompson，1996：505）。Thompson 将语言转述的描述框架分为"功能性选择"和"结构性选择"两部分，前者涵盖构成"原型转述"（prototypical report）的四个主要成分：声音（voice）、信息（message）、信号（signal）和态度（attitude）。其中，信号指当前转述者标记转述的方式，Thompson 认为转述者可以使用的方式比传统上的转述小句要更加多样化。他从功能的角度上区分了选择的两个方面：信号与信息的逻辑关系；转述信号的性质和位置。态度指当前转述者对原信息或说话者的评价，包括：中性、积极和消极。即便没有明确的态度表达，转述信息本身制造了转述者与信息内容之间的距离，打开了评价性空间。新闻语篇常常采用这种方式表示客观性，态度性表达也有，但比较少（Thompson，1996：522－523）。

Volosinov 是最早从语用角度对话语转述①进行研究的，他开创了对话语转述的功能性研究（Collins，2000）。他指出，早期对转述形式的研究犯了一个根本性的错误，就是将话语转述与转述语境完全割裂开来，从而使他们的研究方法显得静态而没有成效。Volosinov 认为真正的研究对象准确地来说应该是被转述的话语（他人的话语）与执行转述的话语（作者的话语）之间的动态关系（Collins，1986：119）。通过观察历史上不同时期的转述形式，Volosinov 指出了反映这一动态关系的两大发展趋势：线性风格（linear style）和图式风格（pictorial style）。线性风格为基本趋势，被转述的话语保持其完整性和真实性，有明确的界限阻止作者语调的浸入；图式风格则相反，倾向于模糊转述语的界限，被转述的话语在句法上渗透着评价性的声音。不同的转述形式与不同的社会意识形态有关，作者话语与他人话语之间的动态变化体现了转述声音和被转述声音之间的相互浸入，显示了在语言发展的特定时期转述话语与被转述话语之间的相互平衡，而影响转述形式变化的因素就是不断变化的社会语言条件（Collins，1986：123－125）。Collins（2000）分析了古俄语以法庭文体写的审判记录中话语转述策略的分布情况，将形式和功能进行匹配，发现每一个主要语境化部分都有一种首选的转述策略，但在审判的某个阶段也有一些非常规的转述

---

① Volosinov 对转述的研究主要为了说明他对句法研究的语用视角。他指出，对句法形式的建设性研究只有在完备的言语（atterance）理论基础上才有可能（1986：110）。

现象，以各种方式偏离原型话语事件。这可以用同构原则（iconic/isomorphic principle）来解释：标准转述策略一般用于原型话语事件，按照惯例，也用于很多非原型事件；偏离常规的模式则只用于非原型话语事件，就像偏离原型的转述语一样越来越常见（Collins，2000：289）。

　　Sternberg（1982a，1982b）从语用学（言语行为理论）的角度对话语转述进行了统一的解释。Sternberg 认为，所有的转述话语——从直接到自由间接再到总结或典故式的转述都是对话语的模仿（mimesis）。但是不管转述得多么具体，采用哪种形式，都无法穷尽——更不用说替代——话语的初始行为。无论是直接话语中插入物与架框的并列关系还是间接话语中的嵌入关系，在一个语篇中的架框必然意味着部分与整体在交际上的从属关系①。因此，无论转述的言词多么精确，不管转述者的动机多么单纯，将一段话语从原来的语境剥离，在新的关系网络中进行重新语境化，必然会干扰原来的效果。Sternberg 的著名论断为："转述就是调停，调停就是干预"（Sternberg，1982a：108）。此外，Sternberg 运用言语行为理论来解释转述所展现的形式特征与表征性特征之间的多对多关系。通过实例分析，他指出形式上的直接（直接话语）不一定意味着情感上的模仿，同样，间接话语只是语法意义上的间接，在特定的语境下也可以用来表示移情（Sternberg，1982a：113 – 119）。Sternberg 认为，把转述看作一类言语行为（尽管其适宜条件很难确定）有助于理解整个论断，但是转述与其他言语行为不同，因为某一个特定的转述形式没有一个基本的功能，转述统一性与多样性之间相互作用受制于多变原则（Proteus Principle）：在不同的语境下——转述框架以及非转述框架——同样的形式会履行不同的功能，不同的形式会执行同样的功能（Sternberg，1982a：148）。

　　对话语转述功能的研究多聚焦于直接话语的作用，一些研究指出直接话语具有表演性功能（Li，1986；Tannen，2007；Wierzbicka，1974），直接话语是一种内部评价方式（Labov，1972），可以使听话者通过再现的话语和事件形成自己的判断（Holt，1996），而转述者有时会含蓄表达自己的评价（Holt，2000）。Clark 和 Gerrig（1990）认为直接引用是一种展示

---

　　① Sternberg（1982a：108）指出话语转述在结构上形成部分/整体关系，转述语为处于转述语境框架中的插入物（an inset within the surrounding frame of the context-of-quotation）。

(demonstration)，属于非严肃行为（non-serious act）[1]，具有两大功能：分离性和直接体验性，具体包括逐字复制、责任分离、同一性、不易描写、吸引五种功能。徐赳赳（1996）详细探讨了直接话语在现代汉语叙述文中的这五种功能。李战子认为直接话语在自传话语中兼具拟真和评判性质（2002：250）。此外，转述小句也具有引导、介绍转述交际等语用功能[2]（Quirk et al.，1985；贾中恒，2000）。Kuo（2001）对政治辩论中的转述使用情况进行了调查，他发现转述尤其是直接转述可以借以抬升自己或贬低对手。

　　近期关于话语转述的研究更注重语料来源的多样化，强调转述功能的多样化和转述者的主观性。Mayes（1990）发现话语转述通常出现在故事讲述的高潮部分，是一种表达叙事目的的有效方式。Baynham（1996）认为应该在非叙事性语篇中研究直接话语的功能，指出直接话语在教室会话中的多重功能：建构实据性声明，建构课堂数学运算，调控参与者的社会距离。一些实证研究发现，转述语具有评价性、支持性和权威功能（Vincent & Perrin，1999）、实据性功能（Clift，2006；Galatolo，2007；Holt，1996，2000；Mushin，2001）、建构知识优越性（Clift，2006）等。这也说明了转述语通常所出现的一些活动类型，如抱怨（Drew，1998；Holt，2000）、玩笑（Holt，2000）、评价（Buttny，1997；Clift，2007；Couper Kuhlen，2007）。Tannen（2007）把转述看作重复[3]，认为是一种介入策略，她认为转述属于历时重复[4]（diachronic repetition），即词语在较后一个时间的话语中的重现，是一种积极的会话举措。Tannen指出，即便是精确转述，也从根本上改变了话语的性质（Tannen，2007：108，112）。对口语

---

　　① Goffman（1974）将人类的行为分成两大类：严肃类（serious）和非严肃类（non‐serious）。"非严肃行为"是对"严肃行为"的转换（transformations）：一种特定的活动（在以前的某种框架中是有意义的）被转换成与这种活动相似的某种活动，但参与者认为是完全不同的活动。Clark 和 Gerrig 指出其他的非严肃行为包括实践（practicing）、游戏（playing）、演戏（acting）和伪装（pretending）（Clark & Gerrig，1990：766）。

　　② Quirk 等认为，可以将直接引语中的转述小句（reporting clause）归为评价小句（comment clause），可以出现在被转述的话语之前、中间或后面。从功能上来说，转述小句可以用来引导转述交际，明确地指出说话者所实施的口头或书面交际行为（Caroline said / wrote），也可以用来指称听话者（Caroline told us）、说话方式（Caroline said hesitantly）以及言语行为的环境（Caroline said while washing her hair）（Quirk et al.，1985：1020 – 1023）。

　　③ 在引言中，Tannen 使用互文性（intertextuality）一词来描写重复：通过对话语中的词汇和短语的重新语境化来创造意义的方式。她使用的小标题为"话语中作为互文性的重复"（repetition as intertextuality in discourse）（Tannen，2007：9）。

　　④ 与此相对的是"共时重复"（synchronic repetition），即同一话语中的词语重现和搭配（Tannen，2007：2）。

中转述语的研究可以借助丰富的副语言手段，Archakis 和 Papazachariou（2008）对实时互动话语的分析表明，转述韵律的强度能够对参与度和权力协调起到语境化线索的作用。他们指出直接话语的韵律研究是有意义的，既可以看作说话者本来的韵律，也可以表达转述者对转述语的评论。Leung 和 Gibbons（2009）发现，在法庭上有时会出现通过转述对方的话表达反语的情况，这种情况虽然不多，但是能通过挑战对方产生显著效果（吕晶晶，2011）。有不少研究关注话语转述的语用和认知功能（彭建武，2001，2003；张荣建，2007；富饶，2007；杨颖莉、林正军，2008），并开始探讨话语转述在不同语篇中的具体使用。唐青叶（2004）研究了学术语篇中转述形式和转述动词在揭示作者观点、构建作者身份方面的作用。Harwood（2009）的研究表明，计算机学者使用转述目的在于引导读者进行参考性的阅读，而社会学家使用转述主要在于批评性的引用。

话语转述的功能性研究体现在两大方面：转述者对所转述话语的介入与转述话语在整个语篇中的各种语用功能。文体学研究表明，不同的转述方式与叙事者/转述者与所转述话语的介入程度有关，分析不同的转述方式可以揭示转述者对所转述话语的态度。话语转述的语用学研究则进一步说明转述方式与特定社会语境下转述者的目的有关。近期的实证研究充分说明，话语转述出现在不同类型的语篇中具有多重功能：一方面，援引他人的话语可以为当前话语提供客观依据；另一方面，不同的转述方式体现出转述者在转述过程中的主观性。

2.3.3 转述的真实性

传统研究一般默认直接话语比间接话语更加准确，如 Bally（1914）认为直接话语是对原说话者思想和话语的照相式再现（phonographic reproduction）（Clark & Gerrig，1990）。但近期的研究表明，直接话语很少能精确再现原话语。Volosinov（1971）最早对这一假设提出异议，认为原话语的意义在转述语境中不可避免地会发生变化（Clift & Holt，2007）。Sternberg（1982b）也对此提出异议，称其为"直接话语谬论"。本节我们主要围绕着话语转述的真实性介绍相关的研究。语义学家主要关注转述语的真值条件，一般认为直接话语与间接话语相比，推理能力较为有限，在直接话语的范围内替换同义词并不能够保证其仍然为真。因此，语句"He said，'I saw a bachelor'"并不能推出蕴含"He said，'I saw an unmarried man'"。而在间接话语中，完全可以由"He said he saw a bachelor"推出"He said he saw an unmarried man"。这种观点正是建立在直接话语的逐字引用假定上（Noh，2000：31）。语义学研究更关注间接话语的语义真值条件，他们普遍认为，间接话语中嵌入从句的真值条件不影响主句的真值条件，也不受主句真值条件的影响。但学者们对嵌入从句有不同的看法，将其视为独立的命题（independent proposition）（Church，1950）、独立的句子（independent sentence）（Carnap，1947；Quine，1956，1960）或独立的语句（independent utterance）（Davidson，1984）。有学者认为，间接话语中的嵌入从句是命题态度动词①的宾语，将其作为独立的命题不利于分析实际的例句。请看下例：

（2－8）John says that <u>this lunatic</u> doesn't know what he is saying.

（Quine，1960：151）

该句中画线的部分可能是所转述话语的一部分，也有可能是转述者加进去的信息。间接话语的特殊性在于被转述的话语是由转述者进行加工的，通常预设着转述者自己的分析（Coulmas，1986a：4）。对此，Quine（1956，1960）的解决办法是将间接话语动词的宾语部分看作是句子，而不是命题，这样就可以避免前面提到的歧义性理解。但这一方法也存在着问题，即在对整个转述句进行翻译的时候，被转述的部分只能以原来的语言出现，同样面临着能否理解的问题（Noh，2000：33）。Davidson（1984）认为间接话语的补语从句应该是独立的语句。他认为例（2－9）a由例（2－9）b中的两个独立的语句构成。

（2－9）a. Galileo said that the earth moves.

b. Galileo said that. The earth moves.

（Davidson，1984：666）

当说话者说出例（2－9）a时，她表示她和 Galileo 是同样的说话者（samesayer），"that" 被看作一个指示词，指示后面的第二个语句。Coulmas 的看法与 Davidson 非常类似，他认为转述时，词语没有常规的指示功能——指向实体，而是指向他人说过的话语。人们所再现的话语与他人的话语只是在类型（type）上相同，而物理上的例示（token）是特殊的事件，不可复制。也就是说，人们在转述时也只是再现了他人话语作为例示的另一个例示。语句之间有可能实现类型/例示等同性，这是自然语言的

---

① 命题态度（propositional attitude）是 Russell 的术语，指个体与命题之间的二元关系，用来表示这种关系的态度动词有相信（believe）、说（say）、希望（wish）（Richard，1999：197）。

一个普遍特征（Coulmas，1986a：10）。Cappelen 和 Lepore（1997）在 Davidson 的基础上进行了修正，他们指出间接话语体现了与原话语之间的同说关系（same saying），而纯粹引用与被指示的例示之间是"同一例示"（same tokening）关系，并将其沿用到直接话语和混合话语的解释中。

Noh（2000）认为，无论将嵌入从句看作是命题、句子还是看作语句都无法解释很多转述语所涉及的"较弱相似性"（weaker resemblance relation）。Cappelen 和 Lepore（1997）提出的同说关系允许间接话语在命题内容上与原话语的不完全等同，然而他们将直接话语看作是原话的"同一例示"则意味着他们仍坚持直接话语的逐字再现作用（Noh，2000：47 - 48）。Noh 在关联理论的框架下提出了转述的元表征论。她指出，间接话语的补语从句与原话之间不是语义等同关系，而是"语用赋予的相似性关系"（pragmatically assigned resemblance relation）（2000：36），转述在本质是"弱于字面式的重述"（less - than - literal reformulation）（Noh，200：59）。Noh 认为关联理论中元表征①的概念可以对各种转述以及一些非转述现象进行统一的解释，其中，纯引用是对抽象语言表达或命题的元表征，转述言语和思想是对归因式言语和思想的元表征②。混合型转述是对归因式语言表达的元表征，在形式和内容上同时具有相似性（Noh，82 - 83）。

Thompson（1996）认为应该从功能的角度描述语言转述，语言转述的功能性选择涵盖构成原型转述的四个主要成分：声音、信息、信号和态度。其中，信息范畴的选择维度主要关系到信息表达与原语言事件的匹配程度，用来表达原语言内容或功能的方式，包括五种：引用（quote）、回声（echo）、释义（paraphrase）、总结（summary）和省略（omission）。Thompson 认为这一分类大致对应于 Leech 和 Short（2001）的分类：引用相当于自由直接话语/直接话语［例（2 - 10）a］，回声相当于自由间接话语［例（2 - 10）b］，释义相当于间接话语［例（2 - 10）c］，总结相当于言语行为的叙述性转述［例（2 - 10）d］，最后是省略［例（2 - 10）e］，

---

　　①　元表征是指根据两个表征在内容或形式方面的相似性，利用一种显性形式或隐性形式将另外一种形式或内容重新表现出来（冉永平，2002）。元表征使用包括两种类型：阐释性使用（interpretative use）和元语言使用（metalinguistic use）。阐释性使用涉及的是两个表征之间在逻辑或命题形式上的相似性，即第二层解释（second - order interpretation）（Noh，2000：74 - 75）。

　　②　直接话语、间接话语和自由间接话语都是在共享特征的基础上对他人的话语或思想进行表征，三者之间的区别在于共享的特征不同。直接话语是元语言使用：在共享的形式特征基础上对一个语句或思想进行元表征；间接话语是阐释性使用：在共享内容（共享逻辑或概念特征）基础上对一个语句或思想进行元表征；自由间接话语既是元语言使用，又是阐释性使用，在形式和内容的基础上对原话语或思想进行元表征（Noh，2000：82 - 83）。

但各种类别之间并没有绝对的界线①。

（2 – 10） a. （Quote）"Why are you not Orthodox?" people say.

b. （Echo）Little Chandler had come home late for tea and, moreover, he had forgotten to bring Annie home the parcel of coffee from Bewley. Of course she was in a bad humor and gave him short answers.

c. （Paraphrase）He wrote that the situation was neither new nor surprising.

d. （Summary）Tom's boss demanded a pledge of loyalty from him.

e. （Omission）He walked down the stairs, still muttering.

（Thompson, 1996: 511 – 518）

Thompson 从功能性视角对转述进行了界定和分类，为转述的语义扩散提供了一个较为全面的描述框架（1996: 523），这种统一描述的框架有助于对转述进行高度概括性的界定，从而包容更多的转述现象。然而，Thompson 以信息为基础的分类与 Leech 和 Short（2001）在结构上的分类大致相当，这似乎表明他实际上也是参照具体语言形式对信息进行分类的，默认了话语转述的形式与其内容之间的某种对应关系，并没有考虑信息内容与原话语的实际偏离程度。

值得一提的是 Clark 和 Gerrig（1990）对直接话语的选择性所进行的描写，较为全面地概括了话语转述在选择上的各种可能性。他们认为，作为语言的一种展示性使用，直接话语具有两个特征：非严肃性和选择性。在谈论描绘（depicting）的选择性时，两位作者指出，只要能够使听话者识别其意图，说话者可以就他们能够描绘的任何方面进行转述。在选择的可能性方面，Clark 和 Gerrig 认为原型转述是对一个话语事件的转述，话语事件通常包括以下三个方面：说话方式（delivery）、语言（language）和语言性行为（linguistic acts）（1990: 775）。就说话方式的选择来说，书面语篇存在较大的局限性，音调、音高等特征很难用书写方式进行描绘②（de-

---

① 比如部分引用和回声都有可能出现在释义或总结中，当引用为问句，又没有引号标记时，与"回声"很相似，如"The question is, what happens next?"属于引用，但与回声很像。"总结"可长可短，而"省略"是指转述者只提到某个语言事件发生，但没有提供所说的任何信息（Thompson, 1996: 518）。

② 但也有少数情况可以用书写方式来表达说话方式，请参看 Clark & Gerrig（1990: 783）。

pict），只能对其进行描写（describe）。在语言的选择方面，作者认为叙事者可以通过各种方式表现原话语所使用的语言，包括无标记的方式［例（2－11）a］、描绘［例（2－11）b］和描写［例（2－10）c］。

(2－11) a. Wolfgang asked "Are you hungry?" and I answered "Yes, I am."

b. Wolfgang asked "Hast du hunger?" and I answered "Ja."

c. Wolfgang asked in German "Are you hungry?" and I answered in German "Yes, I am."

(Clark & Gerrig, 1990：777)

至于语言性行为的选择，多数转述都会描绘原话语的言外之力以及表达的命题。对于报纸、杂志和学术文章来说，最理想的是描绘出所产出的语句以及原始表达的命题，对于转述诗歌（像 E. E. Cummings 的诗歌）来说，可能要求的更多。然而，报纸经常要清理语法错误和一些污秽的语言，也就是说，语句行为（utterance act）没有得到展示，只提供了修正后的句子。另外，报纸的一个惯例就是：不管原说话者使用什么样的方言、语域，都以标准语言、正式语域进行转述（Clark & Gerrig, 1990：779－785）。两位作者对直接话语"逐字再现"的问题进行了详细的讨论。他们认为既然展示具有选择性，那么转述中的描绘也只是有选择性地进行，就不可能实现准确再现，所转述的可能是实际说出的词语［例（2－12）a］或表层结构［例（2－12）b］，如果按照报纸规约，则应该是修正后的句子［例（2－12）c］。

(2－12) 原话语：I—I've been— we've only been to like. Four of his I— five of his lectures, right?

转述语：a. Sidney says "I—I've been—we've only been to like. Four of his I—five of his lectures, right?"

转述语：b. Sidney says "We've only been to, like, five of his lectures, right?"

转述语：c. Sidney says "We've only been to five of his lectures."

(Clark & Gerrig, 1990：795)

很多实证研究也说明，话语转述不可能绝对地忠实于原话语，在会话中，话语转述并非只是"转述他人的话语"，而是"转述"原话语行为的众多其他方面（张荣建，2001）。Lehrer（1989）的实验表明，受试者倾向于记住原话语的意义而不是形式，因而，逐字再现是非正常的。Mayes（1990）的语料中有50%的转述语为当前说话者所编造的。Tannen（2007）认为转述言语是一个错误的用词，被框定为对话的部分（相当于直接话语）首先是说话者的创造，就像是剧作家、电影制作者或小说作家创造对话一样，被框定的话语总是建构性的对话，对此说话者负有全部的责任（2007：3，21，39）。李战子（2002）也认为，自传中的直接话语不一定就是元现象的再现。一方面，直接话语造成等同的印象；另一方面，作者总会给出某种线索，表明这些引号内的言词大多是他的再创造。它们至多与实际说出的话相似，而在很多情况下纯粹是杜撰的（李战子，2002：217）。Lunde（2004：57）指出虚构或半虚构文本中，直接话语的使用并不一定是为了重现原话语。Norrick（2008）利用语料库调查了英语中插入的感叹词，如"Jesus"等在口头故事中的作用和分布，发现很多说话者以直接话语构建的对话实际上并不是对真实话语的逐字再现。Perelmutter（2009）通过对《俄罗斯编年史》中转述语言的调查发现，即使直接话语式的转述也不一定总是忠实地记载原话。

尽管理论研究和实证分析都摒弃了逐字再现的假设，Short 等（2002）却对忠实性这一概念进行了辩护。他们也倾向于使用"忠实"（faithful）而不是"逐字"（verbatim），但他们指出，不应该完全放弃忠实性这一概念，忠实性是具有语境敏感性的，在有的语境下转述忠实程度较高。他们运用语料库对话语表达在不同文体（书面小说、新闻和自传叙事体）中的忠实性进行了研究，提出了影响忠实性的八个语境因素：前话语的可及性，后话语的可及性，所转述话语的重要性，原话语的可记忆性，原说话者的地位、角色和性格，转述者的社会角色、性格和态度，语篇类型或语境，转述出现的语篇位置（2002：349 – 353）。Short 等（2002）的研究说明转述内容的忠实性是受语篇类型影响的，在文学研究中可以忽略忠实性问题，在新闻语类中忠实性就非常重要，尤其是当原话语可以获取的时候，作者和读者会对话语转述的忠实性具有较高的期待（Semino & Short，2004）。Quine①（1986）也有类似的看法，认为人们对于转述话语的相似

---

① Quine 提到，当我们使用间接话语转述他人的话时，我们应当使用与他的原话在意义上相似的句子。当我们用一个贬义词替换了一个中性词时，我们会被指责歪曲了事实。但是换个场合，当目的在于给予客观信息，不考虑态度时，这种替换可能不会被认为是歪曲意义（1986：3）。

性会依据语境的不同而有不同的期待。Ikeo（2009）在 Short 等（2002）的基础上对学术书评中的转述进行了对比研究，发现学术中的转述语基本上都对原话语进行了精确的转述，但作者认为精确再现只是忠实性的必要条件而非充分条件，有的转述语更改了原话语的言语行为。

关于话语转述忠实性的相关研究说明，无论是在理论上还是在实证分析上，"逐字引用"假定都站不住脚。Noh（2000）的研究明确指出，间接话语与原话语存在一种语用赋予的相似性关系，转述在本质上是弱于字面式的重述。大量的实证研究表明，话语转述并非是对原话语的准确再现，即便是直接话语，并非是准确援引原说话者的话语（沈继荣，2012），也有可能在转述过程中发生很大变化，甚至完全是转述者自己的创造。本书认同 Short 等（2002）的观点：话语转述的忠实性是一个具有语境敏感性的概念，受多种因素的制约，有些语境如新闻话语、学术话语对转述内容的忠实性要求较高，但也可能使其主观性更加隐秘。

从现有研究[1]来看，话语转述的研究已经由静态的语法描写逐步走向动态的语用学研究，获得了有意义的发现。首先，对话语转述在形式方面的描写趋于全面。语法研究和文体学研究对话语转述的基本类型进行了详细的描写，近期对真实语料的研究，笔者发现了实际生活中使用了更为丰富的转述方式。其次，对话语转述在不同语篇中的功能进行了较为详尽的探讨。研究发现，不同的转述方式可以表现转述者对原话语在不同程度上的介入，社会历史语境影响话语转述形式，转述形式与功能之间体现了多对多的关系，话语转述在语篇中具有多种功能，往往在体现客观性的同时，也表明转述者的主观态度。最后，话语转述并非是对原话语的真实再现，忠实性受各种语境因素的制约。展示论关于直接话语的"有选择性的展示"与元表征论提出的"弱于字面式重述"都否认了转述过程中的精确再现。实证研究也表明，话语转述的忠实性是受多种语境因素的制约，不可能对原话语进行准确再现。这些研究充分揭示了话语转述这一复杂的言语行为的特点，然而，我们发现，话语转述的忠实性研究还缺少对大规模语料的细致描述，话语转述忠实性与具体转述形式之间的联系还缺少系统的研究。本书关心的问题是，在某种具体的语境（如新闻语境）下，转述语与原话语之间的相似性或随意性具体体现在哪些方面？回答这一问题则需要在理论上对这种相似性体现的维度进行具体的界定，通过真实语料比对转述语与原话语在真实性上的变化。此外，各种转述形式与转述内容真实性之间的关系还需要进一步考察。

---

[1]　有关汉语话语转述的系统性综述，具体可见黄友（2009）。

2.4　新闻转述的研究视角

新闻话语是一种文本或话语类型，即"广播、电视或报纸上发布的最近发生的事件的最新消息的文本或话语"（van Dijk，2003：3 – 4）。新闻话语的研究吸引了各个领域的广泛关注[①]，包括语言学、社会语言学、话语分析、符号学、传播学、社会学和社会心理学（Bell，1991：5）。对语言学家来说，媒体语言可以为一些重要的理论问题提供语料，对传播学来说，媒体语言的研究对理解媒体建构的信息内容来说非常关键（Bell，1991：7）。本节在此主要介绍新闻转述的新闻学研究、批评语言学研究和语用学研究。

2.4.1　新闻学视角

新闻在相当大程度上是记述人们所说的话，以及他们是怎样说这些话的（卡彭，1988：140）。转述语既是新闻话语的重要组成部分，也在增强新闻报道的客观性和真实性方面发挥着重要作用，一直受到新闻媒体的重视。转述语在新闻报道中的作用可以用巧克力小甜饼来形容：面饼是给予报道躯体的信息和报道，而转述语则是采访对象的观点、深入看法、幽默或伤感所形成的美味的巧克力粒儿（吉布斯、瓦霍沃，2004：58）。

一些经典的新闻写作教材都辟有专门的章节论述转述语的使用。卡彭在《美联社新闻写作指南》一书中写道："即便是初出茅庐的记者也会很快地认识到，引语（直接话语）是不可缺少的。它使新闻具有真实感。引语能在力所能及的范围内使读者同人物发生直接联系。没有引语的新闻，不论篇幅长短，都像月球的表面一样贫瘠荒芜。"（1988：140）直接话语能使报道更加令人惊讶或引发思考（吉布斯、瓦霍沃，2004：57），能够为报道增添色彩，增加故事的可信度（布鲁克斯，2007：83）。优秀作品的基本规则是展示而非讲述，而展示的最好方法就是使用直接话语。有些新闻报道之所以无趣和没有说服力，正是因为记者没有直接展示人物的话语而只是进行解释性的转述。直接话语有助于读者相信记者当时是在场的（Mencher，2012：137 – 143）。记者在采访时都会记录下能够展示受访人物瞬间特色的话语，这就是高质量的转述语（Mencher，2012：290）。

新闻机构对转述语（尤其是直接话语）的使用规范及其准确性有严格

---

① 有关新闻话语的研究路径，具体可见曾庆香（2005）。

的规定。"在直接引述的情况下，你处理素材的方式只能是要么照引，要么不用。同其他事实一样，引语（直接话语）是不能修改的。凡被引号括起来的部分，都必须是新闻人物讲的话。试图通过挪动甚至改换字词以'改进'引文的做法都是重大的罪过和不端行为。你最多只能改正那些小小的语法错误，或者删除那些显而易见的唠叨或毫无意义的重复。"（卡彭，1988：141）转述的原则是"原原本本采用说话者本人的语言；采用句子完整的引言；使用引语要努力寻求转述和直接话语之间的平衡"（吉布斯、瓦霍沃，2004：57）。刘其中在《诤语良言》中也指出："直接引语（直接话语）……引文必须原原本本，准确无误，一字不差，绝对忠实于说话者的语言和思想。……使用间接引语（间接话语）虽然不加引号，但引述的内容也必须与讲话人的原意相同或相近，不能断章取义，不能'各取所需'，不能'移花接木'，不能根据个人需要任意杜撰，更不能将新闻人物从未讲过的话强加在他们头上。"（2003：159）转述语可以增强新闻报道的客观性，也可以被用来表现媒体的倾向性。当话语新闻的真实性无法保证的时候，就很容易变成类似流言的东西。但一旦新闻源主体有勇气并且愿意向社会公开自己的身份，他所说的话语本身的真实性基本上就是可信的（杨保军，2007）。早在1925年，弗林特在《报纸的良知》中就谈到了新闻报道的倾向与歪曲：通过引述"一位消息灵通的官员""一位不愿透露姓名的人士"或"处于最有利职位""了解内情的多数人士的话"，将社论倾向塞进报道是再容易不过的事（2005：51）。

近年来，学者开始对新闻报道中的转述语展开了实证研究。一些学者关注转述语的使用、新闻来源的多样性与新闻质量、可信度和精确性之间的关系。Culbertson和Somerick（1977）发现，所收集的语料中有三分之一的新闻报道没有消息来源，但个体对公共事务的知识有助于他们对这些报道持支持性态度，但他们在1976年的研究中没有获得明显的数据支持。Hale（1984）发现受众对一个故事的三个版本（明确消息来源、笼统来源和无来源）的理解没有差别，但故事的类型会影响受众的理解。在直接话语和间接话语是否影响受众对新闻质量的评价方面，Weaver（1974，转引自Sundar，1998）没有发现显著性的差异。尽管新闻写作教材引导新闻专业的学生相信直接话语使新闻报道更具有可读性，但Gibson和Zillman（1993）的实证分析并没有表现出这一差异，使用直接话语只是更加突显某一个问题。新闻报道的质量不会受转述方式影响，但直接话语会动摇受众对某一事件的观点（Gibson，1997）。读者对新闻的印象和消息来源之间有相关性（Sundar，1998）。Gibson（1998）的研究表明，转述方式（直接话语和释义性话语）影响受众对事件的理解和观点的采纳。此外，报纸的排版和格式也会对受众产生影响，刻意挑选出来的转述语会影响受众的立场（Gibson et al.，2001）。Duffy 和 Freeman（2011）认为匿名消息不利于新闻报道的公正和透明，应该加以限制。国内的研究主要集中在新闻语篇中的转述方式。刘其中（2003：161）对 1956 年和 1996 年《人民日报》和《新华社每日电讯》在报道中使用的直接话语做了调查，发现我国两个主要机构的记者和编辑都不重视直接话语的使用。他对 2002 年《纽约时报》《华盛顿邮报》和《洛杉矶时报》的调查结果显示：使用了直接话语的占 93%，其中使用了三条以上的也高达 76%（转引自覃哲，2004）。张夫稳、吕光社（2007）也做了类似的对比调查，发现两份中国报纸（《人民日报》和《中国青年报》）对直接话语的使用比例分别为 2.44% 和 31.25%，而《纽约时报》的使用比例为 100%。类似的研究还有姜晨（2009）。杨慧芸（2005）对跨度为 26 年的《中国青年报》的直接话语使用情况做了纵向的调查，发现 20 世纪 80 年代直接话语使用较多，20 世纪 90 年代降低，21 世纪有所回升，但仍没提高到 20 世纪 80 年代的水平。此外，一些新闻报道中转述语的真实性、规范性都存在着问题（胡正强，2004）。

新闻学视角下的研究强调新闻写作中转述语使用的规范性与准确性，强调转述语，尤其是直接话语在新闻写作中的客观性、生动性等作用。实证研究涉及直接话语的使用比例及其对受众的影响，研究表明，直接话语不一定会影响读者对新闻质量的评价，但会影响读者对相关事件的立场和态度。实证研究发现，汉语新闻报道中直接话语的比例远远低于英语新闻报道中的直接话语。

2.4.2　批评语言学视角

话语转述的批评语言学主要关注新闻话语中的转述现象，揭示话语转述选择背后隐藏的意识形态（Fairclough，1995；Slembrouck，1992）。Fairclough（1995）对同一天英国报纸上的五篇文章中的话语转述进行了研究。他将转述话语称为主要话语（primary discourse），被转述的话语为次要话语（secondary discourse）。在 Volosinov（1986）的基础上，Fairclough 提出了研究话语转述的五个参数：模式（mode）、界限维持（boundary maintenance）、文体性（stylisticity）、情景性（situationality）、设置（setting）。Fairclough 的研究发现了两种话语转述的倾向：主要话语和次要话语之间的界限趋于模糊；转述语主要关注原话语的概念意义的表达。第一种倾向与当今媒体的发展趋势有关，即逐步将官方的观点演变为大众的语言。在新闻报道中，媒介者需要在报道里掺杂自己的观点，但又需要表现出忠诚，一种解决办法就是让媒介者代表听众发言，让听众/媒介作为责任者，而实际上的责任者可能是媒介组织中的他人或公众生活中的来源，因而出现了责任者身份的迷思化。各种形式的间接话语为新闻语篇发挥这种媒介作用提供了实用而经济的手段（Fairclough，1995：62 - 63；辛斌，2005：120）。第二种倾向则是将另一个人的话语当作其社会行为的全部，作为说话者的隐形的概念立场，只给出了"什么"，没有给出"如何"。Fairclough 认为这与他所选择的语料（书面文件）有关，口语中可能会表现更多的非概念的人际意义。Slembrouck（1992）通过对比印刷形式的转述语与口头辩论的转录，对话语转述进行了细致的研究，发现以直接形式转述的话语与原记录中存在着很多不一致的情况，包括人际意义和语篇意义。因而，表面上看起来非常透明的报道其实是通过自然化了的意识形态假设而进行调控的（1992：117）。类似的研究很多，如 Waugh（1995）对一份法语报纸中不同转述语的形式和功能进行了研究。Calsamiglia 和 Ferrero（2003）通过分析记者在语篇中使用的转述语探讨科学信息的作用，指出转述者使用转述语并非是对他们的话语赋予权威性和合法化，而是为了设置冲突性的场景。Politis 和 Kakavoulia（2006）研究了希腊新闻中直接话语的功能，指出直接话语的功能在于设置冲突、重现访谈、提供证据和使其合法化。他们的研究还进一步指出，转述动词的选择和消息源的指示语使用都体现了转述者对话语转述的调控，说明直接话语并不仅限于对原话语的准确再现，更多地体现了转述者的个人介入。

国内对新闻转述的批评性研究主要以辛斌（1998，2000a，2005，2006，2007）为代表，他认为 Volosinov 所强调的转述言语（reported speech）与转述语境（reporting context）或转述者言语（reporting speech）之间动态的作用关系可以从三个方面进行考察：①引语和引述者的话语在多大程度上是界限分明的；②转述语境在多大程度上支配或影响对引语的理解；③引语在多大程度上表达了原话的人际意义（1998：9）。辛斌的研究表明，新闻语篇中的转述话语貌似客观公正，实际上报道者往往以各种方式介入其中，有意无意地以自己的观点影响读者对转述语的理解。报道者既要客观准确地报道政府机构和领导人的言语活动，又要履行好自己的媒介角色，通常以间接话语的形式和大众化的语言向公众传递这些话语的主旨（2006：4）。很多研究围绕着新闻转述的对话性展开，李曙光（2007）指出，从概念功能上来讲，新闻语篇的对话性具有更高意义上的客观性；从人际功能上来讲，能够调节新闻的叙事距离和视角，从而表达报道者的态度与评价。辛斌（2007）认为消息因其报道的方式不同会产生不同程度的对话性，报道者是否和如何转述他人的话语对新闻语篇的对话性会产生直接的影响。李金凤（2008）的研究表明，新闻语篇的对话性不仅与转述形式有关，还涉及消息来源、报道者话语和转述语的关系以及转述语与转述语之间的关系等多个方面。新闻转述的批评语言学研究表明，转述话语是展示新闻报道者态度的一扇窗户，同时也是新闻媒体对受众进行意识操控的一种手段，影响其对新闻事件的态度和看法（徐涛、贾丽莉，2007），即便是直接话语的使用，也具有隐含的意识形态意义（周晓红，2008）。转述者在对他人话语的转述中叠加自己的声音，暗中传达一定的价值倾向（黄敏，2008）。在翻译新闻语篇时，译者会运用转述语来表达自己的观点和意识形态（黄勤，2008）。即便是直接话语也并非是准确援引原说话者的话语（沈继荣，2012），直接话语的运用是新闻话语维护其可信度与合法化的一种有效修辞策略，转述者以摘引的形式介入话语意义的建构，使新闻报道在保持"客观性"的同时得以将特定的评价意义传递给受众。在新闻话语直接引语的隐性评价机制中，修辞是手段，而评价是目的；修辞效果的营造是为了达成特定评价意义的合法化（马景秀，2008：79）。

2.4.3　语用学视角

从语用学角度开展转述研究隶属新闻话语的语用学研究范围，主要目的在于揭示新闻话语中隐藏着的意义。对语用学来说，新闻话语是交际中的一种话语类型，"具有话语的所有特征：是语义语用上连贯的，用来实现一定的交际目的的一种交际行为的体现"（李悦娥、范宏雅，2002：164）。van Dijk 非常强调语用学在新闻话语分析中的运用，他在书中谈到了言语行为、预设、隐含意义等语用学概念，认为新闻话语和其他话语类型一样，也有许多隐含在字里行间的意义，新闻报道中的措辞和隐含意义都反映了记者从他人的角度和立场所做的评价（2003：72 – 73）。van Dijk（2003：87 – 88）在谈到新闻的劝服性特征时指出，新闻话语有许多增加其判断劝服效果的有效策略。为了强调新闻事件的真实性，可以直接转述消息来源的话语，特别是涉及观点的时候。转述不同背景或意识形态的人对这一事件的看法会增加报道的真实性，但是一般情况下具有与记者相近意识形态的人可能会最先被当作消息来源。刘建明（2005：50）明确指出，新闻话语是"记者报道事实的意化性词句，表达记者的某种意图，从而散发新闻的内在涵义，这又叫态度性话语"。从这个角度来说，新闻话语的语用学研究与批评话语分析在目的上是一致的，正如辛斌（2005：82）所说，语言和语篇中的隐性意识形态意义不易被察觉，其中大部分已经被自然化了，变成了貌似常识性的东西，语用学分析的目的就是使这种隐性的意识形态意义突显出来。国内学者做了不少的对比性研究，陈洁、徐晨（2006）对《人民日报》国内版与海外版同一新闻事件的标题语进行比较，发现两者在语言、语码和语体选择上存在共同点，即都使用汉语的标准变体及正式、规范的书面语体，而在话语构建成分和构建原则上存在差异，具体表现在词汇、句子及语篇三个层面。这种不同是新闻工作者顺应读者差异，在较高的意识程度下，顺应语境因素，进行语言选择的结果。吴珏、陈新仁（2008）调查了英汉新闻标题中的预设机制，他们指出新闻标题中预设机制的策略性使用主要有四种语用功能[①]，策略性预设在各类报纸中的使用频率都相当高，但不同报纸及不同报纸板块中预设的使用情况有所不同。新闻标题中预设机制的策略性使用是对新闻的物理世界、读者的心理世界以及报纸媒体的社交世界的积极顺应。

Verschueren（1985）运用顺应论[②]对国际新闻报道进行了研究，他认为国际新闻报道涉及两个不同层面上的语言使用：语言在实际报道中的必然使用；所报道的事件本身可能是交际性的或依赖言语交流，即交际过程的双重性（double layering）（1985：7）。国际新闻报道的一个重要话题就是追踪新闻项目的交际历史，首先在当地媒体中进行报道，然后被外国记者或国际新闻机构进行重新报道，在每一个阶段，都可能发现语境化线索的丢失或者新的、具体文化预设的添加。这些研究问题无法从纯粹的语言学视角中获得答案，需要了解大量的世界知识、所报道事件的信息以及记者的身份、背景以及他们对报道事件所在的文化、语言等熟悉程度，这种方法必须完全是语用学的（profoundly pragmatic）（Verschueren，1985：32）。Verschueren 认为在具体分析时应该阐明被描写的行为 A 和描写行为 D[③]，其研究对象主要是描写行为 D 中的说话者在描写行为 A 时在元语用表达中的词汇选择，这些选择在功能上与两种行为的整体语境有关，同时也与不同层面上的语言选择有关。他对抽取的句子从三个方面进行了编码：所报道言语行为的来源、报道语句内容的模式、元语用术语和表达的隐喻地位。通过分析连续 20 天《纽约时报》对 U－2 事件的报道，发现新

---

① 预设使用的四种功能：在压缩标题长度的同时提供额外信息；激活读者对新闻事件的已有知识，与读者发生认知互动；激发读者阅读新闻报道的好奇心与兴趣；呼应读者的期望，引发共鸣（吴珏、陈新仁，2008）。

② 有关顺应论在国内的研究综述，参见李元胜（2007）、黄成夫（2008）。

③ 考虑到任何言语事件都涉及的各种顺应对象和顺应层次，A 和 D 都涉及以下几个方面：两种行为都是在一定的物理和社会"客观"世界环境中进行；都涉及说话者和听话者/读者；两种行为中的说话者和听话者都有自己的信念、愿望和意图；说话者都有交际意图，在语言上影响听话者；这种语言上的影响在于两种行为中的说话者所做出的大量的语言选择；这些语言选择发生在可顺应的语言结构的任何层面（Verschueren，1985：34）。

闻报道通过不同的元语用描述将该事件框定为一个政治上的交际事件。

黄敏（2008：14）从元语用学的视角分析了新闻话语中的转述。作者指出，新闻报道是典型的元语用话语，从转述语的类型和组织方式详细探讨了新闻转述中隐藏的意义。黄敏的分析表明，从直接话语到间接话语到自由间接话语再到切取引语，并不是一个中性信息渠道体系，而是一个渗入了报道者主体意识的操作体系，它既表达了报道者的看法和评价又没有伤害新闻的可靠性。针对直接话语的逐字呈现功能，黄敏指出，为了达到特定的目的，直接话语也是可以被操控的，具体表现在对原话语的切割和重新组合，每个部分是原话，但组合在一起就是对原话的曲解。此外，读者无法知道直接话语的内容是否真的就是原话语，即便是原话语，转述者也可以通过转述动词的选择来表现其态度，这些操纵手段都体现了新闻记者对直接话语预设的"距离化"的一种利用，从而使其更具有隐含性。高俊霞（2006）对新闻标题中的引语形式和功能进行了详细的分析，形式上包括转述方式、话语标记、结构层次等，功能上则主要体现了新闻话语的客观性、个性化和人性化要求。

新闻转述的批评语言学分析和语用学研究在主要目的上是一致的，都致力于分析新闻话语中所隐藏的主观意义。批评语言学主要以系统功能语法为理论基础，但并不仅限于此，辛斌（2005：54）指出，无论是哪一家、哪一派的理论方法，只要能用于分析语言、权力和意识形态的关系并产生令人信服的结果，它都不会拒绝。而语用学的研究对象为言语交际，自然也包括新闻话语涉及的交际过程，语用学对媒体话语的研究也属于语用学研究的范畴。新闻转述的相关研究揭示了新闻转述中隐藏的意识形态，尽管学者们都意识到了转述语与原话语之间对比研究的重要性，如Fairclough（1995）、Slembrouck（1992），但要做到这一点往往不可能，更简便的方法是把有关同一事件的不同报道拿来比较（辛斌，2005：120）。目前有关新闻转述的研究主要集中在转述语的形式（直接话语、间接话语）与主观意识形态的联系，关于话语转述在内容属性上的讨论大多是属于个案研究，用于分析的语料也比较少，有关转述内容属性的研究及其与转述形式之间的关系还有待对较大规模语料的深入分析。

2.5 对相关研究的总体评价

以上我们介绍了话语转述的主要研究话题与新闻转述的研究现状，下面我们分别从取得的成绩和存在的不足两个方面，就话语转述的研究课题和新闻转述的研究现状进行总体评价，指出从语言顺应论的角度研究新闻转述的必要性。

2.5.1 取得的成绩

首先，有关话语转述的研究从不同的视角对话语转述的三大主题：转述方式、功能和真实性进行了讨论，获得了一些有意义的发现。第一，传统语法和文体学研究对话语转述的各种类型的语法特征给予了详细的描述，有利于我们在具体的研究中对转述方式进行识别。第二，文体学研究指出话语转述的不同方式与作者对话语的控制和介入有关，这也是本研究的重要起点，发生在新闻话语语境下的转述行为在话语转述方式上的选择必然反映了记者及其代表的媒体对人物话语的控制及其背后隐藏的主观意义。第三，话语转述的语义学，尤其是语用学研究对直接话语的"逐字假定"的质疑，以及间接话语与原话语之间的较弱相似性是本研究得以进一步展开的基础，无论是从语义学方面探讨直接话语和间接话语的语义真值，还是从语用学角度探讨话语转述对原话语的随意性转述，都充分说明了人们对转述真实性的进一步认识：转述内容不一定是真实的，可能具有不同程度的忠实性，忠实性是受语境影响的，在不同的语境下人们会有不同的期待。第四，话语转述的研究趋势已经从静态的描述转向在具体语境下探讨转述的语用功能，揭示了话语转述的本质特点以及影响话语转述选择的语境因素。话语转述在本质上是一个言语过程对另一个言语过程的投射，是对一个表征的再表征，是"弱于字面式的重述"。影响话语转述的语境因素包括前话语和后话语中的各种因素，尤其是转述语境对话语转述的制约作用。

其次，新闻转述的相关研究已经基本上揭示了新闻话语中隐藏的意识形态。新闻学研究强调转述语使用的规范性与准确性，强调转述语，尤其是直接话语在新闻写作中的客观性、生动性等作用。批评性话语分析的一些个案研究说明了转述者通过转述方式、消息来源、转述动词等的选择来表达转述者对转述话语的主观操纵。此外，新闻转述者常常利用直接话语的客观性来对话语进行隐性的评价。新闻转述的语用学研究也给了我们重要的启示：新闻报道可以通过语言结构上的选择对一个事件进行元语用描述，影响读者对新闻话语的理解。

最后，语言顺应论在新闻话语中的运用，充分说明了该理论具有较强的解释力，可以为机构话语的研究提供重要的视角和方法。与英美语用学派的观点不同，顺应论认为语用学是关于语用现象或对语音学、语义学、句法学等分支学科研究对象的一种功能性视角或综观，这种视角下的语用学必然是跨学科的。新闻话语作为一种话语类型，涉及传播学、语言学、社会学等领域，必然能够在顺应论的框架中得到较好的分析和解释。运用顺应论来研究新闻话语说明了以语言顺应论为代表的欧洲大陆派语用学可以在机构话语的分析中发挥重要的作用，同时也是对日常会话语用学研究的重要补充。

2.5.2　存在的不足

有关话语转述的研究已经取得了很大的成绩，但还存在一定的问题与不足，下面我们主要从四个方面展开论述。

第一，由于当前关于话语转述的研究大多关注转述语境对转述方式的制约，而对被转述的话语所在的语境对理解话语转述的影响没有给予足够的重视，因而，转述语与被转述话语之间的动态关系仍然没有得到充分揭示。辛斌（2009）指出，话语转述的类别、转述的语义或语用本质、引号、真实性等问题还有待进一步研究。关于书面话语转述的大量研究非常重视转述语境和转述方式之间的关系，对两者之间的界限以及话语转述在整个语篇中的作用给予了较为详细的论述。然而，由于原话语的获取性存在困难，很多研究都忽略了原话语及其所发生的语境。本研究认为，只有对话语转述所涉及的两个语境进行细致的考察，对原话语和转述语进行对比研究，才有可能了解转述内容在新的语境中发生了什么样的变化，才能对转述方式、转述动词的使用有较为准确的评价。目前只有少量的研究，如 Fairclough（1995）是通过对比转述语篇与原话语之间的关系来研究话语转述的整体趋势，他指出新闻转述的一个重要趋势就是倾向于转述原话语的概念意义，而非人际意义。对此我们产生了更多的疑问，根据元表征论的观点，话语转述的本质是弱于字面式的重述，我们关心的问题是，所转述的内容多大程度上偏离了原话语，从而影响了话语转述的客观性。报纸新闻报道是一个能够体现转述与原话语之间关系的重要领域（Thompson，1996），因为原话语通常是客观存在的，这样的研究可以克服以前文学语篇研究的缺陷，能够就书面语篇转述语的特点有新的发现。

第二，前人研究分别揭示了话语转述在转述方式上的连续性和转述内容上的弱于字面的重述性特征，但还没有研究将这两个主题纳入统一的理论框架中。对书面话语转述的研究如传统语法、文体学、系统功能语法等大多关注转述方式，文体学的研究揭示了话语转述方式在转述者干预或介入方面存在着连续统。但这些研究都默认了直接话语的逐字引用，没有考虑在具体使用中转述内容的真实性问题，语义学从抽象的角度解释话语转述的真值条件，主要关注间接话语的真实性，但还没有得出一致的结论。

一些会话分析的实证研究发现，人们在口语转述过程中，常常是在建构对话。元表征论认为话语转述的本质是弱于字面式的重述，是随意性转述。我们认为，转述模式上的连续统和内容上的各种变化恰恰反映了话语转述在形式和内容两方面的变异性，修正后的语言顺应论则可以对此做出理论上的解释。

　　第三，新闻转述的一些个案研究常常指向新闻话语背后所隐藏的主观意识形态，而新闻转述者如何在转述形式和转述内容上进行选择还需要收集大量的语料进行系统的实证研究。传统语法中所介绍的几种转述方式，以及后来研究中发现的其他方式在新闻话语中的使用情况尚不明确，而新闻转述的客观性与主观性之间的平衡如何体现，都是本研究将要关注的内容。也就是说，新闻转述作为一个特定的言语行为需要我们关注以下问题：话语转述在多大程度上对原话语进行了忠实性转述？在转述形式和转述内容的选择上是否符合新闻话语对客观性的要求？在新闻语境的制约下，话语转述的策略性体现在哪些方面？

　　第四，新闻话语的顺应论研究已经取得了一些成绩，而有关新闻转述这一极具语用特色的话题的系统研究却不是很多。目前国内对于新闻转述的研究大多采用系统功能语法、评价理论，或者汇集了多种理论的话语分析方法，其中具体语用学理论的运用只是其中的一小部分。源于日常话语研究的语用学是否能够对机构话语的一些特点给予解释，值得人们期待。语言顺应论从社会、认知和文化等角度解释语言的功能性发挥，能够将广阔的语言使用现象纳入其研究范围，对新闻转述作出令人信服的阐释。

2.6　小结

　　本章对话语转述的相关研究进行了较为详细的综述，从话语转述方式、功能和真实性几个方面展开，明确了以往研究所取得的成绩和存在的不足。语法研究、文体学研究以及近期的实证研究逐步明确了各种转述方式在形式上的区别特征，也发现了更多的转述方式。文体学研究指出了各种转述方式在叙事者/转述者干预程度上的差别及其特有的文体效果，近期的研究多指向话语转述在各种类型的语篇中的语用功能。话语转述的忠实性问题也得到了进一步的回答，相关的理论和实证研究都摒弃了传统语法的逐字再现假设，话语转述是在相似性的基础上对原话语进行的弱于字面式的重述，但受制于语篇的制约。这些都对本研究的进一步展开提供了坚实的基础。

　　本章还对新闻转述的相关研究进行了介绍，指出新闻转述的研究需要语用学的介入。首先，新闻学视角下的转述语是新闻报道中的重要组成部分，而新闻报道中并非总是使用直接话语，直接话语的准确性和客观性也常常无法保证。其次，作为一种话语类型，新闻话语中的转述现象值得语用学者的关注。新闻话语中充斥着大量的转述语，对研究一般话语转述也具有非常重要的作用。最后，语用学理论逐步深入到各种非日常话语的研究，尤其是机构话语中说话者的意图对其语言选择的影响，这些研究无疑将会进一步揭示机构话语中隐藏的主观意识形态，同时也充实语用学的相关研究。本书关心的是，发生在新闻语境下的话语转述，在转述形式和转述忠实性上有何特点，应该如何解释。

第三章

新闻转述方式与转述相似性

3.1　引言

新闻转述行为在方式上表现出了多样化的选择，不同的转述方式对转述相似性也产生了不同的影响，这是由新闻转述行为的变异性决定的。参照顺应论，新闻转述行为的变异性表现为转述内容属性在相似性上的选择和针对既定内容在不同语言形式上的选择。语言选择发生在话语组织的任何一层级（如语音特征、形位、句法结构、词汇等），并且是同时进行的。任何一个层面的选择都不可避免，同样都具有其重要的交际价值。但研究者需要关注那些具有显著性的语言选择（何自然等，2007），如话语转述方式。本章首先概述新闻转述方式的各种类型，讨论各类新闻转述方式与原话语之间的相似性；然后对新闻转述行为在方式上的分布特点及其与相似性的关系进行描写和讨论；最后，对本章的主要内容做出总结。

3.2　新闻转述方式的选择

文献中关于转述方式的讨论一般沿用 Leech 和 Short（2001）按照叙事者介入人物话语的不同程度所进行的分类：言语行为的叙述性转述—间接言语—自由间接言语—直接言语—自由直接言语。其中，自由直接言语表现转述者/叙事者最大程度的自由，而言语行为的叙述性转述则表现了转述者/叙事者最大程度的介入和控制。辛斌（2006：1）在统计中只区分了直接引语和间接话语，他认为自由直接引语和自由间接引语在新闻报道中几乎不出现，而言语行为的叙述性转述在本质上属于间接话语。Semino 等（1997）发现了新闻语料中类似于"言语行为叙述性转述"的其他变体①，比如，转述者给出了言语行为动词，然后给出了话语内容的部分细节，Semino 等称之为"带有话题的言语行为叙述性转述"（Narrator's representation of speech act with topic）。本书采纳辛斌的观点，不单独区分言语行为的叙述性转述，因为言语行为的叙述性转述在本质上属于间接话语，两者均可通过使用施为动词来表现某种言语行为，也就是说言语行为的叙事性

---

① 如：Mr Major warned yesterday of the dangers of Britain being left behind if a group of European Union members pushed ahead with a single currency.（*The Independent on Sunday*，"Blair Puts Labour Troops on Alert for Snap Election"）（Semino et al.，1997：30）

转述与传统意义上的间接话语并没有本质的区别，区别仅在于前者在信息内容方面进行了高度总结，Semino 等（1997）提出的"带有话题的言语行为叙述性转述"也在信息内容上比言语行为的叙述性转述较为具体。本书在总体上区分了直接型话语转述（direct discourse report）、间接型话语转述（indirect discourse report）和混合型话语转述（mixed discourse report），对收集到的 1 550 例话语转述进行了详细的分析，下面我们将详细讨论语料中出现的三类转述方式。

3.2.1　直接转述及其变体

直接转述主要由直接话语和自由直接话语来实现。传统意义上的直接话语比较容易识别，由转述小句（reporting clause）和转述句（reported clause）构成，其明显的标志是使用引号和转述动词（Leech & Short，2001：322）。转述小句一般包括原说话者和转述动词，具有引出转述句的引述功能①（张荣建，1998；2000），转述句通常用引号来标记。请看下例②：

（3 – 1） The moment he finished, Mr. Obama said, "I've got a bracelet, too."

（*The New York Times*，2008 – 09 – 27，NT 108）

（3 – 2） "I've been around a while," he said at one point.

（*China Daily*，2008 – 09 – 27，CD 103）

（3 – 3） "Look," Obama said at one point, "you're not interested in hearing politicians point fingers" — knowing that pointing fingers is a way for the trailing team to score.

（*Time*，2008 – 10 – 08，AT 225）

以上三个转述语都属于典型的直接话语，只是转述小句的位置有所不同，在例（3 – 1）中，转述小句位于转述句前面，在例（3 – 2）中位于转述句后面，在例（3 – 3）中位于转述句中间。这三个转述语有一个共同的特点，那就是转述小句和转述句出现在同一个句子中，只是出现的具体位置有所不同。实际上，语料中很多直接话语的转述小句与转述句出现在不

---

①　张荣建主要关注转述动词的功能，他指出转述动词具有引述功能和话语功能，后者体现在对转述语是话语还是思维的区别作用上，也体现在对交际各方的角色区别作用上，如"tell""go"一般为他人的话语，而"be like"主要表达自己的话语（张荣建，1998：50）。

②　本节介绍各类转述方式，暂不提供转述方式所出现的上下文语境。

同的句子中，如下例：

（3 – 4） "You don't say that out loud," retorted McCain. "If you
have to do things, you do things."

（*China Daily*, 2008 – 09 – 27, CD 103）

在例（3 – 4）中，整个转述语包括两个完整的句子，转述小句跟前面
的转述句属于同一个句子，跟后面的转述句属于并列关系。语料中还有一
些特殊情况，转述语中的转述小句并非典型的"某人说"，但其转述功能
可以依据相邻句子中的"叙述性陈述"（narratorial statement）（Semino et
al. , 1997）推测出来。请看下例：

（3 – 5） He wore a dark suit and a flag lapel pin, and chose to fo-
cus on appearing steady and serious – minded and so read-
y to be president that he at one point sounded as if he al-
ready were: "I reserve the right as president of the United
States to—to meet with anybody at a time and place of my
choosing if I think it's going to keep America safe."

（*The New York Times*, 2008 – 09 – 27, NT 106）

（3 – 6） Late in the debate, Obama was killing time with a stern
patch of bravado: "We will kill Bin Laden. We will crush
al – Qaeda." and so on. How dead would that guy be by
now if American speeches could kill a person?

（*Time*, 2008 – 10 – 08, AT 225）

（3 – 7） Then he quickly changed course: "And my campaign is about
getting this economy back on track, about creating jobs, a-
bout a brighter future for America. And that's what my cam-
paign is about, and I'm not going to raise taxes the way
Sen. Obama wants to raise taxes in a tough economy. And
that's really what this campaign is going to be about."

（*Los Angeles Times*, 2008 – 10 – 16, LT 316）

（3 – 8） And then the final twist of the knife: "We are ready to lead
once more!"

（*The Times*, 2009 – 01 – 20, TO 516）

以上四例中均没有出现标记转述语的"说"或者类似"说"的其他言说动词，转述者通过使用冒号和引号对所转述的话语进行标记。此外，转述小句的转述功能可以体现在对说话者衣着、表情等进行的描述和评价例（3-5），或者对所转述话语的语用功能进行描写和评价例（3-6）、例（3-7）、例（3-8）。上面四例中的前三例主要围绕说话者来进行，而例（3-8）仅通过对所转述的话语本身进行指称和评价，没有提到转述者的相关信息。

在传统语法中，典型的转述方式主要突显的是原说话者及其所说的话语。在具体的话语转述行为中，转述者可以选择原话语事件中的不同成分进行多样化的转述。有的转述小句只提供了原说话者的信息，没有提供言说动词，也没有相应的动作描述或者评价，如下面两例：

（3-9）　Obama：" Sen. McCain mentioned Henry Kissinger, who is one of his advisers, who along with five recent secretaries of state just said we should meet with Iran—guess what? — without preconditions. "

（ China Daily, 2008-09-27, CD 101）

（3-10）　According to Mr. McCain, "Senator Obama has the most liberal voting record in the United States Senate. "

（ The New York Times, 2008-09-26, NT 109）

有的直接话语只突显了原话语中的听话者，而没有提供相应的说话者或言说动词，如下面两例：

（3-11）　To the world's dictators："We will extend a hand if you are willing to unclench your fist!"

（ The Times, 2009-01-20, TO 516）

（3-12）　McCain was left with this："When times are tough, we need a steady hand on the tiller. "

（ Time, 2008-10-08, AT 225）

以上两例的说话者均为 Obama，但在两个转述语中都没有提到，只提供了关于听话者的信息。例（3-11）是 Obama 就职演说中的一句话，由于整篇文章都是关于 Obama 的演说，因而在转述过程中只需要明确 Obama 话语所针对的对象：全世界的独裁者。例（3-12）是第二场辩论中 Obama 的一句话，转述语提供的听话者为 Obama 话语所针对的竞选对手 McCain。

有些直接话语中的转述小句或转述句在句法上的特点也不同于传统直接话语，其转述功能产生了弱化。请看下例：

(3 – 13) McCain, opted for a populist appeal, saying："Somehow in Washington toda—and I am afraid on Wall Street—greed is rewarded, and corruption—or certainly failure to carry out our responsibility is rewarded. "

(The Guardian, 2008 – 09 – 27, GD 104)

(3 – 14) The evening ended with <u>an incongruous question plucked by Brokaw</u> from thousands of online submissions："What don't you know, and how will you learn it?"

(Time, 2008 – 10 – 08, AT 225)

传统直接话语的句法特点为"主—谓—宾"结构，分别为原说话者、转述动词和转述句，在例（3 – 13）中，原说话者 McCain 处于转述小句的主语地位，但言说动词 saying 和由 saying 的宾语部分构成的转述句均属于整个句子的谓语动词"opted for"的一个伴随成分。在例（3 – 14）中，原说话者和发挥言说功能的动词"plucked"也同样成为句子的伴随成分，修饰介词短语"with"的宾语"question"，也使后面的转述句在句法功能上发生了变化，成为整个话语的从属成分。

自由直接话语主要是指没有转述小句或者没有引号的转述语，本书语料中的自由直接话语基本上没有转述小句，有的有转述小句，但没有引号，如下例：

(3 – 15) He told Congress he had inherited a ＄1. 2tn deficit from George Bush, a financial crisis and a costly recession. "Given these realities, everyone in this chamber—Democrats and Republicans—will have to sacrifice some worthy priorities for which there are no dollars. And that includes me. "

(The Guardian, 2009 – 02 – 25, GD 608)

(3 – 16) <u>If Pakistan is unable or unwilling to hunt down bin laden, we should do it</u>, he says.

(The New York Times, 2008 – 10 – 07, NT 212)

上面两例均为自由直接话语，例（3－15）中没有转述小句，只有引号。例（3－16）没有引号，但转述句中人称代词"we"的使用表明该句子是从原说话者"he"的视角来进行转述的，因而属于自由直接话语。

需要说明的是，在对话语转述进行识别时，为了对转述语和原话语进行系统性的对比研究，对那些找不到原话语或者原话语不在我们收集的范围内的话语转述，本书在统计数据时暂不考虑。如下例：

（3－17）"The point is that I would not refuse to meet until they a-
　　　　gree to every position that we want," Obama said in May
　　　　when asked to explain his position. "But that doesn't
　　　　mean that we would not have preparation, and the prepa-
　　　　ration would involve starting with lower level diplomatic con-
　　　　tacts, having our diplomatic corps work through with Irani-
　　　　an counterparts, an agenda."

　　　　　　　　　　（*The New York Times*, 2008－09－26, NT 109）

上例为典型的直接型话语转述，是《纽约时报》转述两位候选人就与伊朗首脑会谈的讨论，文章不仅转述了两位候选人在第一场辩论时所说的话语，还援引了他们两人在其他场合的话语。此处为 Obama 在竞选之前所说的一句话，出现在我们收集的有关美国大选报道的文章中，但由于其原话语不在我们收集的范围，因而不在统计之列。

直接转述的主要特征是从原说话者的视角转述其所说的话语，但也有各种不同的变异形式，其变体主要体现在转述小句构成成分和转述语句法功能的变化。首先，直接话语中转述小句构成成分发生了变化。原型直接话语的转述小句由原说话者和转述动词"说"构成，语料分析表明，转述小句中的转述动词可以由其他动词替代，可以描述原说话者的表情、动作或者对原话语本身进行描述或评价，转述小句中的说话者也可以缺席，而由原话语的听话者来充当小句的主语。其次，直接话语的句法功能表现出了不同种类的变异性。原型直接转述的转述小句为"主—谓—宾"结构（原说话者、言说动词、转述句），非典型直接转述中的转述小句则表现出各种变化，主要体现在转述动词及转述句句法功能的弱化，由原来句子的主要成分变为句子的从属性成分。同时，在大多数自由直接话语中，转述小句缺席，从而强化了转述句本身作为一个独立的句子的句法功能。

3.2.2　间接转述及其变体

间接转述包括间接话语和自由间接话语。间接话语的主要特点为使用第三人称，使用 that 引导间接话语，动词时态由原话语的现在时改为过去时，一些表示"此时、此地"（now，here）的词汇要变为"彼时、彼地"（then，there）。间接话语不能表达原话语中的表情成分、称呼语、语调、语气、省略成分以及话语标记语（Banfield，1982；Baynham，1996；辛斌，2005：104）。在本书的语料中，除了常见的间接话语，还发现了一些能表达原说话者话语特征的例句，请看下面例句中的画线部分：

（3－18）Mr. Obama wants to respond, but Mr. Brokaw says <u>no</u>, <u>then</u> <u>would you</u> give a date certain for fixing Social Security.

（*The New York Times*，2008－10－07，NT 212）

（3－19）Obama said <u>this</u> should be borne in mind when voters made their decision about which of the two had the better judgment and who was the better equipped to be the next president.

（*The Guardian*，2008－09－27，GD 104）

（3－20）Obama interrupted several times, saying <u>this</u> was not the case.

（*The Guardian*，2008－09－27，GD 104）

例（3－18）中出现了直接话语中才使用的否定词"no"、话语标记语"then"和疑问语气"would you…"。例（3－19）和例（3－20）中均出现了表现原说话者视角的"this"。三个例句中均没有引导间接话语的关系代词"that"。

与直接话语一样，有些间接话语的句法结构也发生了变化，出现了与传统的主谓宾结构不同的句法变化，如被动语态、伴随状语等，请看下面例句中的画线部分：

（3－21）When <u>Senator Obama was asked</u> whether he would violate Pakistan's sovereignty and go over the Pakistan border to pursue the militants who are attacking American forces in Afghanistan.

（3－22）He narrowed the question—<u>saying</u> he would go into Pakistan if he had information about the whereabouts of Osama bin Laden.

（*The New York Times*，2008－10－07，NT 210）

（3－23） McCain sought to turn the tables on his rival by <u>pointing out</u> Obama has requested millions of dollars in congressional earmarks that he called pork barrel spending, including some after he began running for president.

（ China Daily, 2008－09－27, CD 102）

（3－24） McCain jabbed at Obama, who <u>he said</u> has requested millions of dollars in pork barrel spending, including some after he began running for president.

（ China Daily, 2008－09－27, CD 103）

（3－25） That came in response to <u>McCain's accusation</u> that Obama had threatened to invade Pakistan.

（ China Daily, 2008－10－07, CD 206）

例（3－21）和例（3－22）构成一个完整的句子，包括两个转述语，其中前半部分（3－21）为了突显听话者而使用了被动语态"Obama was asked"，在句子的后半部分（3－22）中，被转述的部分充当句子的主要谓语动词"narrowed"的伴随状语，用"saying"来表达。同样，例（3－23）中被转述的部分用"by pointing out"来表达，充当整个句子的方式状语。例（3－24）中被转述的部分也通过从属定语结构"who …has"来表达，值得注意的是在这一转述语中，转述小句"he said"的作用相当于插入语，似乎说明"he said"也可以像"I think"① （Redeker, 1991；冉永平，2000；张丽萍，2009）一样，句法功能发生弱化。在例（3－25）中，转述动词的名词化（accusation）使整个转述句（that 从句）成为转述话语标记语（accusation）的同位语。

此外，间接话语在时态、指示语的选择上也表现出一些偏离，请看下面例句中的画线部分：

（3－26） Obama said his Republican rival <u>has been</u> a loyal supporter of the unpopular president…

（ China Daily, 2008－09－27, CD 103）

（3－27） <u>He knows</u> what it's like to keep one's hope going at difficult times, <u>he says</u>.

（ The New York Times, 2008－10－07, NT 212）

---

① Redeker（1991）把"I think""you know"看作小句式的话语操作语（discourse operator），在话语中起语用作用，使听话者关注即将说出来的话语与现时语境之间的某种特殊联系。

(3-28) Third, the Obama administration will act with the full force of the federal government to ensure that the major banks that Americans depend on have enough confidence and e-nough money to lend even in more difficult times, said the president.

(*People's Daily*, 2009-02-25, EP 605)

使用间接话语转述他人已经说过的话语时，后面的从句应该进行时态上的推移。上面例（3-26）中的宾语从句采用了现在时，并没有对时态进行推移。例（3-27）中转述小句和转述句的时态均采用了现在时，而且该例中的转述小句处于句子的末尾，使其转述性大大降低，读者会误以为是作者的叙述性语言，直到读到后面的"he says"才意识到该句子是转述语。例（3-28）则类似于 Vandelanotte（2004a，2004b）提到的"间离性的自由间接言语"（distancing free indirect speech），他认为这类转述语跟一般的叙述语非常相似，很容易误导读者。Vandelanotte 举了这样一个例句："John will be late, he said"，其中"he"回指前面的"John"，是对他人（John）话语的隐性转述，只有当读者读到后面的引导句"he said"时，才意识到该句为转述语。如果去掉引导句，那么该句就跟一般叙述语没有区别了。在例（3-28）中，转述语中的"the Obama administration"让读者误以为是转述者自己的话语，直到读到最后的转述小句"said the president"才理解该话语为总统的话语。

语料中也出现了少量的自由间接话语，没有转述动词或其他转述标记，需要参照原话语信息是否出现来进行判断，如下例：

(3-29) 原话语: I grew up in a family where my father was gone most of the time because he was at sea and do-ing our country's business.

(*Debate* 2, 2008-10-07)

转述语: Still, Mr. McCain said, he has spent his whole life serving this country. His father was gone most of the time, doing our country's business .

(*The New York Times*, 2008-10-07, NT 212)

例（3-29）中的画线部分是 McCain 在第二场辩论中的一句话，原话语中使用了第一人称 my father，在转述时变为第三人称代词 his father，同

60

时没有转述小句，表面上看与一般叙述语没有区别，似乎很难判断该例是否属于话语转述行为。但比较原话语和转述语可以发现，该例显然是 McCain 所说的话语，可以判断为自由间接话语。该例先以间接话语的方式转述了 McCain 的话语，然后通过省略消息来源过渡到自由间接话语，在新闻报道中这种做法可有效降低语篇的转述性，从而增强其原创性（辛斌、李曙光，2010：113）。

间接转述的主要特征在于从转述者自己的视角对原话语进行转述，从本研究的语料来看，间接话语的句法特点及其功能表现出了种种变异性，主要体现出两种大相径庭的趋势。一方面，部分间接话语表现出直接话语的一些特点，对原话语中的语调、语气等进行了直接转述。同时，宾语从句和转述小句中现在时态的使用也使间接话语能够表现出话语的即时性。另一方面，部分间接话语表现出叙事性话语的特点，如转述小句的后置、转述句中特定指称语的选择，都延缓了转述功能的发挥，不容易被读者识别，具有一定的误导性。一个极端的表现就是自由间接话语的使用，转述小句的缺失使其获得很大的独立性和自主性，使读者很难识别其转述性特征。此外，间接话语中转述小句句法功能的弱化也体现出间接话语的叙述性特征，转述小句从原来的"主语 + 谓语 + 宾语"结构中的主体部分（主语 + 谓语）演变为整个句子的从属性成分，使转述语的转述性大大减弱。

3.2.3　混合转述及其变体

语料中的第三类转述方式是混合转述。辛斌（2005：118）谈到直接话语和间接话语的两种混合形式①，一种是句子基本上是间接话语，只是中间有个别词语被加上了引号，表明为消息来源的话语。另一种是，报道者先采用间接话语的形式，然后滑向直接话语，就像间接话语是在为直接话语铺路，直接话语顺理成章地从间接话语中发展出来。辛斌在统计时将第一类混合形式看作间接话语，借用了 Volosinov 的术语"预先调整的直接话语"（preset direct discourse）来指称第二种混合形式。Clark 和 Gerrig（1990）使用"合成式引语"（incorporated quotation）来概括这种间接话语中包含的直接话语的片断。Waugh（1995：145 – 149）使用的术语为复合型直接/间接话语（combined direct/indirect speech），指出这类复合型转述

---

① 第一种混合形式：But in an interview with the Arabic daily *Al – Hayat*, the king assailed the attempt on Mr. Meshal as "an irresponsible act" by someone determined to undermine the process toward peace. （《论坛报》）第二种混合形式：King Hussein of Jordan, balancing Arab out – rage and Israeli sensitivities, said the assassination attempt was "a reckless act ··· carried out by a party with no faith in peace". （《时报》）

中直接话语和间接话语的多少可能会有差异。本书将语料中出现了直接话语和间接话语成分的转述统称为混合转述（mixed discourse report），包括由间接话语滑向直接话语的"预先调整的直接话语转述""由直接话语转为间接话语的转述"以及仅引用个别词语的"警示型转述"。

文献中谈论比较多的一类混合转述是"预先调整的直接话语"，在本书的语料中也有很多。这类混合转述实质上是"半叙述半转述的，它预先调整了对直接话语的感知，即将出现的直接话语的主旨用语境预示，并用作者的语气去渲染。经过这样的处理，转述引语的界限变得极不清楚了"（Volosinov，1986：134；辛斌，2005：118）。请看下面两例：

(3-30) Obama：Said he would make sure that the health care system "allows everyone to have basic coverage".

(*China Daily*，2008-09-27，CD 101)

(3-31) The American story "has not been the path for the faint-hearted, for those who prefer leisure over work, or seek only the pleasures of riches and fame", he said.

(*The New York Times*，2009-01-20，NT 520)

以上两例均属于预先调整的直接话语，转述者在开始时采用了间接话语，而在后半部分采用了直接话语的方式，区别在于转述小句的位置分别处于转述语开始和结尾处。在例（3-30）中，直接话语的部分说明Obama的医疗卫生体系将会允许每个人有基本的照顾，间接话语的部分说明该话语的主题：Obama会确保医疗卫生体系对每个人有基本的照顾。在例（3-31）中，直接话语部分说明了美国的道路不是那些享乐的人所走的那种道路，间接话语部分则对原话语上文中提到的美国在获得伟大成就的旅途进行了高度总结，即"美国故事"。

我们在语料中还发现了与预先调整的直接话语相反的另一类混合型话语转述，转述者开始采用直接话语，然后再转向间接话语。请看下面例句：

(3-32) Obama："John, you want to give oil companies another $4 billion" in tax breaks.

(*China Daily*，2008-09-27，CD 101)

(3-33) "Eliminating earmarks also is not a recipe for how we're going to" put the country back on track, Obama replied.

(*China Daily*，2008-09-27，CD 102)

（3 - 34）"You've shown some commendable independence, on is-
sues like torture," he tells him, but not on economics,
and he's proposing eight more years of the same thing.

（*The New York Times*, 2008 - 10 - 15, NT 311）

（3 - 35）"I'm afraid Senator Obama doesn't understand" and "What
Senator Obama doesn't seem to understand" and "Senator
Obama still doesn't understand" were Mr. McCain's constant
refrains, delivered with a frozen smile and a hint of conde-
scension.

（*The New York Times*, 2008 - 09 - 27, NT 108）

与话语转述的其他方式一样，这种混合转述中的转述小句在句中的位
置也会发生变化，有的出现在句首如例（3 - 32），有的在句末如例
（3 - 33），有的在中间如例（3 - 34）。如例（3 - 35）的特殊性在于句中有
多个直接话语的成分，中间用 and 连接。在这类混合转述中，转述者先采
用直接话语的方式告诉读者原话语中的重要信息，然后以间接话语的方式
补充额外的信息，如上例中的（3 - 32）（3 - 33）和（3 - 34）。但也有例
外情况，在例（3 - 35）中，直接话语部分转述的只是原话语中的已知信
息"不理解"，而新信息"不理解的内容"被省略了。

语料中也出现了不少警示型转述①（scare report），即只有个别词语加
上了引号。如下例：

（3 - 36）Mr. McCain says he is qualified "in many respects" but
has been wrong on many foreign policy issues, like voting
against the first Gulf War.

（*The New York Times*, 2008 - 10 - 15, NT 311）

（3 - 37）There was, said Obama, a nagging fear that American
decline was inevitable; he wanted an end to "petty griev-
ances and false promises"; the time had passed for "pro-
tecting narrow interests and putting off unpleasant deci-
sions"; a nation could not prosper long "when it favours
only the prosperous".

（*The Guardian*, 2009 - 01 - 20, GD 515）

———————————

① de Brabanter（2005）使用的术语为 scare quote。

在上面两个例句中，只有个别词语被标上了引号，两个例句的不同在于例（3－37）中被引用的词语较多（见画线部分）。辛斌（2005）将这类混合形式视为间接话语，Bell 则认为这是直接话语的一种，其功能是清楚表明报道者欲与转述语保持距离，暗含不赞成、怀疑或反对的态度（1991：208）。Geis 把这种形式称作"嘲讽引用"（snigger quote），即以此嘲讽某人所说的话（1987：89）。Volosinov（1986：131）持相反的态度，认为这种形式不属于直接话语。辛斌、李曙光（2010）认为加引号的词语可能并不是被转述者的原话，但至少说明了引号可以表明其内部的词语是来自他人的话语。本书将这类转述统一归为混合型，因为其既涉及直接话语的成分，也涉及间接话语的成分。

语料中有一类混合型复杂的话语转述，一个句子内部可能会出现多个话语转述，本书主要参照转述动词（辛斌，2005）或原话语信息在转述语篇中是否出现来进行判断。如下例：

（3－38）He <u>quotes</u> his favorite president, Teddy Roosevelt, as preferring to walk softly but carry a big stick and <u>says</u> that Mr. Obama "likes to talk loudly", by announcing, for example, "that he wants to attack Pakistan."

（The New York Times, 2008－10－07, NT 212）

从转述动词来判断，例（3－38）中有两个转述语，其转述话语标记语分别为动词"quotes"和"says"。先来看"quotes"引导的转述语，从转述方式上来看，该转述语属于间接型话语转述。该话语中由"says"引导的转述语既有直接话语的成分，也有间接话语的成分，在转述方式上属于混合型话语转述。

从我们收集的语料来看，在混合型转述中，除了文献经常提到的"预先调整的直接话语"和"警示型话语"之外，还发现了一类从直接话语转向间接话语的混合转述。本书对三类混合转述的区分主要参照转述语开启和结尾部分的直接性或间接性特征，同时也考虑了直接话语或间接话语在整个转述语中所占的比例。混合转述的主要特点在于其中既有直接话语的成分也有间接话语的成分，似乎给读者一种界限分明的印象，加引号的部分通常意味着原话语，"报道者这样做的原因或者是表示该部分特别重要或者想与它保持距离、表示自己不一定赞成它所表达的意思"（辛斌，2005：118）。混合转述能够同时表现转述者和原说话者的视角，为新闻报道者充当媒介、实施者和创作者（Fairclough, 1995）的多重角色提供了实用而经济的手段。

3.3　不同转述方式的转述相似性

关于话语转述，文献中讨论最多的是话语转述方式的各种类型。表达他人话语的方式与人物话语之间的关系就是形式与内容的关系（申丹，1991：13）。一般默认直接话语通常更忠实于原文，更具有表达力，更能表达原话语的风格。"直接话语意味着在形式和内容上均忠实于被转述的话语，而间接话语只转述其内容。"（Coulmas, 1985：41）Semino 等（1997：22–23）认为直接话语应该在以下三个方面忠实于原话语：用以给命题内容编码的词汇与结构、命题内容和言语行为价值，间接话语则仅在内容和言语行为价值上忠实于原话语。这种认识实际上是默认了各类话语转述方式在转述内容相似性上的原型特征。对此，一些学者（Cappelen & Lepore, 1997；Noh, 2000；Tannen, 2007）指出转述语与原话语并不存在语义上的等同。针对这些争论，本节主要分析各类新闻转述方式在相似性上的特点。

3.3.1　直接转述的相似性

直接转述是新闻转述方式的一种主要类型，包括直接话语与自由直接话语，也是人们普遍认为比较客观的一种话语转述方式。文献中普遍认为直接话语在形式和内容上均忠实于原话语，近期的实证研究却发现直接话语的使用并非意味着在措辞或者意义上忠实于原文，更多的时候是转述者自己的创造（Collins, 2001；Sternberg, 1982；Tannen, 2007）。下面我们将详细分析。

先来看一下保真型转述，直接转述一般都会在语言意义上忠实于原话语，请看下例：

（3–39）［此例为《纽约时报》转述 McCain 在第二次辩论中的一句话，文章介绍了 Obama 对于能源问题的态度，提到了双方对于美国人乐观精神的强调，然后介绍 McCain 自己的看法。］

原话语：Look, we can attack health care and energy at the same

time. We're not-we're not-we're not rifle shots here. We are Americans.

（*Debate* 2，2008 – 10 – 07）

转述语：Mr. McCain said："We can attack energy and health care at the same time. We're not rifle shots here. We're Americans！"

（*The New York Times*，2008 – 10 – 08，NT 214）

在第二场辩论中，Obama 把能源、健康和教育依次看作三大优先考虑的问题，而 McCain 认为可以同时解决这三大问题，因为"我们是美国人"。在辩论中，McCain 对 We're not 重复了三次。在《纽约时报》的这篇文章中，转述时省略了这一重复性的话语，但保留了原话语的真实性，属于保真型转述。

也有些直接转述在语言意义上与原话语不完全一致，但在语用层面上忠实于原话语，请看下例：

（3 – 40）［此例为《纽约时报》转述第三场辩论中的主持人对两位竞选对手的提问，文章主要针对竞选过程两位竞选对手的攻击性言论进行分析。］

原话语：Are each of you tonight willing to sit at this table and say to each other's face what your campaigns and the people in your campaigns have said about each other？

（*Debate* 3，2008 – 10 – 15）

转述语：Will you sit here and repeat，face to face，the nasty things your campaigns are saying about each other？

（*The New York Times*，2008 – 10 – 15，NT 311）

该例为自由直接话语，从表面上看，转述语似乎过于夸大主持人提问的尖刻，因为其使用了原话语中并没有出现的"nasty things"一词。但仔细分析会发现，转述语中添加的"nasty things"正好透露了辩论主持人提问的实际意图。在第三场辩论中，主持人在提问中指出两位竞选对手都标榜自己在竞选中持高姿态，然而实际情况并非如此，并列举了双方所说过的一些恶毒的话语，要求两位竞选对手说出彼此说过的话语来。《纽约时报》显然是对原话语进行了概括性的转述，尽管措辞不完全一致，但较好地传递了原说话者的主要意图，属于保真型转述。

直接转述也有两种失真情况，一类是在语言意义上偏离了原话语，一类在语用意义上偏离原话语。请看下例：

（3-41）［此例为《纽约时报》转述第一场辩论中 Obama 的话语，文章评论说两位竞选对手只注重概括各自的政策而没有相互对抗，但在主持人的煽动下，Obama 说了下面的话语。］

原话语：Well, the—John, 10 days ago, you said that the fundamentals of the economy are <u>sound</u>.

（*Debate* 1，2008-09-26）

转述语："John, you said 10 days ago the fundamentals of the economy are <u>strong</u>—" Mr. Obama said to laughter.

（*The New York Times*，2008-09-27，NT 108）

上例中，Obama 指责 McCain 曾经说经济基础是"完好的"（sound），转述语中却变成了"强大的"（strong）。在剑桥英语词典中，"sound"的意义为"状况良好"（in good condition），"strong"的意义为"难以破坏"（difficult to destroy），转述者显然在转述过程中过于强化了原话语的语义内容。另外，该例转述语在说明转述交际双方时刻意描写了观众的笑声（laughter），进一步表现了 Obama 对于 McCain 的嘲讽。

有的失真型转述在表面上忠实于原话语，仔细分析，发现转述者没有提供相应准确的消息源，对读者具有误导性。请看下面两例：

（3-42）［该例为《纽约每日新闻》转述 Obama 国会演讲的一句话。文章先介绍了 Obama 关于重建美国的鼓舞性话语，指出美国在历史上总是能从困境中崛起。］

原话语：I think about <u>Ty'Sheoma Bethea</u>, the young girl from that school I visited in Dillon... But the other day after class, she went to the public library and typed up a letter to the people sitting in this chamber... The letter asks us for help and says, "We are just students trying to become lawyers, ... <u>We are not quitters.</u>" That's what she said: "We are not quitters."

（*Address to congress*，2009-02-24）

转述语：Americans have triumphed over adversity throughout their

67

history，he said— "We are not quitters. "

(*New York Daily News*, 2009 – 02 – 24, ND 622)

(3 – 43)［该例为《纽约时报》转述 Obama 对国会的演讲，文章转述了 Obama 关于经济危机的态度，然后指出 Obama 也求助于在困境时曾支撑过其他总统的爱国主义精神。］

转述语：But Mr. Obama also reached for the same patriotic resonance that has sustained other presidents in bad times. "We are not quitters," he proclaimed.

(*The New York Times*, 2009 – 02 – 24, NT 615)

以上两例都是误把 Obama 国会演讲中提到的小女孩的话语当作 Obama 的话语进行转述。在演讲中，Obama 鼓励美国民众要充满信心，他说 "希望总是出现在那些不可能的地方"，并列举实例来说明如何从困境中崛起的道理。其中一例是在 Obama 曾经访问过的一所学校，一个希望得到帮助的小女孩写了一封信，其中有这样一句话 "we are not quitters"。《纽约每日新闻》在转述时提供的语境信息为，纵观历史，美国人民曾经在困境中奋起，Obama 说 "we are not quitters"。《纽约时报》提供的相关语境信息为，Obama 需要寻求其他处于困境中的总统所追求的那种爱国主义精神，直接转述为 "he said 'we are not quitters'"。这两例均属于失真型转述。

直接转述在新闻话语中具有独特的作用，可以加强新闻的客观性。本书的语料分析表明，直接转述中既有保真型转述，也有失真型转述。直接话语与原话语的相似性可能体现在语言意义上，也可能体现在语用意义上。失真型的直接话语转述尽管数量不多，但也提醒读者不能过度迷信直接话语的真实性，因为直接话语通常都是报道者根据消息来源所说话语的大意整理编写的，形成的文稿有时是经他同意后发表的，然而通常情况下，新闻报道连这一道程序也被省略了 (Bell, 1991: 60；辛斌，2005: 121)，从而出现伪转述①（pseudo – quotation）（Sleurs et al. , 2003）。

3.3.2 间接转述的相似性

间接话语通常被认为在内容上忠实于原话语，只是在措辞上有所不同（Coulmas, 1985；Semino et al. , 1997；辛斌，2005）。但也有很多学者持相反的观点，Cappelen 和 Lepore（1997）认为间接话语与原话语在内容上

---

① Sleurs 等（2003）对这种由新闻记者预先草拟（preformulated）而成的转述过程进行了详细的实证研究。

的相似只是局部的，并不一定完全等同。Noh（2000）则明确地指出间接话语与原话语之间存在着较弱的相似性，是一种语用赋予的相似性关系。语料分析表明，大多数间接型话语转述忠实于原话语，但也有偏离原话语的失真型转述。下面我们主要讨论间接话语与原话语的相似性。

间接转述一般也会在语言意义上忠实于原话语，请看下例。

（3－44）［此例为《中国日报》转述第二场辩论中 Obama 的一句话。文章上文介绍了 McCain 关于核能的态度，此处转述 Obama 的看法。］

原话语：Contrary to what Senator McCain keeps on saying, I favor nuclear power as one component of our overall energy mix.

（*Debate* 2，2008－10－07）

转述语：Obama said he approved of nuclear power as one element of a broader energy plan.

（*China Daily*，2008－10－09，CD 205）

在第二场辩论中，Obama 谈到他把核能当作整体能源计划的一个组成部分，《中国日报》在转述时，并没有采用原来的话语，而是换用了相应的近义词来转述。转述语中的"approved""element""broader energy plan"分别与原话语中的"favor""component""overall energy mix"为同义词，整个话语的信息结构组织也与原话语一致，该例属于保真型转述。

但也有些间接转述在语言意义上与原话语不一致，但在语用意义上忠实于原话语，请看下例。

（3－45）［文章谈到两位竞选对手在财政开支上意见不同，McCain 认为应该冻结开支，Obama 则提出不同的意见。此例为 Obama 的话语。］

原话语：The problem with a spending freeze is you're using a hatchet where you need a scalpel. There are some programs that are very important that are under funded. I went to increase early childhood education and the notion that we should freeze that when there may be, for example, this Medicare subsidy doesn't make sense.

（*Debate* 1，2008－09－27）

转述语：Obama said the problem with that was that some programs needed more money.

(*China Daily*，2008 – 09 – 27)

上例中的原话语为第一场辩论中 Obama 的一段话，在反驳 McCain 关于"冻结开支"的观点时，Obama 指出当前还有一些重要的项目在资金上投入不足，随后又指出他以前在早期儿童教育方面曾增加过开支，言下之意就是应该在某些重要的项目上增加投资。《中国日报》在转述时直接提供了 Obama 话语中的隐含之意：有些项目需要更多的资金，该例属于语用保真型转述。

间接转述中也有失真型转述，有的体现在语言意义上的偏离。请看下例中的画线部分。

(3 – 46) ［此例为《纽约时报》转述第二场辩论中 McCain 的一句话，转述之前文章说 McCain 的思路有点凌乱。］

原话语：You know，my hero is a guy named Teddy Roosevelt. Teddy Roosevelt used to say walk <u>softly</u> —talk <u>softly</u>，but carry a <u>big stick</u>.

(*Debate* 2，2008 – 10 – 07)

转述语：He quotes his favorite president，Teddy Roosevelt，as preferring to <u>walk softly but carry a big stick</u> and says that Mr. Obama "likes to talk loudly"，by announcing，for example，"that he wants to attack Pakistan. "

(*The New York Times*，2008 – 10 – 07，NT 212)

在原话语中，McCain 在引用 Roosevelt 的话语时先说了"walk softly"，然后进行了自我修正"talk softly"，但《纽约时报》在转述时并没有提供修正后的重要信息，因而产生了局部歪曲。在本次收集的语料中严重的语义失真型转述还不是很多，但报纸新闻中偶尔也会因为理解失误等原因造成严重的失真型转述，如 2009 年人民网报道圆明园兽首去向的一段话语，文章援引彭博社的消息报道圆明园兽首去向时的新闻：

原话语：... <u>They were bought by Thomas Seydoux，Christie's international co – head of Impressionist and modern art，on behalf of an unidentified telephone bidder.</u>

(*Bloomberg*，2009 – 02 – 26)

转述语：彭博社：圆明园兽首铜像神秘买家为佳士得高管

尽管佳士得方面未公布该买家的身份，但据美国彭博社的最新报道称，这名神秘买家为佳士得专家托马斯·赛多克斯（Thomas Seydoux），该专家是佳士得拍卖行现代艺术和印象派作者的负责人。

（人民网，2009 - 02 - 26）

原话语中说"圆明园兽首铜像"（they）由专家托马斯·赛多克斯（Thomas Seydoux）代表某一没有透露姓名的拍卖者购买，但转述者在进行翻译性转述的时候忽略了后面的"on behalf of"短语，从而将其错误地转述为由该专家购买，使原话语的语言意义在转述中发生了质的变化，在国内引起了不小的轰动①。

有些间接转述断章取义，造成了转述意义上的失真，请看下例：

(3 - 47)　[此例为《中国日报》在转述第一场辩论中 McCain 对Obama 的抨击。文章在介绍了 Obama 的指责之后，转述McCain 的反驳。]

原话语：He has asked for $932 million of earmark pork - barrel spending, nearly a million dollars for every day that he's been in the United States Senate... Senator Obama suspended those requests for pork - barrel projects after he was running for president of the United States.

（*Debate* 1, 2008 - 09 - 26）

转述语：McCain sought to turn the tables on his rival by pointing out Obama has requested millions of dollars in congressional earmarks that he called pork barrel spending, including some after he began running for president.

（*China Daily*, 2008 - 09 - 27, CD 102）

在辩论中，McCain 确实提到了 Obama 曾经要求一大笔专项建设经费（932 million），但他后来还谈到 Obama 在竞选总统之后就取消了这一要求。转述语在提及这一问题时却省略了原话语中的"取消"（suspended）一词，从而造成意义上的失真。

在一些非严肃的新闻报道中，甚至有张冠李戴型的转述失误，一个典

---

① 按照拍卖行业的规定，拍卖行的从业人员是不允许参与拍卖行为的。

型的例子是 2010 年 5 月 17 日在国内争执比较多的一则新闻报道失误。国家发改委产业研究所所长助理某日接受记者采访时说："三年之内免谈房产税。"之后，一些报纸以"发改委表态 3 年内房产税免谈"为主题加以报道，并广为流传，引发了整个社会对国家房地产调控政策走向的疑问。随后，发改委负责人表示，产业研究所属于研究机构，其研究人员所发表的意见只能是个人观点，不代表发改委的立场（江国成，2010）。这类话语转述表面上似乎提供了准确的消息，但没有提供相应准确的消息源，以更具有权威效应的"组织"而不是"个体"作为消息源，显然是过于夸大了原话语的语用效力，对于这种情况读者一般是很难发现的。

以上分析表明，间接话语在相似性上既有保真型，也有失真型。这与传统语法关于间接话语的讨论是不一致的，传统语法默认间接话语与原话语之间在内容上是忠实的，本书语料中的间接话语与原话语之间出现了不同种类的相似性。间接转述可能在语言意义上忠实或偏离原话语，也可能在语用意义上忠实或偏离原话语。失真型的间接转述同样提醒读者，不是所有的间接话语都在内容上忠实于原话语。

3.3.3　混合转述的相似性

混合转述也是新闻转述方式的一种重要类型，使原话语在语法和语义上嵌入转述者自己的话语中，从而对他人的声音以部分表征，所以既区别于直接话语，也区别于间接话语。Cappelen 和 Lepore（1997：436）指出，混合转述中加引号的部分发挥两个作用：转述所说的内容和转述所使用的措辞①。本书在此主要讨论混合转述与原话语在内容上的相似性。多数混合型话语转述在语言意义上忠实于原话语，请看下例：

（3 – 48）［此例为《纽约时报》在转述 McCain 在第二场辩论中对 Obama 的指责，他警告选民，Obama 的卫生计划会对很多人进行罚款。］

原话语：If you're a parent and you're struggling to get health insurance for your children, Senator Obama will fine you.

（*Debate* 2，2008 – 10 – 07）

转述语：If you're a parent trying to get health insurance for your chil-

---

① Cappelen 和 Lepore（1997）认为混合转述与原话语之间的关系既涉及同说关系（same saying），也涉及同例示关系（same tokening）。同说关系涉及内容方面，同例示关系涉及形式方面。直接话语属于一种同例示关系，间接话语属于同说关系。

dren, he says, "he'll fine you."

(*The New York Times*, 2008 - 10 - 07, NT 212)

(3 - 49) ［此例为《纽约时报》在转述第三场辩论中 Obama 的一句
话，当 McCain 要求 Obama 谈论他在什么问题上与民主党
意见不同，Obama 谈到了民事改革和能源问题，此处为
Obama 对 McCain 的进一步反驳。］

原话语：So the fact of the matter is that if I occasionally have mistak-
en your policies for George Bush's policies, it's because
on the core economic issues... <u>you have been a vigorous
supporter of President Bush.</u>

(*Debate* 3, 2008 - 10 - 15)

转述语：He says <u>Mr. McCain has been "a vigorous supporter" of
President Bush.</u>

(*The New York Times*, 2008 - 10 - 15, NT 311)

以上两例均属于保真型转述。例（3 - 48）属于预先调整的直接话语，
转述者先采用间接话语来描述 McCain 话语中的 if 条件句，而对于原话语
中 McCain 想要强调的结果则使用了直接话语"he'll fine you"来突显。无
论是直接话语部分、间接话语部分还是整个话语的信息结构组织，该转述
语在转述内容上忠实于原话语。例（3 - 49）在转述方式上属于"警示型
话语"，转述者为了突显原话语中的词语"a vigorous supporter"，用引号来
标记，其余部分则使用间接话语来表达。同样，该例也属于保真型转述。

也有些混合转述的忠实性体现在与原话语语用意义保持一致，请看
下例：

(3 - 50) ［在谈及两大巨头对美国经济的影响时，McCain 对 Obama
进行了指责，此处为《纽约时报》对 McCain 话语的转述。］

原话语：But you know, they're the ones that, with the encouragement
of Senator Obama and his cronies and his friends in Washing-
ton, that went out and made all these risky loans, gave them
to people that could never afford to pay back. And you know,
there were some of us that stood up two years ago and said
we've got to enact legislation to fix this... Meanwhile, the
Democrats in the Senate and some —and some members of
Congress defended what Fannie and Freddie were doing. They

73

resisted any change.

(*Debate* 2，2008 – 10 – 07)

转述语：On the role of Fannie Mae and Freddie Mac in starting the crisis that has engulfed the American economy，Mr. McCain said "with the encouragement of Senator Obama and his cronies and friends," congress failed to pass legislation that could have reined in lending abuses at the two government – chartered companies.

(*The New York Times*，2008 – 10 – 07，NT 210)

从原话语中可以看出，在辩论中 McCain 娓娓道来，先说有了 Obama 的支持，两大公司才冒险去贷款，虽然有人提出阻止意见，可民主党成员为他们辩护。尽管原话语中并没有提到相关法案是否通过，从辩论话语的上文和当时的政治语境，可以推理出 McCain 的隐含意义：正是 Obama 及其支持者让议会没有通过法案来阻止资金的滥用。在转述语中，《纽约时报》只用了一个句子直接明了地概括了原话语所表达的主要意图。

混合转述中也有语言意义上的失真，有的发生在间接话语部分，也有的发生在引号之内的直接话语部分。请看下面例句中画线的部分：

(3 – 51)　[此例为《中国日报》转述第一场辩论中 Obama 的一句话。文章先转述 McCain 在政府开支问题上对 Obama 的指责，然后给出 Obama 的回应。]

原话语：But the fact is that eliminating earmarks alone is not a recipe for how we're going to get <u>the middle class</u> back on track.

(*Debate* 1，2008 – 09 – 26)

转述语："Eliminating earmarks also is not a recipe for how we're going to" put <u>the country</u> back on track，Obama replied.

(*China Daily*，2008 – 09 – 27，CD 102)

(3 – 52)　[此例为《人民日报》在转述第三场辩论中 McCain 的一句话，当 Obama 为自己的税收政策进行辩论时，McCain 则继续进行指责。]

原话语：The whole premise behind Senator Obama's plans are <u>class warfare</u>，let's spread the wealth around... Who —why would you want to increase anybody's taxes right now?

(*Debate* 3，2008 – 10 – 15)

转述语：McCain accused Obama of being a "class warrior" and asked why Obama would raise taxes on anybody during an economic crisis.

(*People's Daily*, 2008 – 10 – 16, EP 305)

例（3 – 51）是《中国日报》转述第一场辩论中 Obama 对 McCain 指责的回应，原话语中 Obama 谈到的是让"中产阶级"（the middle class）恢复原来的生活，在转述语中变成了让"整个国家"（the country）恢复原来的生活，使整个话语的语义内容发生了变化，该失误发生在引号之外的间接话语部分。在例（3 – 52）中，转述语中的失误发生在用引号标明的直接话语部分，原话语中的"class warfare"在转述语中变成了"class warrior"，同样使所转述话语的语义内容发生了质的变化。

混合转述的失真也可能表现在对原话语的断章取义，造成转述话语在语用意义上的偏离，请看下例：

(3 – 53)［此例为《洛杉矶时报》在转述 Obama 就职演说中的一句话。］

原话语：Our economy is badly weakened, a consequence of greed and irresponsibility on the part of some but also our collective failure to make hard choices and prepare the nation for a new age.

(*Inaugural speech*, 2009 – 01 – 20)

转述语：Obama blamed the nation's economic problems on "greed and irresponsibility on the part of some" —language that seemed to encompass banks, mortgage brokers and Wall Street financiers.

(*Los Angeles Times*, 2009 – 01 – 21, LT 536)

在就职演说中，Obama 谈到美国面临的经济危机，认为造成这一结果的原因是部分人的贪婪和不负责任，同时也指出了另外一个重要的原因：集体的决策失误。从原话语来看，Obama 更加强调的是后者，当时的社会政治语境也支持这一点，Obama 作为民主党的候选人与共和党候选人 McCain 竞争，所谓的"集体决策"应该暗指 Bush（代表共和党）政府的决策。《洛杉矶时报》在转述时只转述了第一个原因，同时使用了引号对该部分原因进行了强调，却忽略了 Obama 提到的第二个原因。该报道在上文指出援助银行和恢复遭受打击的经济体制不大可能是 Obama 的目的，也不是多数美国人愿意去做的，在转述后的语篇中对 Obama 的话语进行了评价，强调 Obama 不愿意帮助银行家、金融家等，从而造成转述语与原话语之间的微妙差异。

混合转述同样包括保真型转述和失真型转述。保真型转述包括语言意义上的一致，也包括语用意义上的一致，其语义上的保真说明了引号标记的部分可能只是为了更加突显、强调该部分信息。失真型转述可能发生在间接话语部分，也有可能发生在直接话语部分，也可能是有意无意地断章取义所造成的偏离。这说明，转述者并非总是在间接话语部分掺杂着自己的理解与表达，也可以利用读者对引号的理解来传递转述者的主观立场。

本小节的分析表明，三种类型的转述方式大多数与原话语具有较高程度的相似性，可能体现在语言意义或者语用意义上，但三类转述方式中均有偏离原话语的失真型转述。直接话语在相似性上的偏离值得人们关注，因为它具有一定的欺骗性，如果不对比原话语，读者是无法知道的。间接话语在较大程度上能够表现转述者的主观介入（Leech & Short，2001），其内容上的偏离较容易被读者理解。混合转述与原话语的相似性特点与其定义有一定的联系，通常隐含着传统上人们所理解的直接话语的逐字再现，即使用引号的部分必然是真实、准确的，而不使用引号的部分则相对来说真实性、准确性都较低。而混合型话语转述在整体上的保真说明，转述者并非是为了表明部分词语为消息源的准确信息，而只是为了突显这部分信息的重要性，同时也表明了转述者的某种态度。

3.4　转述方式的分布及其与转述相似性的关系

以上我们详细介绍了本书语料中出现的三大转述方式：直接转述、间接转述和混合转述，并对各类转述方式在相似性上的特点进行了分析。本节主要对转述方式在新闻话语中的分布特点及其对相似性的影响进行概括，并从顺应论的角度进行解释。

本书语料中的 1 550 条新闻转述例句中，转述方式最多的是直接转述，共有 780 例（50.32%），其次是间接转述和混合转述，分别为 346 例（22.32%）和 424 例（27.36%）。其中，直接转述主要以直接话语（92.31%）为主，间接转述主要以间接话语（97.98%）为主，混合转述主要以预先调整的直接话语（52.83%）和警示型话语（43.16%）为主，新闻转述方式及其次类的具体分布如表 3.1 所示。

表 3.1　新闻转述方式的分布

新闻转述方式		频次	百分比	
直接转述	直接话语	720	92.31%	50.32%
	自由直接话语	60	7.69%	
	小计	780	100%	
间接转述	间接话语	339	97.98%	22.32%
	自由间接话语	7	2.02%	
	小计	346	100%	
混合转述	直接话语滑向间接话语	17	4.01%	27.36%
	预先调整的直接话语	224	52.83%	
	警示型话语	183	43.16%	
	小计	424	100%	
总计	—	1 550	—	100%

从整体分布来看，直接话语居多，这一发现与 Bell（1991）、Fair-clough（1995）和辛斌（2006）的研究不同，他们的研究均表明间接话语的比例要高于直接话语。语料中的直接话语比较多，可能与我们收集的语料特点有关，所转述的原话语均为口语事件，直接话语能使书面新闻报道再现原话语事件的整体画面。直接话语数量居多也可能与我们对话语转述方式的分类有关，本书将话语转述中凡是同时含有直接话语和间接话语成分的都单独归为混合转述。辛斌（2005，2006）将混合转述中的警示型话语归为间接话语计算，因而增加了间接话语的比例。但值得注意的是，Fairclough（1995）将语料中发现的一类混合转述①当作直接话语来统计，统计结果仍然是间接话语比例较多。对此，我们认为直接转述较多恰恰体现了当代新闻媒体对原说话者视角的重视，但与此同时，新闻转述也大量地采用了转述者的视角，选用间接转述和混合转述。顺应论可以对此做出较为合理的解释，新闻转述方式的多样化选择符合转述者介于原话者与新闻受众之间的这一独特视线下对新闻语境的激活，体现了新闻转述者为了

---

① Fairclough（1995：55）举了这样一个例子：Mrs Thatcher warned Cabinet colleagues that she would "not stand for any backsliding"，将其称为"截取型引语"（slipping），他认为这种转述语总是滑向直接话语，因而将其归为直接话语。

实现新闻转述行为的交际目的对新闻语境的顺应。

从话语转述的相似性来看，本书语料中的 1 550 例话语转述中，大多数与原话语具有较高的相似性，共有 1 518 例（97.94%）保真型转述，只有少量的失真型转述，共有 32 例（2.06%）。学者们一般默认直接话语和间接话语在转述内容上忠实于原话语，从本书语料来看，大多数话语转述能够在语言意义上或语用意义上实现保真型转述。保真型转述的比例较高与本研究所选择的语料本身有一定的关系，为了方便对原话语和转述语进行对比研究，本书选取的语料皆为影响力较大的"话语新闻"，而非"事实新闻"①，话语新闻的客观存在无疑会影响转述者的转述行为。统计分析表明，转述方式的选择影响着转述相似性（$\chi2 = 14.422$，$df = 2$，$Sig = .001 < .05$），各类转述方式和转述相似性之间的关系如表 3.2 所示。

表 3.2　新闻转述方式与转述相似性

		方式						合计	
		直接转述		间接转述		混合转述			
		频次	百分比	频次	百分比	频次	百分比	频次	百分比
相似性	保真 语义保真	769		157		300		1 226	
	语用保真	5	50.99%	175	21.87%	112	27.14%	292	100%
	总计	774		332		412		1 518	
	失真 语义失真	2		10		4		16	
	语用失真	4	18.75%	4	43.75%	8	37.5%	16	100%
	总计	6		14		12		32	
合计		780		346		424		1 550	

上表显示，保真型转述在三类转述方式中均有分布，但三类转述方式与原话语的相似性分别体现在不同的方面。直接转述主要在语言意义上忠实于原话语（769 例/774 例），但相当多的间接转述（175 例/332 例）和混合转述（112 例/412 例）在语用意义上与原话语相似。值得注意的是，

---

① 杨保军（2006：89）区分了两类不同的新闻：话语新闻和事实新闻。话语新闻是指新闻陈述的、再现的只是某人说了某些话；事实新闻是指新闻陈述、再现的事实在客观世界中实实在在地存在着。辛斌（2007）将消息分为事件消息（event news）和转述性消息（speech - reporting news），前者旨在向读者展示发生于外部世界中的事件或现象，后者则旨在投射重要人物、权力机构或社会组织的话语。

失真型转述在三类话语转述方式中均有分布，但在间接转述（43.75%）和混合转述（37.5%）中比例较高。这说明，转述者在使用间接转述和混合转述时更倾向于融入自己的主观理解和表达，自然也更容易偏离原话语。

3.5　小结

以上我们详细介绍了新闻转述方式的各种选择，以及各类转述语与原话语之间的相似性，并讨论了转述方式的分布特点及其与转述相似性的关系。在所收集的新闻转述语料中，直接转述最多，其次是间接转述和混合转述。三类转述方式在形式上都表现出了不同程度的变异性，其中，直接转述中转述小句的构成、转述功能出现了变化；间接转述也表现出直接性或转述弱化等特点；混合转述中的直接话语和间接话语的多少有不同。在相似性的选择中，大多数新闻转述为保真型转述，仅有少数的失真型转述，如果考虑新闻转述在语义准确性上的要求，还是有不少转述行为在相似性上产生了偏离。从转述方式和转述相似性之间的关系来看，直接转述主要在语言意义上忠实于原话语，而间接转述更多地在语用意义上忠实于原话语，混合转述介于两者之间，既有语义保真型转述，也有语用保真型转述。三类转述方式中均有失真型转述，但主要分布在间接转述和混合转述中。这说明，间接转述和混合转述常常融入了转述者的主观性，更容易偏离原话语。新闻转述方式的多样化选择及其与转述相似性之间的复杂关系体现了新闻转述者对新闻交际语境的顺应性选择，在顺应读者对客观性和生动性的心理需求时也渗透着自己对原话语的主观性理解和创造。

第四章

新闻转述措辞与转述相似性

4.1　引言

　　新闻转述行为在措辞上表现出了多样化的选择，对转述相似性产生了不同程度的影响，这是新闻转述行为变异性的另一种表现。新闻转述者在转述特定话语时会选择与原话语相同或不同的措辞，这是新闻记者在媒体语境下的顺应性选择。本章共有五个小节。除引言外，首先，本章概述了新闻转述措辞的各种类型；其次，讨论了各类新闻转述语与原话语之间在措辞上的相似性；再次，对新闻转述措辞及其对相似性的影响进行了讨论；最后，对本章的主要内容做了总结，归纳本章的主要发现。

4.2　新闻转述措辞的选择

　　由于话语转述自身的特殊性，本书对话语转述形式的研究还考察了转述语与原话语在措辞（wording）上的具体差异。在考察新闻转述的措辞选择时，我们主要通过对比转述语与原话语在词汇和结构方面的差别来进行界定和归类。文献中一般认为直接话语在形式上完全忠实于原话语。然而，很多实证研究表明，（口语中的）直接话语并非都是原话语地准确再现（Mayes，1990；Tannen，2007）。心理语言学的研究也支持这一观点，Lehrer（1989）的试验表明受试更倾向于记住原话的意义而不是形式，因而逐字逐句再现是非正常的。即便在新闻报道中，直接话语也并非总是在形式上忠实于原话语，一般是报道者根据消息来源所说话语的大意整理编写的（Bell，1991：60）。Coulmas（1985：52）对间接话语的形式进行了研究，认为间接话语与原话语之间在形式上也存在着不同的忠实程度，从除了指示语的变化之外的准确复制到完全不考虑形式的重述（rephrasing）。因此，本章在此暂不考虑转述方式，仅仅依据转述语在措辞上与原话语的对应程度将话语转述分为字面型转述（verbatim report）、局部字面型转述（partially verbatim report）和重述型转述（rephrasing report）。

4.2.1　字面型转述

　　在进行话语转述时，最理想的转述无疑是提供"字面型转述"，也就是说，转述者不更改任何措辞，照搬原说话者的话语，转述语与原话语在语言表层上完全相同。当然，本书所界定的"字面型转述"并不是与原话语没有任何出入、绝对精确的文字再现。Clark 和 Gerrig（1990）认为可以有多种方式对原话语进行准确再现，可以再现所说出的实际词语（actual words spoken），也可以再现被转述句子的表层结构，即剔除了重复性话语之后的表层结构，而按照新闻报纸的规约，更多的是再现能够表达原意的较为正式的句子。在我们所收集的语料中发现字面型转述还包括另外一种情况：省略或添加了某些话语标记语，但不影响原话语的命题意义。下面我们将以实例来详细说明几类字面型转述的变体。

下面两例均准确地再现了原话语中的重复和停顿（见画线部分）：

（4-1）［该例为《纽约时报》在转述第三场辩论中 McCain 的一句话。文章上评论说 McCain 的辩论风格有点像老师责备学生一样，此处为 McCain 对 Obama 的回应。］

原话语：Well, you know, I—I—I admire so much Senator Obama's eloquence, and you really have to pay attention to words.

（*Debate* 3，2008 - 10 - 15）

转述语：And after Mr. Obama gave a long answer weaving together issues of climate change, foreign oil and trade, Mr. McCain opted at first to belittle him. "Well, you know, I—I—I admire so much Senator Obama's eloquence, and you really have to pay attention to words. "

（*The New York Times*，2008 - 10 - 16，NT 313）

（4-2）［该例为文章转述 McCain 落败演讲中的一句话。文章开头描述了 McCain 在竞选失败后电贺 Obama，然后转述他在落败演讲开始时所讲的一句话。］

原话语：My friends, we have—we have come to the end of a long journey. The American people have spoken, and they have spoken clearly. A little while ago, I had the honor of calling Sen. Barack Obama to congratulate him.

（*Concession Speech*，2008 - 11 - 05）

转述语："My friends, we have—we have come to the end of a long journey," he told the crowd. "The American people have spoken, and they have spoken clearly. A little while ago, I had the honor of calling Sen. Barack Obama to congratulate him. "

（*Los Angeles Times*，2008 - 11 - 05，LT 407）

例（4-1）是《纽约时报》在报道第三场辩论中 McCain 的一句话，该文章的标题为 "McCain Attacks, but Obama Stays Steady"，文章在转述 McCain 对 Obama 关于气候变化、原油等问题的讨论所进行的回应时，使用的转述语准确再现了原话语中 McCain 对 "I" 的重复。McCain 话语的不流畅与他批评 Obama 话语中使用的 "能言善辩" 一词形成鲜明的对比，暗示出转述者对 McCain 的嘲讽。此外，话语标记语 "well" 和 "you know" 的保留均有助于体现原说话者在现场辩论的神态和语气。例（4-2）是《洛杉矶时报》转述 McCain 竞选失败后演讲中的一句话，文章主要以转述和评论 McCain 的话语为主，引文中 "we have" 的重复同样有助于重现他竞选失败后的失意状态。

有的话语转述与此相反，在转述过程中遵循了新闻报纸的规约，去除了原话语中的重复现象。

(4-3)［该例为《泰晤士报》转述 Obama 国会演讲中的一句话，文章描述了 Obama 鼓舞美国民众的大量话语，此处讲到 Obama 与公众一样，对华尔街很反感。］

原话语：This time—this time, CEOs won't be able to use taxpayer money to pad their paychecks, or buy fancy drapes, or disappear on a private jet. Those days are over.

(*Address to Congress*, 2009-02-25)

转述语：He added："This time, CEOs won't be able to use taxpayer money to pad their paychecks or buy fancy drapes or disappear on a private jet. Those days are over. "

(*The Times*, 2009-02-25, TO 609)

例（4-3）是英国《泰晤士报》转述 Obama 国会演讲中的一句话。Obama 演讲中谈到当前的目标时，听众给予了热烈的掌声，在掌声中 Obama 需要重复 "this time" 以引起听众的注意力，才能继续谈论后面的话题。但报纸新闻叙述中，显然无法再现掌声，也不需要起始话语的重复，因为该重复对建构 Obama 的新总统形象毫无意义，因而在转述该话语时并没有再现这一短语的重复。

此外，语料中还有一些转述语剔除了原话语中的口误及其自我修正，请看下例（4-4）和（4-5）中的画线部分。

(4-4)［此例为《卫报》转述第一场辩论中 McCain 针对 Obama 的

一句话，文章描述说 McCain 对 Obama 关于与伊朗首脑会谈的计划表示反对。]

原话语：Here is Ahmadinenene（ph），Ahmadinejad，who is，Ahmadinejad，who is now in New York，talking about the extermination of the State of Israel，of wiping Israel off the map，and we're going to sit down，without precondition...

（*Debate* 1，2008 - 09 - 26）

转述语："Here is Ahmadinejad，who is now in New York，talking about the extermination of the state of Israel，of wiping Israel off the map，and we're going to sit down，without precondition，" McCain said，shaking his head in apparent incredulity.

（*The Guardian*，2008 - 09 - 27，GD 104）

（4 - 5）［该例是关于第二场辩论中两人的话语，在谈论能源和气候变化的问题时，McCain 表示他与 Bush 政府的意见不同，然后提出自己的疑问。]

原话语：Now，how—what's—what's the best way of fixing it？Nuclear power.

（*Debate* 2，2008 - 10 - 07）

转述语："What's the best way of fixing it？Nuclear power."

（*The Times*，2008 - 10 - 08，TO 216）

例（4 - 4）是英国《卫报》转述第一场辩论中 McCain 的一句话，很明显去除了原话语中对于 "Ahmadinejad" "who is" 的重复及其修正，只提供了符合语法的表达原话语意义的句子。例（4 - 5）是《泰晤士报》对第二场辩论中 McCain 话语的转述，对比原话语，报纸在转述时不仅去除了原话语中的 "what's" 的重复，也去除了原话语中从 "how" 到 "what's" 的自我修正，直接提供了说话者想要表达的话语。在书面语中，不必要的重复①只能给读者增加阅读的负担，所以在书面新闻报道中一般不会再现原话语中对某些词语和结构的重复，尤其是原话语中的口误现象。

此外，在本书的语料中，大量的话语转述省略了原话语中的话语标记语 "and" "but" "I think" "you know" 和 "well" 等以及称呼语如 "John" "My fellow Americans" 等，或者在转述过程中添加了原话语中没有

---

① 有些词汇、句式的重复是一种修辞，有强调作用，可以在转述时保留。

的话语标记语。请看下面两例中的画线部分：

（4-6）［此例为《纽约每日新闻》对第一场辩论中 Obama 话语的转述。文章上文描述 Obama 把 McCain 对谨慎行事的呼吁与 2007 年在伊朗问题上的唐突回答相对比。］

原话语：Now, I think that's the right strategy; I think that's the right policy. And, John, I—you're absolutely right that presidents have to be prudent in what they say.

（*Debate* 1，2008-09-26）

转述语："John, you're absolutely right, Presidents have to be prudent in what they say," he said.

（*New York Daily News*，2008-09-27，ND 105）

（4-7）［文章描述 Obama 在第一场辩论中率先进行发话，把当前的经济危机与 Bush 政府的领导联系起来。］

原话语：Now, we also have to recognize that this is a final verdict on eight years of failed economic policies promoted by George Bush, supported by John McCain, a theory that basically says that...

（*Debate* 1，2008-09-26）

转述语："This is a final verdict on eight years of failed economic policies promoted by George Bush and supported by John McCain," Obama said.

（*New York Daily News*，2008-09-27，ND 105）

例（4-6）是《纽约每日新闻》转述第一次辩论时 Obama 的话语。原话语是 Obama 在针对 McCain 的指责所进行的回应，在原话语中"and"只是一个话语标记语，用来连接上下语句，在转述时，该话语作为一个独立的语句进行转述，自然不需要原话语中的"and"。例（4-7）在转述原话语时添加了话语标记语"and"。在原话语中，Obama 谈到 Bush 失败的经济政策对当前经济危机的影响，同时指出 McCain 对 Bush 政策的支持。原话语中没有"and"，但 Obama 在说完 Bush 之后有稍微的停顿，这个停顿，在转述语中用"and"可以表现出来，同时对后面"supported by John McCain"进行了明确的提示和强调。

字面型转述大多出现在直接型话语转述中，但间接型话语转述和混合型话语转述中也有少量的字面型转述。请看下面两例：

（4－8）［文章在转述两位竞选对手就知道什么的回答时，先转述了 McCain 对 Obama 的指责性话语，然后紧接着强调自己对国家的贡献。］

原话语：But I have spent my whole life serving this country.

（*Debate* 2，2008－10－07）

转述语：Still, Mr. McCain said, he has spent his whole life serving this country.

（*The New York Times*，2008－10－07，NT 212）

（4－9）［文章在描述美国总统在宣誓就职时出了点差错，此处为转述 Obama 在宣读誓词所出现的口误。］

原话语：... I will execute the office of president of the United States faithfully.

（*The Constitutional Oath*，2009－01－20）

转述语：Instead of swearing that he "will faithfully execute the office of president of the United States," Mr. Obama swore that he "will execute the office of president of the United States faithfully."

（*The New York Times*，2009－01－20，NT 523）

例（4－8）和（4－9）分别属于间接转述和混合转述，原话语中的第一人称代词"I"在转述语中都变成了第三人称代词"he"，但其他的措辞没有任何变化。两个例句在时态上均保留了原话语中的现在时，以增加"现在性"。

尽管言语行为的很多方面都可以进行"展示"，如自我修补、沉默、停顿填充、打断等（Clark & Gerrig，1990），在转述他人话语时，完全字面上的精确是难以实现的。如果转述语与原话语在媒介方式上不同，如我们收集的语料是用书面语来转述口语事件，精确再现原话语则面临着更多的困难。在本书的语料中，字面型转述涵盖了四种情况：再现原话语的停顿与重复；剔出了原话语中的重复与修正；省略或添加了话语标记语；因视角差异而导致的人称代词变化。

4.2.2　局部字面型转述

除了大量的字面型转述外，在语料中还存在着相当多的局部字面型转述，即转述语与原话语在语言表层上部分相同，部分不同。请看下例中画线的部分：

（4－10）［该文在此处转述的是 McCain 关于 Eisenhower 的言论，McCain 认为 Eisenhower 的行为使美国失去了责任感，并谈到了他当时所写的信件。］

原话语：President Eisenhower, on the night before the Normandy invasion, went into his room, and he wrote out two letters. <u>One of them was a letter congratulating the great members of the military and allies that had conducted and succeeded in the greatest invasion in history, still to this day, and forever</u>. And he wrote out another letter, and that was a letter of resignation from the United States Army for the failure of the landings at Normandy.

（*Debate* 1, 2008－09－26）

转述语：He said Eisenhower <u>wrote one letter to be released in the event of victory, which praised the troops</u>, "and he wrote out another letter, and that was a letter of resignation from the United States Army for the failure of the landings at Normandy."

（*China Daily*, 2008－09－27, CD 101）

例（4－10）是《中国日报》对第一次辩论中 McCain 的一段话语的转述，对比原话语，可以发现报纸在转述 McCain 的话语时，前半部分采用的并不是 McCain 话语中的措辞，后半部分则是对原话语的准确再现，因而整体上属于局部字面型转述。

局部字面型转述中转述者话语与原话语的比例有不同程度的体现，之间的界线不一定都非常明确，请看下面两例中的画线部分：

（4－11）［此例为《人民日报》在转述 Obama 国会演讲中关于伊拉克问题的一句话。该文主要介绍的是 Obama 关于伊拉克问题的相关举措。］

原话语：... <u>and I will soon announce a way forward in Iraq that leaves Iraq to its people</u> and responsibly ends this war.

（*Address to Congress*, 2009－02－25）

转述语：U. S. President Barack Obama on Tuesday said <u>he will soon make a decision on Iraq</u> and responsibly end the war.

（*People's Daily*, 2009－02－25, EP 603）

（4 - 12）［该例为《卫报》在转述 Obama 在第一场辩论中指责 Mc-Cain 支持 Bush 政府的一段话语。］

原话语：John，it's been your president who you said you agreed with 90 percent of the time who presided over this increase in spending. This orgy of spending and enormous deficits you voted for almost all of his budgets. So to stand here and after eight years and say that you're going to lead on controlling spending and，you know，balancing our tax cuts so that they help middle class families when over the last eight years that hasn't happened I think just is，you know，kind of hard to swallow.

（*Debate* 1，2008 - 09 - 26）

转述语："It's been your president，who you said you agreed with 90% of the time，who supported this orgy of spending. You voted for almost all of his budgets. To stand here and say that after eight years you're going to lead on controlling spending and balancing our tax cuts for middle - class families，" Obama said. "It's kind of hard to swallow. "

（*The Guardian*，2008 - 09 - 27，GD 104）

例（4 - 11）是《人民日报》在转述 Obama 国会演讲中关于伊拉克问题的话语，转述语的前半部分采用的是转述者自己的话语，后半部分则是原话语，两者的界限是明确的。例（4 - 12）中转述者自己的话语与原措辞的界限并不明确。对比原话语和转述语，可以发现原话语有 90 个单词，而在英国《卫报》的报道中只有 46 个单词。从具体的措辞上来看，转述语中的大部分措辞与原话语对应，部分词汇和句式结构由转述者自己组织。原话语中画线部分的语句在转述语中有的被省略或替换为同义结构，如原话语中的 "who presided over this increase in spending" 变为转述语的 "who supported this orgy of spending"。

局部字面型转述主要出现在间接转述和混合转述中，但也有少量的局部字面型转述出现在直接转述中。局部字面型转述的主要特点为措辞上的部分精确与部分重述，但在具体的语料中，转述语在措辞上的精确程度及其篇幅的多少均有着不同的表现。此外，局部字面型转述语中转述者话语与原措辞之间的界线有时也很模糊。

4.2.3　重述型转述

从措辞上来看，重述型转述是指转述语与原话语在语言表层上完全不同，完全由转述者自己的话语来表达。具体例句请看例（4－13）：

（4－13）［在描述两位竞选对手关于伊拉克战争的问题时，文章先叙述了 McCain 的意见，然后给出了 Obama 的回应。］

原话语：John, you like to pretend like the war started in 2007. You talk about the surge. The war started in 2003...

（*Debate* 1，2008－09－26）

转述语：Obama, in a well－rehearsed passage, said McCain behaved as if the war in Iraq had begun only last year—instead of 2003.

（*The Guardian*，2008－09－27，GD 104）

此例为《卫报》在转述第一场辩论 Obama 的一句话。在辩论中，McCain 认为应该加强伊拉克的军事力量，Obama 则持相反的态度，并开始纠正对方的错误，他指出 McCain 的表现好像以为战争就发生在 2007 年，其实是在 2003 年。《卫报》在转述这一话语时，说 McCain 的行为好像战争是在"去年"（last year）发生的，考虑到该新闻报道的时间是 2008 年，"去年"指的就是 2007 年。"去年"相对于"2007"属于时间指示语，具有先用权①，但在新闻报道这一特殊语境中，似乎还是历法单位时间"2007"更为有效。从措辞上来看，转述语中基本上没有使用原话语中的词语和结构，完全是用转述者自己的语言来进行表达的，属于重述型转述。

语料中比较常见的一种重述型转述是对原话语的大致粗略的转述，也就是说，转述语中的相关词语并非原话语中的词汇，从具体的词语到语法结构完全由转述者进行表达。如下例：

（4－14）［此例为文章转述第一场辩论中 Obama 的一句话。当 McCain 指责 Obama 与伊朗首脑会谈的观点时，Obama 给予了回应。］

---

① 这就是指示语的先用现象（pre－emptiveness），但是在新闻报道等特殊语境下，常常会出现"反先用现象"，用历法单位来替代指示语（张权，1994）。

原话语：Senator McCain mentioned Henry Kissinger, who's one of his advisers, who, along with five recent secretaries of state, just said that we should meet with Iran—guess what—without precondition. This is one of your own advisers.

(*Debate* 1, 2008 - 09 - 26)

转述语：Obama said Henry Kissinger, the former Republican secretary of state and a McCain adviser, shared his view on talks with Iran.

(*China Daily*, 2008 - 09 - 27, CD 103)

在第一场辩论中，McCain 指责 Obama 与伊朗首脑无条件会谈是很可笑的，对此，Obama 予以回应，指出共和党的顾问 Henry Kissinger 也认为应当和伊朗无条件会谈。《中国日报》在转述 Obama 的话语时，完全放弃了原话语中的词汇与结构，用自己的话语来进行重述，将其转述为"在与伊朗会谈的问题上 Kissinger 与他观点一致"。

需要说明的是，重述型转述主要指转述过程中使用了与原话语完全不同的词汇与结构。为了方便统计，本书把那些在结构上与原话语不同，仅引用了原话语中的个别单词的话语转述也归为重述型转述，请看例（4-15）。

（4-15）［此例为《卫报》在转述第一场辩论中 McCain 的话语。文章先转述了 Obama 对 McCain 的指责，然后接着转述 McCain 对 Obama 的指责。］

原话语：This is dangerous. It isn't just naive; it's dangerous... And I—and I honestly don't believe that Senator Obama has the knowledge or experience and...

(*Debate* 1, 2008 - 09 - 27)

转述语：McCain retaliated by repeatedly portraying Obama as inexperienced and unfit to be president, dismissing the Democrat as "naive".

(*The Guadian*, 2008 - 09 - 27, GD 104)

在例（4-15）中，仅有一个单词"naive"是原话语中的措辞，整个转述语在结构上完全是由转述者自己来组织的，因而本研究将这类转述语在措辞上的选择归为重述型转述。

重述型转述大多出现在间接转述中，但也有少量的重述型转述采用了直接转述和混合转述。重述型转述体现了转述者在转述表达过程中的主观介入，重述的程度也有不同的体现，转述语可能是依据原话语的意义选择相应的同义词，也可能完全是用转述者自己的话语和结构来表达。

以上我们介绍了新闻转述行为在措辞方面的各种选择，依据转述语与原话语在措辞上的偏离程度，本书总共区分了三大类：字面型转述、局部字面型转述和重述型转述。转述措辞的选择可能影响话语转述的相似性，下面我们将详细讨论各类转述措辞的选择在相似性上的主要特点。

4.3 不同转述措辞选择的转述相似性

本书将语言表达的形式与内容区分开来，把信息内容看作语言传递的对象，这样，信息内容在人类交际活动中发生了"从非语言形态向语言形态的转换"（吕公礼，2007：75）。在话语转述行为中，信息内容的传递则体现了从一种语言形态向另一种语言形态的转换，这一过程是信息内容被重新表征和重新编码的过程。话语转述的语义学研究倾向于将直接话语的真实性等同于其转述内容在措辞上的准确性（Noh，2000：31），本书将措辞的选择与真实性区别对待，转述内容的相似性与转述措辞的精确程度在理论上来说属于不同的概念。措辞的准确一般情况下意味着内容上较高程度的相似性，但并非总是如此，同样，信息内容的相似性不一定要依靠准确的措辞。下面我们将通过具体的实例分析来探讨新闻转述措辞的选择与转述内容的相似性之间的关系。

4.3.1 字面型转述的相似性

通常情况下，字面型转述意味着保真型转述，措辞精确的保真型转述有两种情况：完整的引用了原话语；准确地引用了原话语的部分信息。请看下面例句：

(4－16) ［《纽约每日新闻》描述 Obama 在第一场辩论中率先进行发话，把当前的经济危机与 Bush 政府的领导联系起来。］

原话语：Now, we also have to recognize that this is a final verdict on eight years of failed economic policies promoted by George Bush, supported by John McCain, a theory that basically says that we can shred regulations and consumer protections and give more and more to the most and somehow prosperity will trickle down. It hasn't worked，and I think that the fundamentals of the economy have to be measured by whether or not the middle class is getting a fair shake.

（ Debate 1，2008 – 09 – 26）

转述语："This is a final verdict on eight years of failed economic policies promoted by George Bush and supported by John McCain，" Obama said.

（ New York Daily News，2008 – 09 – 27，ND 105）

(4 – 17) ［此例为《纽约时报》在转述第一场辩论中 Obama 对 Mc-Cain 的指责。］

转述语："We also have to recognize that this is a final verdict on eight years of failed economic policies promoted by George Bush， supported by Senator McCain—the theory that basically says that we can shred regulations and consumer protections and give more and more to the most and somehow prosperity will trickle down，" Mr. Obama said. "It hasn't worked，and I think that the fundamentals of the economy have to be measured by whether or not the middle class is getting a fair shake."

（ The New York Times，2008 – 09 – 27，NT 108）

以上两例都是对第一场辩论中 Obama 话语的转述，Obama 认为当前的经济危机是由 Bush 的经济政策造成的，而 McCain 是支持 Bush 这些政策的，他紧接着对这些政策做出了进一步的解释。例（4 – 16）选取了部分原话语进行转述，例（4 – 17）则对原话语进行了较为完整的转述，在真实性上都属于保真型转述。在话语转述中比较常见的是选取原话语中的关键性词语，一个典型的例句是各大媒体对 Obama 胜利演说的报道，Obama 在演讲中重复最多的话语为"change has come"，很多新闻报纸都以 Obama 的这句话为标题来吸引读者。值得注意的是，字面型转述并非总是保真型转述。有的字面型转述在消息来源上发生了失误，导致其意义的失真。请看第三章曾经讨论过的两例话语转述：

(4 – 18) ［该例为《纽约每日新闻》对 Obama 国会演讲的转述。文章先介绍了 Obama 关于重建美国的鼓舞性话语，指出美国在历史上总是能从困境中崛起。]

原话语：I think about Ty'Sheoma Bethea, the young girl from that school I visited in Dillon... But the other day after class, she went to the public library and typed up a letter to the people sitting in this chamber... The letter asks us for help and says, "We are just students trying to become lawyers,... We are not quitters." That's what she said: "We are not quitters."

　　　　　(*Address to congress*, 2009 – 02 – 24)

转述语：Americans have triumphed over adversity throughout their history, he said— "We are not quitters."

　　　　　(*New York Daily News*, 2009 – 02 – 24, ND 622)

(4 – 19) [该例为《纽约时报》对 Obama 国会演讲的转述。文章转述了 Obama 关于经济危机的态度，然后指出 Obama 也求助于在困境支撑其他总统的爱国主义精神。]

转述语：But Mr. Obama also reached for the same patriotic resonance that has sustained other presidents in bad times. "We are not quitters," he proclaimed.

　　　　　(*The New York Times*, 2009 – 02 – 24, NT 615)

在上面两例关于 Obama 演讲的报道中，转述语在措辞上与原话语是完全一致的，但由于提供的消息源有误，把小女孩的话语当作 Obama 的话语，形成失真型转述。

有的字面型转述尽管措辞准确，却由于省略了原话语的主要信息，造成意义上的失真，请看下例：

(4 – 20) [该例为《纽约时报》转述第一场辩论中 McCain 的一句话，在转述之前，文章描述了 McCain 在辩论中幽默、轻松的风格，然后开始转述他关于政府开支的指责性话语。]

原话语：I don't know if that was a criminal issue or a paternal issue, but the fact is that it was $3 million of our taxpayers' money. And it has got to be brought under control.

　　　　　(*Debate* 1, 2008 – 09 – 26)

转述语："I don't know if that was a criminal issue or a paternal issue," he joked, but so rapidly that some viewers might have been confused, or wondered if the candidate was.

(*The New York Times*, 2008 – 09 – 27, NT 106)

在第一场辩论中，主持人询问两位竞选对手如何带领国家走出经济危机的困境。McCain 认为首先要控制国家的支出，谈到了政府花费了 300 万美元去研究熊的基因，他指出尽管不确定这会是刑事犯罪问题还是遗传学问题，但关键是这个项目用了纳税人的 300 万美元，应该加以控制。然而，在转述时《纽约时报》仅提供了"but"之前的信息，而省略了 McCain 最想表达的信息：控制政府开支。从措辞上来看，该例与原话语完全一致，属于字面型转述；从内容上来看，该例省略了原话语中 McCain 关于控制财政开支的主要信息，属于失真型转述。

字面型转述一般情况下是对原话语的保真型转述，可能再现的是原话语的完整信息，也可能是原话语的主要信息。但措辞上的精确也有可能会误导读者，当转述者在消息来源上发生失误或者省略了原话语的主要信息，就往往会导致话语转述的失真。

4.3.2 局部字面型转述的相似性

局部字面型转述大多是保真型转述，可能是语义上的保真或者语用上的保真，请看下面例句：

(4 – 21) [此例为《太阳报》转述第三场辩论中 McCain 的一句话，Obama 将他和 Bush 联系在一起，此处为 McCain 的回应。]

原话语：Senator Obama, I am not President Bush. If you wanted to run against President Bush, you should have run four years ago.

(*Debate* 3, 2008 – 10 – 15)

转述语：Mr. McCain said he was no copy of the current leader, adding: if you wanted to run against President Bush you should have done so four years ago.

(*The Sun*, 2008 – 10 – 17, TS 310)

在第三场辩论中，Obama 把 McCain 和 Bush 总统联系起来，McCain 对此进行了反驳，说自己并非 Bush，并进一步说"如果你想与 Bush 竞选，你应该在四年前进行"。我们注意在原话语中 McCain 使用的话语为"run"，在转述时变成了一个替代动词"done"，这并不影响原话语意义的表达。从措辞上来看，原话语中 McCain 所说的 "you should have run"，在转述语中成为 "you should have done so"，属于局部字面型转述，但该转述语与原话语在语言意义上是一致的，属于保真型。

有的局部字面型转述与原话语在语言意义上有部分偏离，但从上下文来判断，仍然属于保真型转述。请看下例：

（4-22）［《纽约时报》在介绍了第二场辩论中 McCain 对于 Obama 税收政策的指责后，紧接着描述 Obama 想要做出回应，却遭到主持人的阻止。］

原话语：Obama：Tom, can I respond to this briefly? Because...

Brokaw：Well, look, guys, the rules were established by the two campaigns, we worked very hard on this. This will address, I think, the next question.

obama：The tax issue, because I think it's very important. Go ahead.

Brokaw：<u>There are lots of issues that we are going to be dealing with here</u> tonight... <u>Would you give Congress a date certain to reform Social Security and Medicare within two years after you take office</u>?

（*Debate* 2，2008-10-07）

转述语：Mr. Obama wants to respond, but Mr. Brokaw says <u>no</u>, then would you give a date certain for fixing Social Security.

（*The New York Times*，2008-10-07，NT 212）

从原话中可以看到 Obama 几次想要做出回应，但被主持人 Brokaw 阻止了。主持人指出，因为还有很多问题要讨论，原话语中虽然没有明确的 "no"，但从主持人所罗列的众多问题以及他的表情中，可以推测他的言外之意：就是不能继续讨论这个问题了。《纽约时报》在转述主持人的问题时用简短的 "no" 替代了原话语中冗长而间接的阻止，而对于接下来的提问，措辞较为准确。该转述语在整体上仍然属于保真型转述。

局部字面型转述也会造成意义上的失真，请看下例：

（4-23）［该例为《纽约时报》对第二场辩论中 Obama 话语的转述，文章认为 McCain 的策略是让选民对 Obama 产生警觉，转述了 McCain 对 Obama 的指责性话语，然后，给出 Obama

的回应。]

原话语：It is absolutely true that I think it is important for <u>government to crack down on insurance companies</u> that are cheating their customers, that don't give you the fine print, so you...

（*Debate* 2，2008 – 10 – 07）

转述语：Mr. Obama says that <u>insurance companies should crack down on companies</u> that are cheating their customers.

（*The New York Times*，2008 – 10 – 07，NT 212）

上例为《纽约时报》对第二场辩论中 Obama 话语的转述。在辩论中，主持人让两位竞选对手谈谈关于卫生保健问题的看法。面对 McCain 的暗讽，Obama 予以回应，他认为卫生保健是所有美国人应该享有的一种权利，并谈到了政府的干预。原话语中 Obama 认为应该由"政府"来制裁欺骗顾客的保险公司，《纽约时报》在转述时却误写为由"保险公司"来制裁欺骗顾客的保险公司，造成该例转述语在语义内容上的失误。

局部字面型转述在转述原话语时对措辞进行了局部变动，但大多保证了话语转述在语言意义或语用意义上的相似性，但值得注意的是，局部字面型转述在对原话语进行局部变化时，可能有意无意地造成了意义上的失真。

4.3.3 重述型转述的相似性

重述型转述尽管在措辞上与原话语有很大的不同，但同样可以在语义上对原话语进行保真型转述。请看下例：

(4 – 24) [此例为《中国日报》在转述第二场辩论中 Obama 的一句话，文章上文介绍了 McCain 关于核动力的态度，此处转述 Obama 的看法。]

原话语：Contrary to what Senator McCain keeps on saying, I favor nuclear power as one component of our overall energy mix.

（*Debate* 2，2008 – 10 – 07）

转述语：Obama said he approved of nuclear power as one element of a broader energy plan.

（*China Daily*，2008 – 10 – 09，CD 205）

　　上例中的转述语并没有采用原话语中的措辞，而是完全使用自己的话来表述，转述语中的"approved""element""broader energy plan"分别与原话语中的"favor""component""overall energy mix"为同义词，属于保真型转述。有的重述型转述对原话语进行了高度总结和概括，如间接话语中的"言语行为的叙述性转述"。还有的重述型转述对两个人的话语进行了概括，请看下例：

（4-25）［此例为《中国日报》转述第一场辩论中两位竞选对手关于经济危机的态度和看法。］
　　原话语：McCain：But the point is—the point is，we have finally seen Republicans and Democrats sitting down and negotiating together and coming up with a package.
　　Obama：So，for the viewers who are watching，I am optimistic about the capacity of us to come together with a plan.

（ Debate 1，2008-09-26）

　　转述语：Both also said they were pleased that lawmakers in both parties were negotiating on a compromise.

（ China Daily，2008-09-27，CD 103）

　　在辩论中，两位竞选对手分别表示了自己对于这场辩论的看法。McCain指出终于看到两个党派坐下来讨论解决办法，Obama则指出他很乐观双方能够想出一个方案。《中国日报》在转述时对两人的话语进行了高度的概括，笼统地说他们很高兴两个党派正在商讨解决方法。

　　重述型转述掺杂了转述者过多的主观性理解和表达，也会导致原话语内容的失真，请看下例：

（4-26）［此例为《纽约每日新闻》在转述第三场辩论中 Obama 的一句话。文章在介绍两位竞选对手关于双方在广告中的诋毁性话语时，转述了 McCain 对 Obama 的指责，此处为 Obama 的解释。］
　　原话语：I do think that he inappropriately drew a comparison between what was happening there and what had happened during the civil rights movement，and we immediately put out a statement saying that we don't think that comparison

is appropriate.

（*Debate* 3，2008 – 10 – 15）

转述语：Obama said Lewis' comparison was wrong.

（*New York Daily News*，2008 – 10 – 16，CD 319）

上例中提到的 Lewis 是民主党议员，他曾把 McCain 比作臭名昭著的种族隔离主义者 George Wallace，McCain 说那样对他伤害很大。对此，Obama 给出回应，表明了他的态度，指出这样的比较是"不合适地"。但《纽约每日新闻》在转述 Obama 的话语时过于夸大，直接说 Lewis 的比较是"错误的"（wrong）。从语义强度来说，"wrong"的强度显然远远超过"inap-propriate"，表达了说话者对话题主位的负面评价，从而使该转述语在内容上偏离了原话语。

重述型转述既可以在语言意义上实现对原话语的保真型转述，也可以对原话语进行高度的概括和总结。但由于转述者在措辞选择上的过多介入，重述性转述存在着少量的意义失真。

以上分析表明，字面型转述通常可以保证话语转述具有较高程度的相似性，但也会被转述者利用，或省略了原话语的主要信息，或篡改了消息来源，造成意义上的失真。局部字面型转述和重述型转述尽管在措辞上发生了变化，仍然可以对原话语进行语义或语用上的保真型转述。值得注意的是，措辞上的变化容易导致话语在意义上的失真，读者一般会预测到，但往往难以发现，而字面型的失真更具有欺骗性。

4.4　转述措辞选择的分布及其与转述相似性的关系

以上我们详细介绍了本研究语料中转述措辞的三种选择：字面型转述、局部字面型转述和重述型转述，并对各类措辞的选择在真实性上的特点进行了分析。本节主要对转述措辞在新闻话语中的分布特点及其对真实性的影响进行描述。新闻转述措辞的第一类选择为字面型转述，共有 731 例（47.16%），大部分出现在直接转述（707 例）中，仅有少量的字面型转述出现在间接转述（4 例）和混合转述（20 例）中。新闻转述措辞的第二类选择为重述型转述，总计有 423 例（27.29%），主要出现在间接转述（282 例）中，但也有不少的重述性转述出现在混合转述（134 例）和直接转述（7 例）中。新闻转述措辞的第三类选择为局部字面型转述，总计有 396 例（25.55%），主要出现在混合转述（270 例）中，但也有不少的局部字面型转述出现在直接转述（66 例）和间接转述（60 例）中。具体分布如下表4.1所示。

表 4.1　新闻转述的措辞选择

		转述方式						合计	
		直接转述		间接转述		混合转述			
		频次	百分比	频次	百分比	频次	百分比	频次	百分比
措辞	字面型	707	96.71%	4	0.55%	20	2.74%	731	100%
	局部字面型	66	16.67%	60	15.15%	270	68.18%	396	100%
	重述型	7	1.65%	282	66.67%	134	31.68%	423	100%
合计		780		346		424		1550	

　　新闻转述在措辞上的选择基本符合新闻话语的行业规范对话语转述的要求。但不容忽视的是，还有大量的局部字面型和重述型转述表明新闻话语中，转述者也在运用自己的语言表达方式逐步介入所报道的话语事件。

　　从新闻转述具有的相似性来看，大部分话语转述为保真型转述（1 518 例），仅有少量的失真型转述（32 例）。新闻转述各类措辞的转述基本遵循这一规律，大部分字面型转述实现了转述内容的保真，总计有 731 例，仅有 4 例失真型转述。局部字面型转述中的保真型转述有 386 例，失真型转述有 10 例。重述型转述中的保真型转述有 405 例，失真型转述有 18 例。统计分析表明：新闻转述措辞的选择影响转述内容的相似性（$\chi 2$ = 18.781，$df = 2$，Sig. = .000 ＜ .05）。从保真型转述来看，绝大多数字面型转述和局部字面型转述在语言意义上忠实于原话语，而重述型转述却大多在语用意义上忠实于原话语。从失真型转述本身来看，大部分发生在重述型转述和局部字面型转述中，分别占总失真数的 56.25% 和 31.25%，最后是字面型转述，占失真总数的 12.5%。这说明，当转述者不再拘泥于原话语时，就意味着对原话语的理解和表达有着更多的主观性，容易发生意义上的偏离。新闻转述的措辞选择与转述相似性之间的关系如表 4.2 所示。

表4.2　新闻转述的措辞选择与转述相似性

		措辞						计	
		字面型		局部字面型		重述型			
		频次	百分比	频次	百分比	频次	百分比	频次	百分比
相似性	保真 语义保真	725	47.89%	342	25.43%	159	26.68%	1 226	100%
	语用保真	2		44		246		292	
	总计	727		386		405		1 518	
	失真 语义失真	0	12.5%	8	31.25%	8	56.25%	16	100%
	语用失真	4		2		10		16	
	总计	4		10		18		32	
合计		731		396		423		1 550	

4.5　小结

　　本章介绍了新闻转述在措辞上的主要选择类型：字面型转述、局部字面型转述和重述型转述，探讨了不同类型的转述措辞及其转述相似性，最后对转述措辞的选择及其对相似性的影响进行了统计。在措辞的选择上，新闻转述的主要选择为字面型转述，大部分出现在直接转述中；其次为重述型转述，主要出现在间接转述中；第三类选择为局部字面型转述，主要出现在混合转述中。从转述措辞的选择和相似性的关系来看，大部分字面型转述、局部字面型转述和重述型转述都实现了保真型转述，但也有差异，绝大多数字面型转述和局部字面型转述在语义上忠实于原话语，而重述型转述却更多在语用上忠实于原话语。从失真型转述本身来看，大部分发生在重述型转述和局部字面型转述中，最后是字面型转述。这说明，当转述者不再拘泥于原话语时，就意味着对原话语的理解和表达有着更多的主观性，容易发生意义上的偏离。新闻转述措辞的选择及其对转述相似性的影响体现了转述者对新闻话语交际语境的顺应。

第五章

新闻转述调控策略的选择

5.1　引言

　　依据修正的顺应论，新闻转述行为是在形式和内容等方面都进行选择的交际过程。从转述方式、转述措辞以及转述内容真实性来看，新闻转述行为的各种选择似乎遵循着新闻交际在客观性方面的规范与要求。但转述者在顺应语境因素的情况下，在若干可能项中做出的合理选择往往是基于高度灵活的原则和策略而进行的。本章主要探讨新闻转述行为为了实现转述目的所进行的各种策略性选择，进一步考察新闻转述行为背后隐藏的主观性。首先，讨论新闻转述的隐性策略，包括对转述信息和语境信息的策略性调控。其次，讨论新闻转述的显性策略，包括对转述形式、转述言语标记语与元语用评述语的策略性选择。最后，概括本章的主要观点。

5.2　新闻转述的隐性策略

　　新闻转述方式、转述措辞以及转述真实性方面的整体选择，说明新闻转述行为是顺应新闻交际语境的语言使用的。新闻转述行为作为一种语用行为，是发生在一定的社会历史语境下的机构性言语行为。新闻转述行为的复杂性在于它受制于双重语境的制约，不仅涉及原话语所发生的原始语境，也涉及话语转述行为本身所在的转述语境。依据顺应论（Verschueren，2000），任何语言使用都体现了使用者为了实现其交际目的而进行的顺应性选择，发生在新闻语境下的话语转述行为则表现出更加复杂的语言使用。为了实现特定的转述目的[①]，新闻转述者除了在转述方式、转述措辞以及转述内容的相似性上进行选择之外，必然会诉诸各种语用策略。语用策略是指语言使用者达到交际目的的各种言语方式（Leech，1983；Gumperz，1982；刘森林，2007），是指意义生成过程中明示意义和隐含意义之间的相互作用（Verschueren，2000：156）。转述过程中的语用

　　[①]　辛斌（2009：5）把转述语的整体意义分为三个层面，前两个层面分别是词语的使用和提及所产生的意义，第三个层面是言语行为层面，涉及引用者的意图，即引用目的（quotation point）。

策略可能是隐性的，也可能是显性的①。这里的隐性策略主要涉及的是转述者对原话语信息本身或语境成分的策略性选择，通常由于原话语的不可获取或各种语境因素的缺失而不易被读者觉察。下面我们来详细讨论新闻转述在转述信息和语境成分方面的各种隐性策略。

5.2.1　对转述信息的策略性调控

新闻转述行为在转述信息上的调控主要表现为对原话语信息类型的选择和对原话语信息状态的调整。原话语信息类型的选择包括在概念信息与程序信息、明说与隐含之间的策略性选择，信息状态的调整包括对原话语信息的修饰、信息地位的策略性调整。下面我们将通过例句分析来详细讨论。

5.2.1.1　对原话语信息类型的选择

当代语用学研究不仅关注交际中的隐含意义，也关注交际中的明说内容，即关联理论（Sperber & Wilson，2001）中的隐义（implicature）和显义②（explicature）。新闻转述行为对原话语信息类型的选择既可以发生在显义和隐义之间，也可以发生在显义内部，如概念信息和程序信息的灵活选择。

Wilson 和 Sperber 区分了两类词语的使用，有些编码概念信息，有些则为编码程序信息（1993：1 – 25），概念信息构成话语的命题意义，而程序信息则有助于听话者构建语境以处理概念信息。话语标记语（如：and、but、accordingly、you know 和 I mean 等）的功能是编码程序信息（Jucker & Ziv，1998：6）。它们传递的不是命题意义或语义意义，也就是说它们不构成话语的命题内容，而是为话语理解提供信息标记，从而对话语理解起引导作用的程序性意义（冉永平，2000：8）。正因为如此，话语标记语的使用可以在一定程度上反映语言使用者的语用认知意识程度（陈新仁、吴珏，2006：38）。在本书收集的语料中，很多话语转述在转述原话语的概念意义时没有变化，却在程序意义上做出了微妙的变动，使用更加隐含的

---

① 这里的显性策略主要指转述者在转述语言表达上的策略性选择，读者可以依赖自己的语言知识理解转述行为。本书使用的显性和隐性策略类似于刘森林（2007：23）所谈到的直接语用策略和间接语用策略，但又有不同，直接语用策略和间接语用策略的区别在于前者指说话者直接地告诉对方，后者指说话者使用暗示性的话语。相比于间接语用策略，话语转述中的隐性策略往往由于原话语的缺失而更加具有隐蔽性。

② 根据关联理论，隐义是以隐含方式传递的假设，显义则是话语编码的逻辑形式的充实（development）。Carston（2002）认为，显义的内容来自语言表达式和语境两个方面，其推导方式可以是语言解码，也可以是语用推理（何自然等，2007：53～56）。

方式传达原说话者的意图。请看下例：

(5-1) [此例为《纽约时报》在转述 Obama 就职演说中的一句话，上文将 Obama 与 Bush 政府进行比较，指出人们厌倦了 Bush 的政策，听到 Obama 摒弃以前的错误决策感到很兴奋。]

原话语：... know that America is a friend of each nation and every man, woman and child who seeks a future of peace and dignity, and we are ready to lead once more.

(*Inaugural Speech*, 2009-01-20)

转述语：Instead of Mr. Bush's unilateralism, Mr. Obama said the United States is "ready to lead once more", by making itself a "friend of each nation and every man, woman and child who seeks a future of peace and dignity".

(*The New York Times*, 2009-01-20, NT 520)

例 (5-1) 在措辞上属于局部字面型，相似性上属于保真型。原话语中，Obama 谈到美国是每一个追求和平与尊严的国家的朋友，紧接着说美国要再次引领（世界），两个信息用话语标记语 "and" 连接，"and" 表示语篇的结构性连接和话语的持续性（Schiffrin，1987；冉永平，2000）。《纽约时报》在转述该话语时，调整了句子的语序，使用 "by" 短语进一步明确了原来话语的程序意义：通过让美国成为世界各国人民的朋友而再次引领世界。该例是《纽约时报》报道 Obama 就职演说的一篇社论，其转述目的在于强化新任总统给美国乃至整个世界带来的变革，转述语对原话语程序意义的强化有助于实现这一目的，这反映了转述者对当前国际社会政治语境的顺应，与美国在国际上的地位是相呼应的。

有些话语标记语的选择使原话语的程序意义发生相反的变化，请比较下面两个例句：

(5-2) [此例为《人民日报》在转述 Obama 在就职演说中的一句话，该转述语前面都是 Obama 在就职演说中对美国经济的描述。]

原话语：Today I say to you that the challenges we face are real, they are serious and they are many. They will not be met easily or in a short span of time. But know this America：

They will be met.

（*Inaugural Speech*，2009 - 01 - 20）

转述语：But Obama assured Americans that <u>although</u> "the challenges we face are real, serious many", and "will not be met easily or in a short span of time", America's goals "will be met".

（*People's Daily*，2009 - 01 - 21，EP 511）

（5 - 3）［此例为《卫报》对 Obama 就职演说中一句话的转述，文章在前面介绍了 Obama 对美国经济衰败的描述。］

转述语：He promised the largely silent crowd that <u>the challenges would be met, but warned it would take time</u>, some sacrifice, a new form of politics and a re - engagement with the world, in which America would recognize that "power alone cannot protect us, nor does it entitle us to do as we please".

（*The Guardian*，2009 - 01 - 20，GD 515）

　　以上两例都是转述 Obama 就职演说中的一句话，但例（5 - 2）的程序意义变化不大，例（5 - 3）的程序意义却变动很大，显然与 Obama 的意图不太一致。Obama 在就职演讲中指出了美国目前面临的各种挑战，鼓励美国民众，这些困难尽管不容易克服，但最终会克服的。原话语中的转折连词"but"属于"对比性标记语"（Fraser，1997），放在"最终会克服"之前，强调的是希望。例（5 - 2）在转述时在困难和挑战之前使用了"although"，该话语的程序意义没有发生变化，因为"although"和"but"均属于对比标记语，该句强调的仍然是希望。例（5 - 3）在转述时却把两个小句的位置做了调换，"but"的位置也做了改变，表达出来的效果成为：这些困难会被克服，但警告民众这需要时间、牺牲等，强调的是困难。例（5 - 3）的使用与其所在文章的目的是相一致的，该篇文章对 Obama 就职演说中的话语进行了大量的转述，包括 Obama 谈到的美国面临的各种问题以及他即将采取的措施，但在文章的末尾有一句意味深长的话，"在 Obama 结束演讲时，刚才还湛蓝的天空有云层翻滚"，与例（5 - 3）相呼应，似乎预示着摆在新任总统面前的困难会更多，这隐含了英国媒体在顺应当前国际政治局势下对美国的微妙态度：充满期望和怀疑。

　　新闻转述对原话语程序意义的调整体现了转述者对原话语在显性意义上的选择，即与语言编码密切相关的那部分意义。实际上，在新闻转述过程中，转述者常常通过隐性意义的转述实现其转述目的。隐性意义的转述主要包括对原话语的言外之意或隐含意义的直接转述。请看下面例句：

(5-4) ［此例为《纽约时报》转述第一场辩论中 Obama 谈到一个母亲对他提出的要求。文章前面转述的是 McCain 通过一个母亲的要求而表达对战争的看法。］

原话语：She asked me, <u>can you please make sure another mother is not going through what I'm going through.</u>

(Debate 1, 2008 - 09 - 26)

转述语：He told the story of a Wisconsin woman who presented him with a token from her son who was killed in the war. <u>She asked Mr. Obama to end the war so other mothers do not share her anguish.</u>

(The New York Times, 2008 - 09 - 27, NT 108)

上例属于措辞上的<u>重述型转述</u>。在第一场辩论中，McCain 谈到一位在战争中失去儿子的母亲送给他刻着儿子名字的臂镯，表达他对战争的看法。Obama 说他也有一个类似的臂镯，但这位母亲问他能否让其他母亲不要经历她的经历，原话语为疑问句，表面上是"询问"，其施为之力是请求政府停止战争。《纽约时报》在转述 Obama 所谈到的这位母亲的话语时，将原话语中的疑问句直接转述为一个表达请求的句子：请求 Obama 停止战争。实际上，该篇新闻报道明确指出两人对伊拉克战争的立场是不同的，对原话语施为之力的转述有助于直接表现 Obama 对战争的立场，减少读者阅读的加工努力，同时也借此传达了爱好和平的人们对 Obama 的支持。

下面两个例句主要体现了对原话语隐含意义的转述：

(5-5) ［此例为《中国日报》转述第一场辩论中两位竞选对手关于冻结政府开支的观点，文章先介绍了 McCain 的观点，此处为 Obama 的观点。］

原话语：The problem with a spending freeze is you're using a hatchet where you need a scalpel. <u>There are some programs that are very important that are under funded.</u>

(Debate 1, 2008 - 09 - 26)

转述语：Obama said <u>the problem with that was that some programs needed more money.</u>

(China Daily, 2008 - 09 - 27, CD 103)

(5-6) [此例为《卫报》在转述第二场辩论中 Obama 的一句话，文章介绍了 McCain 对 Obama 的指责，然后给出了 Obama 的回应。]

原话语：There are some things I don't understand. I don't understand how we ended up invading a country... We're spending ＄10 billion a month in Iraq at a time when the Iraqis have a ＄79 billion surplus, ＄79 billion. And we need that ＄10 billion a month here in the United States to put people back to work, to do all these wonderful things that Senator McCain suggested we should be doing, but has not yet explained how he would pay for.

(*Debate* 2, 2008-10-07)

转述语：Obama replied that he understood well enough it had been a mistake to invade Iraq.

(*The Guardian*, 2008-10-07, GD 209)

　　此处两例均属于措辞上的重述型转述。例（5-5）中，两位总统候选人围绕政府支出问题展开了激烈的争论。McCain 认为应该加大力度对大多数政府费用进行冻结，Obama 则认为目前有些项目在资金投入上是不足的。《中国日报》在转述时直接给出了 Obama 话语的隐含意义，依据辩论中双方在开支问题上的不同意见，可以把"投入不足"（under funded）理解为"需要更多的资金"。例（5-6）是对第二场辩论中 Obama 的一段话语的转述。在辩论中，McCain 指责 Obama 缺乏经验，Obama 对此做出回应，说有些事情他的确不理解，比如，为什么要侵略一个跟"9·11"事件没有关系的国家。从 Obama 的话语以及辩论的上下文，可以推理出 Obama 的观点：不应该侵略伊拉克。《卫报》在转述 Obama 这一话语时直接点出了 Obama 话语的隐含意义：侵略伊拉克是一个错误。这两个例句均体现了转述者在理解和转述原话语时所进行的大量推理，节省了读者在阅读时因缺乏相关的语境信息而需要付出的心理加工努力。

　　以上分析表明，新闻转述者会选择原话语信息的类型来实现特定的转述目的，可以就显义本身进行选择，如显义中的概念信息或程序信息，也可以就话语的显义或隐义进行选择。在不影响原话语概念意义的情况下，转述者通过改变、增加或删减话语标记语来强化或改变原话语的程序意义，进而实现其转述目的。转述者也可以对原话语的隐含信息进行直接转述；从物理语境上来说，节约了报纸上的篇幅，从心理语境上来说，可以减少读者的认知努力。在辩论过程中，观众可以参考辩论时的具体语境，同时也有完整的上下文，从而获取对话语意义的准确理解。在脱离了原语境的新闻转述过程中，为了让读者能够直接领悟原说话者的用意，直接转述原话语的施为之力与隐含意义可以节省读者的心理加工所需要的精力和时间，同时也隐性地表达了转述者的主观意图。

5.2.1.2 对原话语信息状态的调整

新闻转述过程中可以对原话语的信息地位进行调整，从而更好地实现转述目的。徐盛桓提出，从不同的角度考察信息内容的地位和作用，可能会区分核心信息、边缘信息、主体信息、附加信息、已知信息和新信息（1996：2）。新闻转述过程中对原话语信息状态的调整包括对原话语部分信息的修饰（如弱化与强化）、原话语信息结构的转换（如次要信息主要化、主要信息从属化①）等。

新闻转述者可以对原话语信息进行修饰，如弱化或强化，以更好地实现其转述目的。弱化/缓和或强化在交际中均为常见的语用现象。在言语交际中，为了避免或减少话语可能带来的矛盾、冲突、交际失败等负面效果，说话者经常采取某种方式，对话语进行修饰，这种现象被称为"语用缓和"（Fraser，1980）。语用缓和是施为力度的弱化（Holmes，1984；Sbisa，2001），是一种语用上的让步，是对 Grice 合作原则的违反。语用缓和语包括视角上的操作（point of view operation）、句式降级语、低调陈述语、模糊限制语、语调降级语等。与此相对的是交际中的强化现象，通过使用一些强化语，交际者可以加强施为力度（Blum – Kulka & Olshtain，1984）。以前对于缓和或强化的研究都只是关注说话者对自己的话语所进行的某种修饰，在新闻转述过程中，为了实现交际目的，转述者会通过各种手段对原话语的信息进行弱化或强化，从而改变原话语信息的地位。请看下例中的画线部分：

（5-7）［此例为《纽约时报》转述 McCain 落败演说中的一句话。文章主要围绕 Obama 的演说进行了转述，此处提到 McCain 给 Obama 打电话祝贺，表示愿意帮助他。］

原话语：These are difficult times for our country, and I pledge to him tonight to do all in my power to help him lead us through the many challenges we face.

（*Concession Speech*，2008 – 11 – 05）

---

① 主要信息从属化主要体现在转述方式上，将在 5．2．1 部分详细讨论。

转述语：In his concession speech, Mr. McCain said he <u>was ready to</u> help Mr. Obama work through difficult times.

(*The New York Times*，2008 – 11 – 05，NT 414)

（5 – 8）［此例为《中国日报》在转述第一场辩论中主持人的一句提问。文章着重描述两人的辩论风格。］

原话语：Lehrer：Say it directly to him.

(*Debate* 1，2008 – 09 – 26)

转述语："Were you afraid I couldn't hear him?" he said at another after <u>moderator Jim Lehrer repeated a phrase</u>.

(*China Daily*，2008 – 09 – 27，CD 103)

以上两例均属于措辞上的重述型转述，都体现了对原话语语义力度的弱化。例（5 – 7）的原话语是 McCain 在落败演讲中的一句话，McCain 表示他会对 Obama "尽全力来支持"（do all in my power to help），《纽约时报》在转述这句话时只说明了 McCain "愿意帮助"（be ready to help）Obama，从而弱化了 McCain 的语气。从整篇报道来看，该篇文章是关于 Obama 竞选美国总统获胜之后的报道，其中只有一处谈到了 McCain 对 Obama 的祝贺，该转述语在语气上的弱化表现了 McCain 在落选后的失意。例（5 – 8）是《中国日报》关于第一场辩论中主持人话语的转述。在 McCain 谈论了自己关于经济复苏计划的态度之后，主持人为了调动双方的积极性，先是以间接的方式询问 Obama 是否有什么话对 McCain 说。当 Obama 给出了回应时，主持人接连两次要求他直接表达意见（Say it directly to him），《中国日报》在转述时却模糊了主持人的"要求"力度，只笼统地说他"重复了某个词语"（repeated a phrase）。这是因为原话语和转述语所出现的语境发生了变化，在辩论赛中，主持人的尖锐提问非常重要，有助于推动两位候选人的辩论更加白热化，使得竞选辩论更具有看头。而在新闻转述中，由于篇幅的限制、书面语言的局限性，转述者必须把更多的空间留来转述读者更关心的两位候选人的话语。

在转述不太重要的话语时可以对其进行概括叙述或弱化，以衬托其他话语的重要性。在话语转述过程中，转述者可以通过各种手段直接强化原话语所传递的信息，包括改变原话语的情态、调整原话语中的缓和语以及直接改变原话语中部分词语的语义强度。请看下面例句中的画线部分：

（5 – 9）［此例为《太阳报》转述 Obama 国会演讲中的一句话，文章评论 Obama 的话语赢得了两个党派的掌声。］

原话语：But while our economy <u>may be</u> weakened and our confi-
dence shaken，though we are living through difficult and
uncertain times，tonight I want...

（*Address to congress*，2009 – 02 – 25）

转述语：Obama admitted the economy <u>was</u> weakened and confi-
dence shaken.

（*The sun*，2009 – 02 – 27，TS 611）

（5 – 10）［此例为《纽约时报》转述第二场辩论中 Obama 的一句话，
此处是两人关于"温和政策"的争论。］

原话语：<u>That I don't think is</u> an example of "speaking softly".

（*Debate* 2，2008 – 10 – 07）

转述语："<u>That is not</u> an example of speaking softly，" Mr. Obama
says.

（*The New York Times*，2008 – 10 – 07，NT 212）

（5 – 11）［此例是《纽约每日新闻》关于竞选双方就彼此的恶意攻击
进行评论的话语，此处是 Obama 对 McCain 的回应。］

原话语：I do think that he <u>inappropriately</u> drew a comparison be-
tween what was happening there and what had happened
during the civil rights movement，and we immediately put
out a statement saying that we <u>don't</u> think that comparison
is <u>appropriate</u>.

（*Debate* 3，2008 – 10 – 15）

转述语：Obama said Lewis' comparison was <u>wrong</u>.

（*New York Daily News*，2008 – 10 – 16，ND 319）

例（5 – 9）中，Obama 在国会演讲中谈到了当前经济的衰败和民众信
心的动摇，使用了"may be"来描写当前的经济现状，暗示关于目前局面
的判断可能只是他自己的判断，或许现实没有那么糟糕。《太阳报》在转
述时则直接使用了表示确定状态的"be"动词"was"，强调了当前美国经
济的严峻。这与当时的社会语境是相关的，2008 年美国严重的经济危机，
给美国乃至全世界都带来了严重的影响。例（5 – 10）通过去除原话语中
缓和语来实现强化的目的。原话语中 Obama 为了反驳 McCain 的指责，指
出 McCain 所支持的 Bush 政府高调计划"轰炸伊朗""消灭北朝鲜"，这或
许并不是"温和政策"的例子。原话语中 Obama 使用了"I don't think"表
示一种个人看法，《纽约时报》在转述时省略了这一话语标记语，使

Obama 的观点更加直接明了。这与文章的标题为"纳什维尔之战"（The Battle of Nashville）相呼应，文章为了表现两人辩论的激烈，对原话语进行了强化。例（5-11）中，民主党议员 Lewis 把 McCain 比作臭名昭著的种族隔离主义者 George Wallace，因为有人在 McCain 的政治集会上侮辱 Obama。对此，Obama 给出回应，指出 Lewis 这样的比较是"不合适的"。《纽约每日新闻》在转述 Obama 的话语时直接说 Lewis 的比较是"错误的"（wrong）。这与文章的主题是一致的，该篇报道评论第三场辩论时，将 Mc-Cain 刻画为"挑衅者"（aggressor），而 Obama 只是一个"防卫者"（defender），该转述语通过强化 Obama 对 Lewis 所作所为的态度而突显 McCain 在最后一场辩论中咄咄逼人的气势，使文章冲突性更强，读起来更有趣。

　　在话语转述过程中，原话语的信息结构可能会发生变化，如主从信息或新旧信息之间的相互转换。由于报纸篇幅的限制，话语转述经常会省略一些从属性信息，如由从属性成分表达的信息或者列举的事例。但转述者为了特定的转述意图，有时会通过各种方式突显某些信息，出现从属信息主要化。同样，为了节省报纸空间和读者的阅读时间，新闻报道会选择预设这一表达手段，从而实现节省空间但又信息丰富的目的（吴珏、陈新仁，2008）。为了实现特定的话语转述目的，转述者也会改变原话语中的新旧信息，使预设的旧信息断言化①，成为话语中的新信息。请看下面两例：

（5-12）［此例为《纽约时报》转述第二场比辩论中 Obama 的一句话。关于政府开支的问题，Obama 表达了他的观点。］
原话语：... it means that, yes, we may have to cut some spending, <u>although I disagree with Senator McCain about an across-the-board freeze</u>. That's an example of an unfair burden sharing.

（Debate 2，2008-10-07）

转述语：He disagrees with <u>Mr. McCain's proposal for an across-the-board spending freeze</u>, saying that amounts to unfair burden sharing.

---

　　① 断言（assertion）不同于预设（presupposition），通常指句子表达的主要信息。当人们说出"the king of France is bald""somebody is bald"为话语的前景断言（foreground assertion）；而"somebody exists"只是该断言所依赖的背景假设（Levinson，1983：172）。这里的"断言化"指话语中的旧信息在转述语中成为句子的主要信息。

(*The New York Times*, 2008 – 10 – 07, NT 212)

(5 – 13)［此例为《纽约邮报》转述 Obama 就职演说中的一句话，
文章评论说 Obama 的上任是一个里程碑。］

原话语：This is the meaning of our liberty and our creed, why…
And why a man whose father less than 60 years ago might
not have been served at a local restaurant can now stand
before you to take a most sacred oath.

(*Victory speech*, 2009 – 01 – 20)

转述语：Obama yesterday acknowledged the racial history of the
nation with a personal reference—in a city that was once
segregated, and at a Capitol building constructed by
slaves—saying "a man whose father less than 60 years
ago might not have been served at a local restaurant can
now stand before you to take the most sacred oath."

(*The New York Post*, 2009 – 01 – 21, NP 540)

例（5 – 12）省略了原话语中的主要信息，使原话语中的从属性信息
（见画线部分）变成转述语中的主句，得以突显。该例转述的是第二场辩
论中两位竞选对手关于政府开支的不同观点，在 McCain "冻结开支"的压
力下，Obama 承认需要削减一些支出，但保留他对冻结全面开支的意见。
《纽约时报》在转述 Obama 的话语时只转述了由 although 从句表达的两人
的分歧，省略了 Obama 在这一问题上的妥协，从而强化了两位竞选对手之
间的冲突。例（5 – 13）体现了原话语预设信息的断言化。预设通常被认
为是熟悉的、已知的内容，而断言则是话语要传递的新信息。Obama 在就
职演说中指出美国的自由和信念具有重要的意义，使一个在餐馆工作的人
的儿子能够进行这样庄严的宣誓。原话语中的主要信息是美国的自由和信
念，why 从句表达的信息为预设的已知信息。转述语把预设的信息当作话
语的主要断言信息，更加突出新任总统的个人经历，从而吸引读者的注
意力。

新闻转述行为可以通过各种方式对原话语信息的施为力度进行某种修
饰，使其发生弱化或强化，也可以直接改变原话语信息的状态，使从属性
信息成为话语的主要信息，或预设的旧信息转变为断言的新信息。对原话
语信息地位的更改通常是受制于当前转述语境和转述目的的制约，在本书
的语料中，主要为了表现原话语中双方言论的激烈程度，吸引更多的读
者。此外，原始语境与转述语境的差别也会影响转述者在表达过程中的具

体选择。原话语的观众依靠现场的情景能够获取准确的理解，而新闻报纸转述时篇幅的限制以及原始语境的不可再现都制约着读者对原话语的理解，为了有助于读者在较短的时间了解原话语，转述者对原话语信息地位进行了调控，充分体现了转述者在转述过程中的主体性。

5.1.2.3 对原话语信息量的调整

人们在言语交际活动中总是遵循"省力原则"① （Zipf，1949），使语言表达逐步趋向于缩约性，省略已成为交际者在言语活动中的一种心理取向。言语交际执行"经济原则"，要以交际效果为最终目的，在求得理解的前提下进行省略。一般情况下，省略是对已知信息成分的缩简，如在刺激话轮中提供了的信息，反应话轮中就可以省略部分信息（汪吉，2001）。在新闻转述行为中，由于报纸篇幅的限制，转述者也常常会省略原话语中的已知信息或不太重要的那部分信息。请看下例：

（5 - 14） ［该例转述的是 McCain 在第一场辩论开始时所说的一句话。文章在转述该话语之前，描述了 Obama 对 Bush 政府的指责，然后指出 McCain 对当前经济采取两党合作的态度。］

原话语：<u>Because as we're here tonight in this debate</u>, we are seeing, for the first time in a long time, Republicans and Democrats together, sitting down, trying to work out a solution to this fiscal crisis that we're in.

（*Debate* 1，2008 - 09 - 26）

转述语："We are seeing for the first time in a long time Republicans and Democrats together, sitting down, trying to work out a solution to this fiscal crisis we're in," the Arizona senator said.

（*New York Daily News*，2008 - 09 - 27，ND 105）

上例为《纽约每日新闻》转述第一场辩论中 McCain 寻求两党合作以解决经济危机的相关话语。在辩论中，McCain 用了一个完整的因果关系复杂句表示他的开明和友好：因为我们今晚的出现，我们才看到两个政党之间开始合作，一起来解决当前的经济危机。《纽约每日新闻》在转述该话

---

① 从说话者的角度看，用一个词表达所有的意义是最经济的，即单一化力量（force of unification）。从听话者的角度说，最省力的是每个词都只有一个意义，词汇的形式和意义之间完全对应，即多样化力量（force of diversification）（Zipf，1949：20 - 21）。

语时，省略了前半部分由 as 从句所表达的从属性信息，但不影响原话语的主要信息。

　　除了省略原话语中的部分信息，新闻转述也会添加原话语中所没有的部分信息。交际中的过量信息似乎是不合理的，因为它违背了经济原则。过量信息可能是从属言语行为，依附于一个主要的言语行为，为主要行为增加成功的机会（Ferrara，1980）。Edmonson（1981）将其称为辅助话步（supportive moves），认为辅助话步产生于预期策略，即对对方的潜在反应做出必要的考虑。陈新仁（2004：10）认为过量信息是一种语用资源，具有很强的变异性和商讨性，交际者可以策略地加以利用来实现特定的交际需求。本书的语料中有不少话语转述行为添加了原话语中所没有的一些信息，请看下例：

（5-15）［文章评论说两位竞选对手在伊拉克问题上的争论开始白热化，Obama 对 McCain 关于"增兵伊拉克以减少暴力"的说法进行了指责，列举了 McCain 对战争的错误判断，此处为文章转述 McCain 对 Obama 的反驳。］

原话语：Admiral Mullen suggests that Senator Obama's plan is dangerous for America.

（*Debate* 1，2008-09-26）

转述语：McCain unsettled Obama when he claimed that US military leaders suggested Obama's plan to pull all US troops out of Iraq by the middle of 2010 was dangerous.

（*The Guardian*，2008-09-27，GD 104）

　　以上例句是英国《卫报》对第一场辩论中 McCain 的一句话进行的转述。在辩论中，Obama 谈论了他对伊拉克和阿富汗的军事计划，认为应该结束伊拉克战争，分阶段撤出军队，增加在阿富汗的军事力量。Obama 指出海军将领 Mullen 也承认是由于伊拉克的军队过多才导致无法应付阿富汗的问题。McCain 对此做了进一步的解读：Mullen 意思是说 Obama 的计划对美国来说是危险的。《卫报》在转述 McCain 的话语时，对 Obama 的"计划"进行了详细的说明，即 Obama 在 2010 年中期从伊拉克撤出全部美国军事力量的计划。在辩论中，McCain 并没有明确谈论 Obama 的军事计划，《卫报》添加的信息来源于辩论中 Obama 对自己的军事计划的说明。

　　上例中的过量信息从原话语中的其他地方推断出来，有的过量型转述中的信息可能在原话语中找不到，而是在原话语之外的背景信息当中。请看下例：

(5－16)［该例是《中国日报》转述第一场辩论中 McCain 的一句话。
　　　　文章就伊拉克战争的问题描述了 Obama 对 McCain 的指责，
　　　　然后转述 McCain 的回应。］

原话语：Senator Obama refuses to acknowledge that <u>we are win-</u>
　　　　<u>ning in Iraq</u>.

(*Debate* 1，2008－09－26)

转述语：McCain replied that Obama has refused to acknowledge
　　　　<u>the success of the troop buildup in Iraq that McCain rec-</u>
　　　　<u>ommended and Bush announced more than a year ago</u>.

(*China Daily*，2008－09－27)

在第一场辩论中，主持人要求两位竞选对手谈论有关伊拉克战争的经
验教训，McCain 认为伊拉克战争的成功在于采取了增加军事力量等策略。
对此，Obama 认为根本就不应该出兵伊拉克。围绕如何使用军事力量等一
系列问题，两人展开了激烈的辩论，McCain 指责 Obama 不懂战术（tactic）
和战略（strategy）的区别，认为 Obama 拒绝承认美国在伊拉克战争中获
胜。《中国日报》在转述 McCain 的话语时，对其中的"we are winning in
Iraq"做了详细的解读，提供了较多的背景信息：一年多以前由 McCain 提
议的，Bush 宣布的在伊拉克的军队集结。McCain 表面上指责 Obama 拒绝
承认美国军队在伊拉克战争中的胜利，实际上则是借助对 Obama 的攻击来
证明自己的观点是正确的。《中国日报》提供的这一背景信息是在辩论中
没有提到的信息，有利于读者对两人的辩论有更为深入的了解，同时也表
达了对 McCain 的一种暗讽。

新闻转述中添加的信息都是可以从原话语或者从相关的社会背景中推
断出来的信息，过量相关信息的添加无疑减轻了读者的认知负担，新闻转
述中的过量信息充分体现了转述者对读者心理语境的积极顺应，同时也有
助于强化转述者自己的立场。

5.2.2　对语境成分的策略性操控

新闻转述行为会利用相关的语境因素来实现其转述目的，语境因素包
括原话语事件和转述事件分别涉及的时间、地点和交际中的参与者。新闻
转述行为经常会对原话语所发生的时间、地点等语境信息进行描述，请看
下例中画线的部分：

（5－17）［此例为《芝加哥论坛报》在转述 Obama 就职演说中的一句话，文章转述了 Obama 当选新任总统对美国民众的允诺和要求，此处谈到美国现在处在一个需要"责任"的时代。］

原话语：This is the price and the promise of citizenship.

（*Inaugural Speech*，2009－01－20）

转述语："This is the price and the promise of citizenship," the newly inaugurated president said <u>under a sunny sky on a cold, wintry day before hundreds of thousands of people, many of whom had begun gathering in the frosty pre－dawn hours.</u>

（*Chicago Tribune*，2009－01－20，CT 547）

上例属于直接转述，在措辞上对原话语进行了准确的再现。此外，该转述语对原话语发生当天的天气状况进行了详细的描写：天气寒冷但阳光灿烂。对参加人群的数量也进行了详细的描述：成千上万，而且很多人在黎明之前就已经聚集在那里了。这些描述体现了新闻转述在当前社会语境的一种顺应性选择，美国 2008 年底正面临着严重的经济危机，这一现实状况使美国民众渴望新的变革，对新任总统充满了热情与信心。转述者对庞大的人群和寒冷但阳光灿烂的天气的描写与新任总统的煽动性话语相呼应，也进一步强化了媒体对 Obama 的信心。

除了对原话语所出现的物理语境进行描述，新闻转述还通过描述参与者的个人信息来实现其转述意图，如原说话者的年龄、身份及其衣着、神态等，以便再现原话语。请看下面例句中的画线部分：

（5－18）［此例为《纽约时报》转述第一场辩论中 Obama 的一句话，文章着重描写两人在辩论风格上的差异。］

原话语：But I reserve the right as president of the United States to—to meet with anybody at a time and place of my choosing if I think it's going to keep America safe.

（*Debate* 1，2008－09－26）

转述语：He（Obama）<u>wore a dark suit and a flag lapel pin, and chose to focus on appearing steady and serious － minded</u> and so ready to be president that he at one point sounded as if he already were："I reserve the right as president of the United States to—to meet with anybody at a time and place of my choosing if I think it's going to keep America safe."

　　　　　　　　　　　(*The New York Times*, 2008 – 09 – 27, NT 106)

（5 – 19）［此例为《纽约时报》转述第一场辩论中 McCain 对 Obama 的指责，他嘲笑 Obama 年轻，没有经验。］

原话语：I'm afraid Senator Obama doesn't understand the difference between a tactic and a strategy... What Senator Obama doesn't seem to understand that if without precondition you sit down across the table from someone...

　　　　　　　　　　　(*Debate* 1, 2008 – 09 – 26)

转述语：Mr. McCain, 72, repeatedly argued that Mr. Obama, who is 47, was not ready for the job: "I'm afraid Senator Obama doesn't understand" and "What Senator Obama doesn't seem to understand" and "Senator Obama still doesn't understand".

　　　　　　　　　　　(*The New York Times*, 2008 – 09 – 27, NT 106)

（5 – 20）［此例为《中国日报》转述第二场辩论中 Obama 的一句话，他指责 McCain 支持的 Bush 政府造成了当前的经济危机。］

原话语：Now, we also have to recognise that this is a final verdict on eight years of failed economic policies promoted by George Bush, supported by John McCain, a theory that basically says that…

转述语：McCain's Democratic rival, Barack Obama, said the current economic crisis was the "final verdict on the failed economic policies of the last eight years" that President Bush pursued and were "supported by Sen. McCain."

　　　　　　　　　　　(*China Daily*, 2008 – 10 – 07, CD 203)

　　例（5 – 18）属于直接转述，在措辞上准确再现了原话语。此外，该转述语还通过对说话者的衣着、神态进行详细的描绘，一方面加强了原话语的可信度和生动性，另一方面暗含了转述者的立场和态度。在转述 Obama 的话语时，该句细致地描写了 Obama 的衣服、领夹上的装饰以及神态（严肃）等。这与文章后来对于 McCain 的描写形成明显的对比，后者没有在领夹上带有旗帜勋章，神态很自然。对说话者个人形象的描写与整篇文章的主题是相一致的，文章的标题为"Beyond Ideology, a Generational

Clash"，将两人的竞争比喻为家族领导的更替，强调两人在年龄、经历上存在的代沟。例（5-19）出现在同样一篇文章中，转述小句提供了原说话者的年龄：72岁，从而突显出 Obama 的年轻（47岁），缺乏经验。例（5-20）则对原说话者的身份给出了详细的描写：民主党派、McCain 的竞选对手。通过比较，我们发现《中国日报》在介绍两位竞选对手时一般会描述他们所代表的党派、所来自的州，而《纽约时报》只使用总统候选人（candidate）或者先生（Mr.）来指称原说话者。在新闻用语中经常策略地采用人称的变化来报道所发生的事件，这同样可以看作是一种语言顺应的方式。新闻报道中关于消息来源的描述，具有很强的顺应性（何自然等，2007：83）。这涉及媒体与所报道的事件及说话者之间的关系。在美国，两党之争已经非常激烈，《纽约时报》为了表现媒体的中立性和美国大选的严肃性，采用"Mr."或者"Senate"表现两位候选人在身份上的共性特征。而《中国日报》则可以大胆地以旁观者的身份去介绍美国大选中出现的各种情况，同时考虑到中国读者在相关语境知识上的欠缺，采用标志说话者身份地位的描述性语言有助于读者更好地理解原话语。

除了说话者的选择，新闻转述行为也会对听话者做出选择，以更好地服务于当前话语转述的目的。下面例句中的画线部分体现了转述者对原话语语境中特定的听话者的选择。

（5-21）［此例为《纽约每日新闻》转述 Obama 胜利演说中的一句话，文章前面描述 Obama 将宣誓成为第一个非裔美国总统。］

原话语：If there is anyone out there who still doubts that America is a place where all things are possible；who still wonders if the dream of our founders is alive in our time；who still questions the power of our democracy，tonight is your answer.

（*Victory Speech*，2008-11-05）

转述语："If there is anyone out there who still doubts that America is a place where all things are possible；who still wonders if the dream of our founders is alive in our time；who still questions the power of our democracy，tonight is your answer，" Obama told 125 000 ecstatic supporters who cheered and cried and hugged each other in Chicago's Grant Park.

（*New York Daily News*，2008-11-05，ND 411）

(5－22)［此例为《纽约每日新闻》转述 McCain 落败演说中的一句
　　　　话，文章前面转述了 Obama 的话语"变革已经到来"。］

原话语：Senator Obama has achieved a great thing for himself and
　　　　for his country.

（*Concession Speech News*，2008－11－05）

转述语："Sen. Obama has achieved a great thing for himself and his
　　　　country," he（McCain）<u>told disappointed supporters in</u>
　　　　<u>Phoenix.</u>

（*New York Daily News*，2008－11－5，ND 411）

　　例（5－21）和例（5－22）是《纽约每日新闻》在报道 Obama 胜利
演说和 McCain 落败演说中的两句话。两位候选人的演说所面对的听众都
是他们各自的支持者，转述语均提到了原话语的听众，并对各自听众的心
情进行了细致地描绘：Obama 演说的听众为"兴奋的、尖叫、欢呼的互相
拥抱的支持者"，McCain 演说的听众为"失望的支持者"。对特定听话者
的描述形象而生动地再现了原话语的气氛，表现了美国民众对 Obama 的信
心，也有助于读者对原话语事件有较为直观的体验。

　　除了就原话语中的听者进行描述外，新闻转述者在当前语境的制约
下，也会特意选择特定的听众群，请看下面两例中的画线部分：

(5－23)［此例为 Obama 就职演说中的一句话，他鼓舞美国民众为
　　　　重塑美国而努力。］

原话语：Starting today，we must pick ourselves up，dust ourselves
　　　　off，and begin again the work of remaking America.

（*The Inaugural Speech*，2009－01－20）

转述语："Starting today，we must pick ourselves up，dust our-
　　　　selves off，and begin again the work of remaking Ameri-
　　　　ca," he said in a speech seen in person <u>by nearly 2 mil-</u>
　　　　<u>lion people stretched over two miles along Washington's</u>
　　　　<u>National Mall in 20-degree weather-and by hundreds of mil-</u>
　　　　<u>lions more on television around the world.</u>

（*The New York post*，2009－01－20，NP 540）

(5－24)［此例为《人民日报》对 Obama 就职演说中关于外交事务
　　　　的一句话，文章主要强调 Obama 给世界带来的变革。］

原话语：... we can meet those new threats that demand even

greater effort, even greater cooperation and understanding between nations... To the Muslim world, we seek a new way forward, based on mutual interest and mutual respect.

(*Inaugural Speech*, 2009 – 01 – 20)

转述语：To a world increasingly weary of the American unilateralism, Obama promised to seek "even greater cooperation and understanding between nations," and to seek "a new way forward, based on mutual interest and mutual respect" when developing relations with the Muslim world.

(*People's Daily*, 2009 – 01 – 20, EP 512)

以上两例都是关于 Obama 就职演说的转述，但转述语中的听众稍有不同。美国总统的就职演说面对的听众应该基本上是一致的，主要是美国民众。例（5 – 20）转述的是 Obama 呼吁美国民众重建美国的一句话，该例对听众的选择不仅包括演说现场庞大的人群，而且还有全世界成千上万通过电视观看的听众。通过对世界各国听众的描述体现了全世界对于 Obama 就任美国总统的关注和期待。例（5 – 21）转述的是 Obama 就职演说中关于外交事务的观点，该例选择的听众是厌倦了"美国单边主义政策"的人们。在就职演说中，Obama 表达了他寻求国际合作、与穆斯林互相尊重的态度，这恰恰是全世界爱好和平的人民所希望的。刻意选择特定的听话群体，是新闻转述话语对当前世界社会政治语境的顺应性选择，同时也会影响更多的新闻话语阅读者。

以上分析表明，新闻转述行为对各种语境因素进行了选择性的描绘，包括原话语发生的各种语境因素，如时间、地点或参与者（包括说话者和听话者）。话语转述对说话者的选择主要体现在对其个人信息的描述，对听话者的选择主要包括原话语直接或间接的听众。新闻转述行为对语境因素的策略性调控一方面体现了新闻转述行为对读者心理和社会语境的顺应，另一方面体现了新闻转述行为对当前社会政治语境的顺应。

5.3 新闻转述的显性策略

新闻转述的显性策略主要是在转述表达过程中的一些策略，主要涉及转述者在转述形式、转述标记语和元语用评述语三个方面的策略性选择。

下面我们将详细论述。

5.3.1　对转述形式的策略性选择

新闻转述行为在形式上的策略主要体现在措辞与转述方式的策略性调控，下面我们主要从转述指示语的选择和转述方式的使用进行详细讨论。

5.3.1.1　新闻转述指示语的策略性调控

话语转述行为在措辞上的选择受相关语境成分的制约，但转述者也会依据相关语境特征对转述语进行灵活的调整。新闻转述涉及两套由不同的时空形成的双重语境，因而在使用指示语对相关语境进行描述时可以有多种选择。何自然、陈新仁（2004b：155 - 156）指出与间接话语相关的三种语用—语言现象：转述词语的选择、指示词语的转化和时态的变换。一般来说，在转述过去某人所说的话语时，转述小句应该使用过去时，间接话语中的时态也要使用过去时，也就是说，在原话语中表达"此时此地"的词语应当转换成"彼时彼地"的词语。然而在实际的新闻报道中不一定都是这样，新闻媒体的特殊语境也影响着指示语的选择。请看下例中的画线部分：

（5 - 25）［此例为《中国日报》转述 Obama 就职演说中的一句话，文章的标题为"处在危机中的美国"。］

原 话 语：That <u>we</u> are in the midst of crisis is now well under-stood. Our nation is at war against a far - reaching network of violence and hatred.

（*Inaugural Speech*，2009 - 01 - 20）

转述语：U. S. President Barack Obama said <u>here on Tuesday</u> that <u>the country is now</u> in the midst of a crisis，as <u>it is</u> at war a-gainst a network of hatred and violence and also seeing its economy badly weakened.

（*People's Daily*，2009 - 01 - 21，EP 508）

转述过去所说的话语要求间接话语在时间、地点描述中进行推移（backshifting），该转述语的从句部分中使用的却是现在时。值得我们关注的还有转述小句中的"here"和"Tuesday"的使用。近指指示语"here"和从句现在时的使用给读者一种近距离，一种"即时性"（immediacy）的感觉。地点指示语"here"一般指说话者说话时所在的距离说话者较近的地方，"there"指离说话者较远的地方（何自然、陈新仁，2004a：136）。

Green（1996）指出，"here""there"存在指称含糊问题。在特定情况下，"here"也可以表示"in/on this city/state/country/hemisphere/planet/galaxy"等信息，并不仅指说话者所在的地点。同样，一般现在时表明说话者说话时的状态，但实际上时态的指称意义很模糊，话语时态的指称不仅仅表示说话时间，如果说话时间与受话时间不同，那么时态指称还可以表示受话时间信息，而这都取决于说话者的意图（何自然、陈新仁，2004a：135 – 136）。这种情况可以理解为 Lyons（1975）所谈到的移情指示（empathetic deixis）。在例（5 – 15）中《人民日报》转述 Obama 就职演讲中的相关话语在从句中使用了现在时①，更加突出原话语的即时性特征。在上例中，"Tuesday"为历法时间单位，按照指示语的先用现象②（pre-emptiveness），这里应该使用"yesterday"。张权（1994：10 – 11）指出，用非指示词语指称指示域内的人、事物、地点是特定语境语体的需要。在新闻报道、文艺节目预报、天气预报、会议通知等特殊语境中，常有用历法名称取代指示词语的用法。先用还是反先用涉及用哪种形式对交际更有利，书面的通知当然可以用"明天"等指示词语，"但由于交际双方不在当面，这样编码和解码时间就可能有较长的时间间隔，读者在读到用指示词语指示的活动日期时，势必参照通知的发出日期才能了解确切的活动日期"（张权，1994：11），因而反先用（anti-pre-emptiveness）更加有利。

在转述过程中，新闻转述者也会考虑各媒体所面临的读者的心理语境知识，选择不同的指示语来指称话语中所指的人物。请看下面例句中画线的部分：

（5 – 26）［文章评论说两位竞选对手在伊拉克问题上开始白热化，Obama 对 McCain 关于"增兵伊拉克以减少暴力"的说法进行了指责，列举了 McCain 对战争的错误判断之后，开始转述 McCain 对 Obama 的反驳。］

原话语：<u>Admiral Mullen</u> suggests that Senator Obama's plan is dangerous for America.

（*Debate* 1，2008 – 09 – 26）

转述语：McCain unsettled Obama when he claimed that <u>US military</u>

---

① 与此呼应的是，大部分发生在标题中的转述小句均使用一般现在时，强调原话语的即时性。

② yesterday、today 和 tomorrow 等指示词语对与之相对应的表示历法时间或绝对时间的词语具有先用作用，优先使用这些词语后就不能再用表示历法等绝对时间的词语指同一时间（Levinson，1983：75）。

leaders suggested Obama's plan to pull all US troops out of
Iraq by the middle of 2010 was dangerous.

（*The Guardian*，2008 – 09 – 27，GD 104）

例（5 – 26）是英国《卫报》转述第一场辩论中 McCain 对 Obama 从
伊拉克撤军计划的指责。原话语中，McCain 援引美国海军司令 Mullen 的话
指出 Obama 的计划对美国来说是危险的。该语句在句首说明了 McCain 话
语的意图就是刺激对方，在转述 Obama 的话语时使用 "US military leaders"
替代了原话语中 "Admiral Mullen"，一方面，英国读者可能并不了解 Mul-
len，另一方面，使用美国军事领导人的复数形式可以进一步强化 McCain
的意图。说明 Obama 的计划是危险的，这与转述者在主句中对转述语的评
论是一致的：McCain 扰乱了 Obama 的情绪。

以上分析说明，新闻转述行为为了适应新闻话语语境而对指示语进行
了策略性的选择，时间、地点指示语以及时态的选择等都充分表现媒体话
语的即时性特征，而对一些特定的人称指示语的选择则主要考虑了读者的
心理和社会语境因素，也表达了转述者的主观立场。

5.3.1.2　新闻转述方式的策略性调控

本书的语料分析表明，新闻转述方式主要表现为直接话语，其次为间
接话语和混合话语。选择直接话语或间接话语往往决定转述者话语和被转
述话语之间的界限在多大程度上是清楚的或者模糊的，直接型话语转述的
形式表示转述者介入程度最低（Leech & Short，2001；辛斌，2005：114）。
间接话语比直接话语在更大程度上允许转述者介入他人的话语，因而间接
话语往往是两种声音的混合交融。在具体使用过程中，转述者并不是简单
地选择某一种转述方式，而是通过对转述方式进行策略性的调控来更好地
实现其转述目的。Leech 和 Short 在谈论自由间接话语的效果时指出：自由
间接话语与其他言语表达方式所形成的对比体现出作者根据人物的角色和
态度对话语的后景化和前景化的控制（2001：335）。申丹（1991，1999）
认为直接话语中的引号具有音响效果，使原话语显得更加突出，小说家常
用直接式和间接式来控制对话中的"明暗度"（申丹，1991：17）。因此，
直接话语与间接话语的选择一方面表现了转述者在转述语中的介入程度，
另一方面表明了转述者给予原话语本身的突显程度，介入程度较低的直接
话语往往突显程度较高，而介入程度较高的间接话语往往突显程度较低。
请看下例：

（5 – 27）［此例为《纽约每日新闻》在转述第一场辩论时两位竞选对

手的辩论，文章指出两人在辩论中很激烈。]

原话语：Obama：He even said the other day that he would not meet potentially with the prime minister of Spain, because he—you know, he wasn't sure whether they were aligned with us. I mean, Spain? Spain is a NATO ally.

McCain：I'm not going to set the White House visitors schedule before I'm president of the United States. I don't even have a seal yet.

(*Debate* 1, 2008 – 09 – 26)

转述语：When Obama chided McCain at one point for refusing to commit to a meeting with the prime minister of Spain—a NATO ally and longtime friend of America—McCain found a new way to dismiss Obama as a presumptuous upstart. "I'm not going to set the White House visitors' schedule before I'm President of the United States—I don't even have a seal yet," jabbed McCain, a reference to a presidential –looking seal that Obama aides affixed to their boss' traveling podium for one day last summer.

(*New York Daily News*, 2008 – 09 – 27, ND 105)

上例是《纽约每日新闻》在转述第一场辩论中两位总统候选人关于伊朗问题的争论，双方争论的焦点在于是否跟伊朗高层进行无条件的会谈，Obama 坚持认为应该进行会谈，McCain 持反对态度。此处，Obama 认为 McCain 连同盟国成员西班牙的首相都不见了，显然这样的反对是不合理的，McCain 回应说他不会在成为总统之前就做出各种计划。在转述这两句话之前，文章已经交待了两位候选人在辩论中有激烈交锋的时刻，同时也评论 McCain 总是努力描述 Obama 的冒失和没有经验。文章在转述时使用直接话语对 McCain 的话语进行了高度突显，而使用间接话语转述 Obama 的话，从而形成了一种"明暗对比"，突出了 McCain 的尖锐及其与 Obama 的针锋相对。

转述方式的策略性使用还体现在语篇中转述功能的弱化。如下例：

(5 – 28) [此例为《纽约时报》在转述第一场辩论中 McCain 的一句话，并对其进行评论。文章说 McCain 的部分言论是对的，但部分言论是错的。]

原话语：Do you know that it's tripled in the last five years?

(Debate 1, 2008 - 09 - 26)

转述语：In addition, Mr. McCain erred when <u>he said</u> that earmarks have "tripled in the last five years".

(The New York Times, 2008 - 09 - 27, NT 109)

(5 - 29) ［此例为《中国日报》在转述第一场辩论中 McCain 对 Obama 关于"专项经费"的指责。］

原话语：Senator Obama suspended those requests for pork - barrel projects after he was running for president of the United States.

(Debate 1, 2008 - 09 - 26)

转述语：McCain jabbed at Obama, who <u>he said</u> has requested millions of dollars in pork barrel spending, including some after he began running for president.

(China Daily, 2008 - 09 - 27, CD 103)

(5 - 30) ［此例为《纽约时报》转述第一场辩论中 Obama 的话语，文章此处主要强调 McCain 指责 Obama 没有经验。］

原话语：Well, I think that, given what's happened over the last several weeks and months, our entire Russian approach has to be evaluated, because a resurgent and very aggressive Russia is a threat to the peace and stability of the region.

(Debate 1, 2008 - 09 - 26)

转述语："A little bit of naïvete there," Mr. McCain said after <u>Mr. Obama's remarks on a question about the American-Russian relationship</u>.

(The New York Times, 2008 - 09 - 27, NT 108)

　　以上三例中的转述语均为整个话语的从属性成分，转述性较弱。在例 (5 - 28) 中，McCain 使用了一个疑问句指责 Obama 在地方建设经费上的巨额费用：这个费用在过去五年内已经翻了三倍。《纽约时报》在转述时把 McCain 的话语内容放在从句中，在主句中对该转述语进行评价，指出 McCain 这样说是错误的。话语转述功能的弱化与整篇文章的主旨是有关的，该文主要是对两位竞选对手的话语进行评价，在这样的语境下，文章主要突出的是转述者的观点而非原话语的内容。文章在例 (5 - 29) 中，话语中的主要成分为"McCain jabbed at Obama"，McCain 的话语内容则由 who 引导的定语从句进行转述。其中，转述小句（he said…）在句子中是一个插入语。转述小句的存在一方面交待了该部分话语作为转述语的属性，而其作为插入语的句法特点同时也说明了该转述语在整个话语中的从属性地位。也就是说，在该话语中，转述语的转述功能已经随着其句法位置的变化而被弱化。转述功能弱化的另一表现就是转述动词的名词化，在例（5-30）中，《纽约时报》转述的是在 Obama 关于美俄关系的意见之后 McCain 的评论。文章的主要目的是表现 McCain 对 Obama 的态度，把他描写为不谙世事的人，因而将 Obama 关于美俄关系的话语通过名词化的方式加以叙事化，进而把 McCain 的话语加以放大。

以上分析说明，转述者可以通过选择不同的转述方式来调整叙事过程中的"明暗度"，而转述语在话语中句法功能的弱化则利于实现特定的转述目的，是转述者介入新闻话语的一种方式。

5.3.2 对转述言语标记语的策略性选择

新闻转述者的介入可以体现在转述方式的选择上，如间接话语比直接话语更加能够体现出转述者对话语信息和措辞等的主观操纵。此外，转述者可以通过转述言语标记语的选择性使用来表现自己对所转述话语的主观立场。本节我们主要讨论转述言语标记语的选择如何体现转述者对所转述话语的介入。

Shukrun-Nagar（2009：460）指出三种类型的转述标记语（quotation marker）：与消息源的身份和特征相关的消息标记语（source marker），用来指示言语事件的言语标记语（speech marker），用来描述转述发生的环境的环境标记语（circumstance marker）。Shukrun-Nagar 指出转述标记语的使用在电视转播的大选中是一种非常有用的说服方式，除了明显的语言作用——指称被转述的前语篇，转述标记语也被用来编码意识形态和论辩，传递与转述语及其消息源相关的隐含信息。用来表达转述消息源的消息标记语包括指示语（reference）和修饰语（qualifier）（Halliday & Hasan, 1976），指示语指示消息源的身份：全名、姓、名字、特有的身份，修饰语用来描写消息源的各种特征：住所（residence）、所属关系（affiliation）、地位（status）。言语标记语指示转述语的产生，包括词汇标记语（lexical marker）（名词、动词）和图示成分（graphical element）（引号、冒号）。环境标记语描写转述语所发生的语境，包括时间标记语、地点标记语、参与者标记语以及指示较大语境的背景标记语（Shukrun-Nagar Pnina, 2009：462-463）。本章在前面的论述已经涉及消息标记语和环境标记语，下面我们主要讨论转述言语标记语的选择。

转述言语标记语在文献中被称为引述动词（reporting verb）（章振邦，1988）、管领词（徐赳赳，1996）、引述词（quotative）（Blyth，1990）和引进词（introducer）（Tannen，1986）等。言语标记语／管领词①属于转述者语域，表示转述者单方面的评论、总结（申丹，1991），具有引导出转述语的作用，即引述功能（quotative function）。言语标记语／管领词的选择是引述者的一种自我表现，具有话语功能（张荣建，1998）。何自然、陈新仁（2004b：155）指出，言语标记语／引述词语的选择属于一种元语用选择，即用适当的话语尽可能转达出说话者在原话语中表现的态度、观点和立场。"说"（Say）是最常见的言语标记语，表达一个中性的言语行为。Tannen（1986）认为，say 能引导话语而不带特定语用效果，所以是无标记的。Givon（1980）认为，say 能引导话语但又极少有叙述者或转述者介入（commitment）。Li（1986）也指出，say 的非重读形式有语义上的"增白"（bleached）作用和"道听途说"（hearsay）的特征。在此基础上，本书认为，转述者可以通过选择积极言语标记语（如：inform、reaffirm、review、cite、propose）或消极言语标记语（如：claim、appeal、argue、complain、accuse）或者使用修饰语（如：repeatedly、forcefully、softly、dryly）等来表明转述者的介入，话语转述时选择什么样的言语标记语，同转述者的立场、观点及所处的语境是很有关系的。请看下例中的画线部分：

（5 - 31）［此例为《中国日报》转述第一场辩论中两位竞选对手之间的辩论，该例为文章的第一句话，描述 McCain 对 Obama 的指责。］

原话语：Senator Obama has the most liberal voting record in the United States Senate.

(*Debate* 1，2008 - 09 - 26)

转述语：John McCain <u>accused Barack Obama of</u> compiling "the most liberal voting record in the United States Senate" Friday night as the two rivals clashed over taxes，spending，the war in Iraq and more in an intense first debate of the White House campaign.

(*China Daily*，2008 - 09 - 27，CD 103)

（5 - 32）［此例为《中国日报》转述第一场辩论中两位竞选对手之间

---

① 转述语是人物话语或原说话者语域，表示其话语、思想（申丹，1991）。

的辩论，该例为文章的第二句话，描述 Obama 对 McCain 指责的回应。]

原话语：Mostly that's just me opposing George Bush's wrong head-ed policies since I've been in Congress but I think it is that it is also important...

(*Debate* 1，2008 – 09 – 26)

转述语："Mostly that's just me opposing George Bush's wrong – headed policies," shot back the Democrat.

(*China Daily*，2008 – 09 – 27，CD 103)

以上两例在转述方式上分别属于混合转述和直接转述，在相似性上均属于保真型转述，但转述者却通过选择不同的转述言语标记语来表现自己的立场和态度。调查发现，该篇文章在转述 McCain 的话语时选用了更多的消极性言语标记语，如 accuse of、retorted、criticize。在转述 Obama 的话语时选择了更多的中性言语标记语（said），仅有 1 例为消极性（shot back），也是在表示 Obama 对对方话语的反驳。

值得关注的是，即便是选择了中性的言语标记语，转述者也会通过使用修饰语来明确、强化或弱化原来言语标记语的效果，从而表现转述者的立场。请看下例：

(5 – 33) [此例为《洛杉矶时报》转述第三场辩论中 McCain 的一句话，文章先转述了 Obama 的话语，然后给出 McCain 的评论。]

原话语：Just again, the example of the eloquence of Senator Obama. He's health for the mother. You know, that's been stretched by the pro-abortion movement in America to mean almost anything.

(*Debate* 3，2008 – 10 – 16)

转述语："Just again, the example of the eloquence of Sen. Obama," McCain said sarcastically, suggesting the word "health" had been "stretched by the pro – abortion movement in America to mean almost anything".

(*Los Angeles*，2008 – 10 – 16，LT 315)

(5 – 34) [此例为《纽约时报》转述第二场辩论中 Obama 对 McCain 关于取消专项经费的评论。]

原话语：I mean, Senator McCain has been talking tough about ear-
marks, and that's good, but earmarks account for about $18
billion of our budget. Now, when Senator McCain is proposing
tax cuts that would give the average Fortune 500 CEO an addi-
tional $700 000 in tax cuts, that's not sharing a burden.

(*Debate* 2, 2008 - 10 - 07)

转述语：Mr. Obama <u>faintly praises</u> Mr. McCain for wanting to get rid
of earmarks, but notes they account for only $18 billion of
our budget, while he would offer $700 000 in tax cuts to
executives.

(*The New York Times*, 2008 - 10 - 07, NT 212)

　　例（5 - 33）属于直接转述，在措辞和相似性上都准确再现了原话语，转述者使用了中性的言语标记语（said）来引出 McCain 的话语。该例转述语中，McCain 就 Obama 在"晚期堕胎禁令"（ban on late - term abortions）这一问题的态度进行了评论①，文章在转述时使用了修饰语"sarcastically"来修饰中性言语标记语"said"，生动形象地再现了 McCain 的神态。这些修饰语的使用使中性言语标记语在态度上得以进一步明确，表现转述者对原话语的主动介入。例（5 - 34）使用了一个积极性言语标记语（praise），但转述者在前面添加了修饰语（faintly），使其积极性减少，透露出转述者的一种讽刺。此外，修饰语可以用来强化原来言语标记语的效果，如"Obama forcefully declared""McCain repeatedly argued"分别表现了 Obama 对美国民众的呼吁和 McCain 的穷追不舍等等。这些修饰语的选择暗示了转述者的主观立场，也形象地再现了原话语，使新闻叙事更具有戏剧性和可读性。

　　以上分析表明，新闻转述者可以直接选择积极或消极的言语标记语来表明自己的主观立场，也可以选择表达不同语义方向的修饰语来间接表现自己的态度，使话语转述更具有冲突性和可读性，以潜移默化的方式影响读者的认知语境。

5.3.3　对元语用评述语的策略性使用

　　在语言使用过程中，说话者的交际意识起着显著作用，这就是一种有

---

　　①　第三场辩论中，McCain 指责 Obama 曾经反对"晚期堕胎禁令"，现在却抱以支持的态度。Obama 认为除了"母亲的健康"这一例外情况，他完全支持"晚期堕胎禁令"。

关语言使用的元语用意识（Verschueren，2000），即人们可以借助语言对某一言语行为或言语事件进行指称、描写、评价。这等同于 Henne（1975）所提出的元交际反身行为（冉永平，2005）。语言使用中存在的表现这种反身意识的结构或表达式就是"元语用结构或元语用指示语"（冉永平，2005），它们本身不是话语所传递的目标信息，而是一种明示或显性的语用指向，可作为施为用意、信息评述、信息重述等行为的标示语，体现说话者等交际主体的"元"语用意识；从话语理解等信息加工的角度来说，语用元语言现象的出现可向听话者等话语理解者提供明示的语用导向，以减少信息处理时所付出的认知努力（冉永平，2005：1）。Verschueren 也指出，在更长的语篇片段中，而且经常是在互为语境性的层面上，可以见到对前后的语言性语境或相关话语与话语束状况的明确评论（钱冠连、霍永寿，2003：226）。话语转述的元语用学关注的正是转述语境与被转述言语之间动态的相互关系（Volosinov，1986；Lucy，1993）。

在本小节中，我们主要分析在语篇中对转述语本身进行指称、描写、评价等的元语用评述语。这些评述性语言可能出现在转述语之后，指向已实施的某一言语行为类型或对该行为进行评述，构成前言评述；也可能出现在转述语之前，表示即将实施的言语行为或实施言语行为的某种方式，或表示将通过一定行为传递的信息，构成后言语评述（冉永平，2005：3）。本书的语料分析表明，围绕转述语的元语用评述语分别指向转述行为本身、转述命题内容以及语篇之外的话语，形成各种显性或隐性的评论。

首先来看对转述行为本身进行的指称或描述，请看下面例句：

（5－35）［此例为《纽约时报》转述第一场辩论中 McCain 对 Obama 就关于伊朗首脑会谈的话语转述。］

原话语：He said that there could be secretary-level and lower level meetings. Look，Dr. Kissinger did not say that he would approve of face-to-face meetings between the president of the United States and the president—and Ahmadinejad.

（*Debate* 1，2008－09－26）

转述语：Mr. McCain pushed back forcefully，saying he knew Mr. Kissinger well and insisting that Mr. Kissinger would not approve of "face-to-face meetings" between the president and Iranian President Mahmoud Ahmadinejad but lower level negotiations.

（*The New York Times*，2008－09－27，NT 109）

　　在辩论中，Obama 认为应该与伊朗总统进行会谈，而且共和党议员 Kissinger 也持相同的意见，对此，McCain 进行了有力的回击，说他很了解 Kissinger，他不会支持与伊朗总统的面对面会谈。《纽约时报》在转述 Mc-Cain 的话语时使用了中性言语标记语（saying），但在转述开始时使用了评价性的语言，对后面转述行为的性质进行了定位，McCain 的话语是对 Obama 的话语进行"有力的反击"（push back forcefully）。有些评述语直接表现转述者对转述命题内容的评价性态度，请看下面几例：

（5－36）［此例为《芝加哥太阳报》转述 Obama 就职演说中关于政府职责的话语，文章对 Obama 的话语进行了评价。］

原话语：For as much as government can do and must do, it is ultimately the faith and determination of the American people upon which this nation relies.

(Inaugural Speech, 2009－01－20)

转述语：<u>This was my favorite passage from Obama's speech</u>："For as much as government can do and must do, it is ultimately the faith and determination of the American people upon which this nation relies."

(Sun Times, 2009－01－21, ST 534)

（5－37）［此例为《纽约时报》在转述第一场辩论中 McCain 的一句话，并对其进行评论。文章说 McCain 的部分言论是对的，但部分言论是错的。］

原话语：Do you know that it's tripled in the last five years?

(Debate 1, 2008－09－26)

转述语：In addition, <u>Mr. McCain erred</u> when he said that earmarks have "tripled in the last five years."

(The New York Times, 2008－09－27, NT 109)

（5－38）［此例为《华盛顿邮报》转述 Obama 国会演讲中的一句话，文章对 Obama 的话语进行了负面的评价。］

原话语：It is time for America to lead again.

(Address to Congress, 2009－02－24)

转述语："It is time for America to lead again," he said, but <u>hasn't he said that before? How many times can he say "it's time" before it really is time</u>? The honeymoon might go on, but if

131

it turns out to be a case of too much talk and too little action, the great communal cry of national disappointment will be crushing, and cruel.

(*Washington Post*, 2009 – 02 – 25, WP 619)

以上三例中，转述者都对即将提供的转述语进行了评价。例（5 – 36）中，转述者直接表明了自己对后面的转述语在情感上的支持态度。在例（5 – 37）中，转述者直接评述了所转述话语在命题内容上的正确性。例（5 – 38）中的评述语位于转述语之后，转述者对前面的转述语进行公开的质疑，表示了对转述话语的否定态度。

除了对转述语进行直接评价，元语用评述语还通过指向一些语篇之外的背景信息，对转述语进行隐性的评价。请看下例中画线的部分：

(5 – 39) ［此例为《人民日报》对 Obama 就职演说中关于权力等的转述，之前文章转述了他对穆斯林的态度。］

原话语：They understood that our power alone cannot protect us, nor does it entitle us to do as we please.

(*Inaugural Speech*, 2009 – 01 – 20)

转述语："Our power alone cannot protect us, nor does it entitle us to do as we please," he said, with a hidden reference to the much – criticized unilateral policy pursued in particular in the first term of the Bush administration.

(*People's Daily*, 2009 – 01 – 20, EP 514)

例（5 – 39）中的评述语处于转述语之后，对前面转述的话语所涉及的背景信息进行解释说明。在就职演说中，Obama 谈到外交政策问题时，认为应该与其他国家有更多的合作，权力本身并不能保护我们，也不是让大家随心所欲的。《人民日报》在转述这句话时添加了一些解释性的话语，认为 Obama 的话语暗指 Bush 政府所追求的备受争议的单边政策（unilateral policy），从而折射出转述者对 Obama 话语的支持。

在论述新闻话语的对话性[①]时，辛斌、李曙光（2010：166）认为，如果新闻语篇包含越多的异质性声音，就显得越客观。在众多标记话语异质性的手段中，转述词语或结构是使用最多，也是最为主要的一个手段（辛斌、李曙光：2010：162）。消息因其报道的方式不同会产生不同程度的对话性，报道者如何转述他人的话语对新闻语篇的对话性会产生直接的影响（辛斌，2007）。李金凤（2008）认为新闻语篇中的对话性研究除了转述言语的形式、来源，报道者话语与转述言语的关系，还要考虑转述言语与转述言语之间的相互关系。本书的语料分析表明，新闻转述者常常通过转述语篇之外他人的话语与当前转述的话语之间形成各种不同的对话性关系，从而构成隐性的评价。两种话语之间的关系可以是相互支持，也可能是相互反对的，请看下面例句中画线部分：

（5－40）［此例《华尔街日报》在转述 Obama 就职演说中的一句话，文章对两位总统的演说进行了详细的比较。］

原话语：... we cannot help but believe that the old hatreds shall someday pass；that the lines of tribe shall soon dissolve...

（*Inaugural Speech*, 2009－01－20）

转述语：Both presidents proclaimed the universality of America's ideals：Just as Bush said that "every man and woman on this earth has rights, and dignity, and matchless value," so Obama asserts that "we cannot help but believe that the old hatreds shall someday pass；that the lines of tribe shall soon dissolve" —as they have in America, a nation that once enslaved blacks and has now inaugurated a black president.

（*Wall Street Journal*, 2009－01－20, WJ 560）

例（5－40）在措辞上属于字面型，在相似性上属于保真型转述，但转述者通过呈现前任总统 Bush 在就职演说中的相关话语，对 Obama 就职演说中的话语进行隐性的评价。文章在对两位总统的就职演说进行了比较之后，指出两位总统在就职演说中都强调美国理想的普遍性。转述者使用

---

① 对话性（dialogism）指话语或语篇中存在两个以上相互作用的声音，它们形成同意和反对、肯定和补充、问和答等关系（辛斌，1999：8）。对话性（dialogicality 或 dialogicity）是一个用于指称语篇特征的术语，根据对话理论这些特征是对话所具有的一些典型特征，也可以指更加宽泛的所有人类认知以及交际的某些特征（Linell，1998：8－10；辛斌，2010：155）。

了表示相同点的比较短语"just as... so"来说明两位总统之间在根本性的问题上观点是一致的，从而表达转述者对两位总统的一致性认识，也反驳了人们对 Bush 总统的质疑。在各家媒体争相称颂新任总统的情况下，《华尔街日报》的转策略述体现了其在政治立场上的中立性。

以下两个例句中所转述的他人话语与当前的转述语之间形成对比性关系，请看下面的例句：

(5-41) ［此例为《纽约时报》转述 Obama 就职演说中关于恐怖分子的态度，之前描述了 Obama 对穆斯林的合作态度。］

原话语：To those who cling to power through corruption and deceit and the silencing of dissent, know that you are on the wrong side of history, but that <u>we will extend a hand if you are willing to unclench your fist.</u>

(*Inaugural Speech*, 2009-01-20)

转述语：But <u>where Mr. Bush painted this as an epochal, almost biblical battle between America and those who hate us and "who hate freedom,"</u> Mr. Obama also offered to "extend a hand if you are willing to unclench your fist."

(*The New York Times*, 2009-01-20, NT 520)

(5-42) ［此例为《纽约时报》转述 Obama 就职演说中关于"政府"的看法，文章对 Obama 和其他总统进行了比较。］

原话语：The question we ask today is not whether our government is too big or too small but whether it works, whether it helps families find jobs at a decent wage, care they can afford, a retirement that is dignified. Where the answer is yes, we intend to move forward. Where the answer is no, programs will end.

(*Inaugural Speech*, 2009-01-20)

转述语：Mr. Obama also seemed to take issue with <u>Ronald Reagan, who declared</u> when he took office in 1981 that "government is not the solution to our problem; government is the prob-lem." <u>Mr. Clinton rebutted that in 1997, saying</u>, "government is not the problem and government is not the solution." <u>Mr. Obama offered a new formulation</u>: "The question we ask today is not whether our government is too

big or too small but whether it works，whether it helps fami-
lies find jobs at a decent wage，care they can afford，a
retirement that is dignified. Where the answer is yes，we in-
tend to move forward. Where the answer is no，programs
will end. ”

（*The New York Times*，2009 – 01 – 20，NT 523）

　　例（5 – 41）是《纽约时报》在转述新任总统 Obama 对于恐怖主义的
态度，文章在该转述语之前指出 Obama 愿意与其他国家保持合作的关系，
这与前任总统 Bush 的单边主义政策是不同的。在转述 Obama 的态度时，
《纽约时报》把 Bush 对于恐怖分子的态度与其并置，表现出两人对于恐怖
主义的不同态度。在谈到恐怖主义时，Obama 表示"如果你们愿意放下屠
刀，美国政府愿意伸出双手进行合作"。Bush 的话语是 2001 年 9 月 17 日
在五角大楼对记者所说的①，他认为这是为自由而进行的圣战。相比之下，
Obama 表现出了更多的合作主义和多边主义倾向。这与这篇社论的主要目
的是吻合的，该篇文章主要表现 Obama 就任与 Bush 的不同之处给美国人
民所带来的希望。例（5 – 42）则通过呈现了之前两位总统对"政府"的
看法来衬托 Obama 对"政府"的不同认识。Reagan 总统就职演说中认为
政府本身就是一个问题，而 Clinton 在就职演说中指出政府不是问题也不是
出路，Obama 则提出了一个全新的看法：政府要发挥作用。正如《纽约时
报》所言，Obama 在演说中似乎在跟他的前任总统进行虚拟的对话，从而
暗指 Obama 的就任预示着一个崭新的时代的到来。

　　元语用评述语主要用来指向转述行为自身、转述命题内容的评价以及
背景信息、相关转述语等，对当前的话语转述行为进行显性或隐性的评
价。对他人话语表示同意、反对、肯定以及否定其实是在表明对待他人话
语的态度，同时也表明了说话者对交际事件的参与程度（Martin，2003：
23；辛斌、李曙光，2010：164）。元语用评述语的使用把转述者的语言与
被转述的话语联系起来，正如 Verschueren 所说，这些手段使语篇文本化
（entextualize），即通过元语用语境化使语篇具有了文本状态，获得了一种
解释性参照框架（钱冠连、霍永寿，2003：227）。

---

　　①　Bush 的相关话语为："The focus right now is on Osama bin Laden，no question about it. He's
the prime suspect and his organization. But there are other terrorists in the world. There are people who hate
freedom. This is a fight for freedom. This is a fight to say to the freedom – loving people of the world："We
will not allow ourselves to be terrorized by somebody who think they can hit and hide in some cage
somewhere. ""（CNN，2001 – 9 – 17）.

　　以上分析表明，新闻转述者通过选择特定的转述言语标记语或修饰语对转述语构成局部评价性语言语境，通过选择元语用评述语对转述语构成较大的评价性语言语境，从而对转述语本身进行评价。这些手段的使用给读者提供了更为丰富和有趣的信息，同时也表达了转述者对原话语的主动性介入，充分体现了新闻转述者较高程度上的元语用意识。

5.4　小结

　　本章主要讨论新闻话语的各种转述策略，主要包括新闻转述在原话语事件选择方面的隐性策略和转述事件选择方面的显性策略。首先，新闻转述在原话语选择方面的策略包括对转述信息的策略性调控和语境信息的选择。转述信息的策略性调控包括对原话语信息类型的选择、对原话语信息状态的调整和对原话语信息量的调整。对原话语信息类型的选择包括概念信息和程序信息之间、显义和隐义之间的策略性选择。对原话语信息状态的调整包括对原话语信息的修饰（如弱化或强化）和对原话语信息重要性的调整（如从属信息主要化和预设信息断言化等）。对原话语信息量的调整包括信息的省略和信息的添加。对语境信息的选择包括对时间、地点以及参与者的策略性选择。其次，新闻转述者在转述表达过程中进行策略性的调控，主要涉及转述形式、转述言语标记语和元语用评述语的策略性使用。转述形式上的策略性调控包括转述中指示语和转述方式的策略性使用，表现了转述者对所转述话语的态度。转述言语标记语及其修饰语的选择和元语用评述语的使用也明确反映了转述者对所转述话语的倾向性。本书认为，无论是对原话语信息、语境成分的策略性调控，还是对转述形式、转述言语标记语与元语用评述语的选择都表现出新闻转述者较高程度上的元语用意识，唯一的区别就在于前者是隐性的，不易被读者发现；后者是显性的，可以给读者以各种暗示。各种转述策略的使用进一步说明新闻转述者对话语转述的调控和操纵，即便是与原话语具有高度相似性的转述语，也会在特定的语境下表现出对原说话者意图的偏离。在顺应各种语境因素的情况下，新闻转述者一方面迎合了读者的阅读期待，另一方面表达了自己的主观立场，以各种显性或隐性的方式影响读者的认知语境。

第六章

新闻转述行为的顺应性解读

6.1　引言

新闻话语与日常交际不同，属于机构话语，是"少数人对多数人的谈话"（Bell，1991：1），是信息从传播者向受众流动的单向的交际过程，交际范围是开放的，语境是复合的（段业辉等，2007）。新闻话语中的发话者或说话者不一定就是发话者话语信息的来源，有时候很难确定真正的信息来源，发话者以及所有的信源提供人代表了任何一次具体语言使用中所涉及的各种发话声音，这就是 Ducrot 所说的"多重发话现象"①（polyphony）（Verschueren，2000：78 – 82）。在转述新闻当事人的话语中，信息源——原说话者的身份特点可能会以更为微妙的方式影响传播者的话语。媒体一般会参照所预设的受众群来选择信息内容和语言表达形式。

参照顺应论对语境的描述，新闻转述行为所在的媒体语境可以指与话语转述相互顺应的一切因素或影响话语转述处理的一切因素，包括交际语境（由物理世界、社交世界、心理世界以及交际参与者构成）和语言语境。在语言顺应论的理论框架下，新闻转述行为是一种顺应性的语言使用行为，是新闻转述者为了实现特定的交际目的，在新闻语境的制约下做出的顺应性选择，包括话语转述方式、转述措辞、转述相似性以及转述策略等。首先，新闻记者在转述原话语事件时，在转述方式上会做出多样化的选择，不同种类的转述方式可能表现出不同程度的相似性。其次，新闻记者在转述原话语事件时，在转述措辞上会做出多样化的选择，不同的转述措辞表现出不同程度的相似性。最后，新闻转述行为的种种选择体现出了新闻媒体对于外显性转述的回避和利用策略。新闻转述行为的这些选择表现了新闻话语使用者在媒体语境制约下的灵活选择，表现出较高程度的意识突显。

6.2　新闻转述方式及其相似性选择的顺应性

在所收集的新闻转述方式中，直接转述最多，其次是间接转述和混合转述。从转述方式和转述相似性之间的关系来看，直接转述主要在语言意义上忠实于原话语，而间接转述却更多在语用意义上忠实于原话语，混合

---

　　①　主要的发话者通常会在话语中展示一些由嵌入发话者（embedded utterer）所产出的嵌入话语（embedded utterance），而每一位嵌入发话者又会用多种发话声音说话（Verschueren，2000：78 – 82）。

转述介于两者之间。三类转述方式中均有失真型转述，但主要分布在间接转述和混合转述中，似乎间接型转述和混合转述更容易偏离原话语。新闻转述方式的多样化选择及其与转述相似性之间的复杂关系可以参照新闻交际中的因素来理解。

6.2.1　新闻转述方式与新闻交际中的心理世界

新闻话语的传播者是言语交际的主动者，信息是由主动者掌握或由其加工制作并发出的，但传播者的言语行为往往会受其预设的受众群体的影响。新闻话语交际中的受众表现出广泛性、混杂性、分散性、隐匿性等特性。受众的外延不能确定，受众自身的主观因素——身份、地位、职业、受教育程度的概念更是模糊杂乱的（段业辉等，2007：104）。但受众并不是完全被动的，对传播者的信息传播行为具有一定的制约作用。传播者在编码前要预设受众群，根据受众的情况来编辑信息，以达到最佳的传播效果（段业辉等，2007：120 - 121）。

本次调查中数量较多的直接型话语转述方式及其在语言意义上的保真性体现了新闻转述者对新闻受众心理世界的顺应。心理世界涉及交际者的心理状态，包括个性、情感、观念、信仰、欲望、动机、意向等，最主要的是认知与情感。在新闻转述行为中，原说话者的认知与情感移情于读者的认知与情感。从本次语料涉及的话题来说，2008 年美国大选不仅是关系美国民众生活的盛事，对世界政治格局的变动也有着巨大的影响，吸引了全世界人们的关注。因此，全球各大媒体都把美国大选当作重点新闻进行全力报道。当代传媒的受众意识都非常强烈，各大媒体之间的竞争实质就是争夺受众，争夺市场占有率（胡曙中，2007）。直接话语的大量使用有助于满足受众在接受信息过程中的各种心理需求，吸引更多的受众。新闻记者通常在叙述情节进展的话语中尽量追求一种客观的、模仿的效果，即采用一种不露声色的叙述来造成一种事件自己叙述的效果，也就是戏剧化的"展示"，而竭力淡化作者在"讲述"的印象（曾庆香，2005：125）。直接话语能产生戏剧化效果（Li，1986；Fairclough，1995），具有分离性和直接体验性的效果（Clark & Gerrig，1990），其引号能够产生音响效果（申丹，1991）。直接话语具有直接性和生动性，具有强调作用，能使被转述的话语更加引人注意（辛斌、李曙光，2010），因为"读者喜欢听他们（人物）说话"（Mencher，2012：289），也更进一步增强新闻的娱乐效果[①]。请看下例：

[①]　请参看本书第七章对娱乐新闻转述的讨论。

（6-1）［此例为《纽约时报》对第二场辩论中两位竞选对手之间就经济危机问题的相互争论的转述。］

原话语：McCain：But you know, they're the ones that, with the encouragement of Senator Obama and his cronies and his friends in Washington, that went out and made all these risky loans, gave them to people that could never afford to pay back... But Fannie and Freddie were the catalysts, the match that started this forest fire. There were some of us—there were some of us that stood up against it. There were others who took a hike.

Obama：... Now, I've got to correct a little bit of Senator McCain's history, not surprisingly. Let's, first of all, understand that the biggest problem in this whole process was the deregulation of the financial system. Senator McCain, as recently as March, bragged about the fact that he is a deregulator.

(Debate 2, 2008-10-07)

转述语：Mr. McCain sought to blame Mr. Obama for the crisis in the Fannie Mae and Freddie Mac housing agencies, saying that Mr. Obama "and his cronies" had failed to speak out when the organizations began making the risky loans that he argued were at the heart of the financial crisis. "Fannie and Freddie were the catalyst, the match that started this forest fire," he said. "There were some who stood up against it. There were others who took a hike." Mr. Obama nodded disapprovingly. "Now, I've got to correct a little bit of Senator McCain's history, not surprisingly," he said "Let's, first of all, understand that the biggest problem in this whole process was the deregulation of the financial system. "Senator McCain, as recently as March, bragged about the fact that he is a deregulator."

(The New York Times, 2008-10-08, NT 211)

《纽约时报》对两位竞选对手在第二场辩论中讨论的焦点问题进行了转述，此处是文章在转述两位竞选对手在回答一位听众关于经济援助计划的疑问。McCain 指责 Obama 是 Fannie 和 Freddie 两大财团的受益者，而这两大财团恰恰是点燃经济危机大火的催化剂。对此，Obama 先就选民的问题进行了回答，然后对 McCain 的指责进行回应，指出当前危机的最大问题是财政体制的削弱，而 McCain 坚持削弱财政体制。在转述两位竞选对手的对抗性话语时，媒体经常会从双方的话语中挑选最具有冲突性的话语，使用直接话语将其并置起来，在书面语篇中重现原始辩论的激烈，给读者制造现场感，使枯燥、冗长的政治新闻变成紧凑有趣、跌宕起伏的新闻故事。

在直接型话语转述中，自由直接话语是叙述程度干预最轻的一种，能使作者自由地表达人物话语的内涵、风格和语气，使读者在没有任何准备的情况下，直接接触人物的原话（申丹，1991），进一步强化新闻语篇的对话性①。由于删除了引号或者转述小句，在转述多个人物之间的对话时容易造成读者理解上的障碍，因而在新闻报道中数量较少，仅有 60 例（7.69%）。请看下例中画线的部分：

（6-2）［此例为《纽约时报》对第一场辩论中 Obama 就巴基斯坦问题对 McCain 的反驳。］

原话语：Nobody called for the invasion of Pakistan. Senator McCain continues to repeat this. What I said was the same thing that the audience here today heard me say, which is, <u>if Pakistan is unable or unwilling to hunt down bin Laden and take him out, then we should</u>.

（*Debate* 2, 2008-10-07）

转述语：Mr. Obama says that nobody is talking about invading Pakistan. <u>If Pakistan is unable or unwilling to hunt down bin laden, we should do it</u>, he says.

（*The New York Times*, 2008-10-08, NT 212）

例（6-2）是《纽约时报》转述第二场辩论中 Obama 对 McCain 指责的反驳。当 McCain 指责 Obama 要攻击巴基斯坦是"说大话"时，文章使用了间接话语先来说明 Obama 的反驳：没有人说要攻击巴基斯坦。然后，文章使用了省略引号的自由直接话语来转述 Obama 对此事的进一步解释，

---

①　对话性（dialogicity）在这里主要是指语篇中出现的除了作者的声音之外，还有他者的声音。辛斌、李曙光（2010）认为，语篇的对话性越强，其客观性就越强，但实际情况可能较为复杂。

似乎让读者进入了人物的内心世界，不需要转述者的引领，而直接听到了 Obama 的话语。

新闻转述者在转述时要顺应其自身的认知能力和情感态度，更需要对目标受众的心理世界进行预测和评估。直接转述的大量使用及其在语义上与原话语较高的相似体现了新闻转述者为了满足新闻受众对信息的直接、客观等心理需求所进行的顺应性选择。但需要指出的是，直接转述的直接性和生动性通常是在与其他转述方式的对比中得以突显，如直接话语和间接话语可以形成对话中的"明暗度"（申丹，1991），直接话语的效果取决于上下文中其他转述方式的选择。此外，多数直接转述在转述内容上的较高相似性充分印证了人们对直接话语的理解，然而，少量的失真型转述却暗示了直接话语的隐蔽性和误导性。新媒体时代的新闻受众已经开始反被动为主动，通过各种渠道对新闻话语进行质疑和评论，对新闻话语的真实性将提出更高的要求。

6.2.2　新闻转述方式与新闻交际中的社交世界

社交世界涉及交际双方的社会距离、权势等因素，大多数社会因素与社会场合或机构相关。研究发现记者和读者的关系正在从对立走向同一（黄莹，2006），但新闻转述仍体现出较强的机构制约性，只有记者才具有机构界定的权力成为具有特定知识的"许可发话者"，读者只能通过阅读新闻话语来获取信息，在多数情况下无法直接接触原话语，在信息结构上处于不对等的地位。本次语料中混合转述和间接转述的大量使用体现了新闻转述者对新闻交际语境中社交世界的顺应。社交世界涉及新闻话语交际双方之间的社会关系，同样，转述者与读者之间的关系要远比转述者与原说话者之间的关系更为重要。当今社会，无论是西方媒体还是中国媒体，都非常重视受众意识，为了吸引受众眼球，各大媒体非常注重受众调查的研究，以改善和提高自己的服务质量。随着媒介话语权的更迭，媒介与受众之间的关系已经从过去的对抗逐步变为和谐①。现代大众传播媒体的主要角色是充当公共领域和私人领域的媒介，把官方的观点转化为大众语言，以便这些观点能被公众广泛而自然地接受（Fairclough，1995b：61；辛斌，李曙光，2010：123），因而间接转述成为一种重要的转述方式。新

---

① 有的媒体竭尽全力追逐受众的喜好甚至迎合受众的低俗要求，必然导致整个媒体向娱乐化的方向发展，新闻娱乐化就是典型的代表（胡曙中，2007：153）。

闻转述人可能不是话语的责任者①，但至少还是实施者，有时可能是创作者，或冒充创作者。作为媒介者，媒介需要在报道里掺杂自己的观点，但又需要表现出忠诚（Fairclough，1995b：62），混合转述则给报道者在话语转述过程中平衡自己的多重角色提供了较为经济而有效的一种手段。请看下例：

（6－3）［此例为《纽约时报》在转述第一场辩论中两位竞选对手关于与伊朗首脑会谈的争论。］

原话语：a. By the way, my friend, Dr. Kissinger, who's been my friend for 35 years...

b. He said that there could be secretary – level and <u>lower level meetings</u>.

c. Look, Dr. Kissinger did not say that he would approve of face-to- face meetings between the president of the United States and the president—and Ahmadinejad.

（*Debate* 1，2008 – 09 – 26）

转述语："Senator McCain mentioned Henry Kissinger, who is one of his advisers, who along with five recent secretaries just said that we should meet with Iran, guess what, without preconditions," said Mr. Obama. "This is one of your own advisers."

a. Mr. McCain pushed back forcefully, saying he knew Mr. Kissinger well, and...

b. <u>insisting that Mr. Kissinger would not approve of "face to-face meetings" between the president and Iranian President Mahmoud Ahmadinejad but lower level negotiations</u> .

（*The New York Times*，2008 – 09 – 27，NT 109）

当谈到与伊朗首脑会谈的问题时，Obama 列举共和党的顾问 Kissinger 的意见来支持自己的看法，文章用直接话语对 Obama 的辩论进行了较为完整的转述，对 McCain 的反驳性话语使用了间接话语和混合型话语。例（6－3）转述语中的 a 句为间接话语，是对原话语中的 a 句所进行的释义性

---

①　实施者（animator）负责话语的声音产出，创作者（author）负责语言表达式，责任者（principal）承担话语产生的社会意义及其影响（Goffman，1981）。

转述，较为直接和简练。转述语中的 b 为混合转述，引号所标记的部分为原话语中的准确措辞，整个句子的结构则是转述者在原话语 b 和 c 的基础上进行了一定的重组，结构更为简练，主旨也更加明确，充分体现了转述者在话语转述过程中的介入。

无论是间接转述还是混合转述都充分体现了新闻转述者在新闻语境中的媒介者角色，间接转述是当今新闻报道中的一种趋势，"这是由现代大众媒体的社会功能所决定的"（辛斌，2007：42）。而混合转述则体现了新闻记者为了平衡自己的多重角色，在同时追求客观性和介入性的情况下所选择的一种折中的语法形式。但需要注意的是，介入程度较高必然会造成一定的失真现象，这也是失真型转述在间接转述和混合转述中比例较高的原因之一。

6.2.3　新闻转述方式与新闻交际中的物理世界

新闻传播活动的受众不仅与传播者分离，而且彼此之间相互分离，从而导致了传播者和受众在时间和地点的分离（Bell，1991：85－86）。段业辉等（2007）指出新闻语境的场景是虚拟的复合语境，包括大众传播语境和人际传播语境。报纸媒介的文字传播形式会延长解码过程，增加解码难度，所以报纸传播活动经常采取对话体，模仿人际传播活动形式（段业辉等，2007：102－107），这从报纸自身的物理语境解释了直接转述方式频率较高的原因。

在物理世界中，时间和空间因素对语言选择具有重要的影响，转述者、原说话者和读者在时空上具有分裂性，转述者对原话语的滞后转述、读者对新闻话语（尤其是报纸新闻）的滞后阅读都使新闻转述与其他交际表现出不同的特点，而空间上的距离也会影响转述者的语言选择。本次调查中数量不少的间接转述和混合转述中的间接话语成分体现了新闻转述者对新闻交际中物理世界的顺应。新闻报道篇幅有限，而且往往时间紧迫，这些都要求新闻记者能够在较短的时间和有限的篇幅内对特定的话语事件进行有效的报道。Bell（1991：209）认为直接话语是新闻故事的例外而不是规则，新闻记者在多数时候把消息源所说的话转换成间接话语。把新闻采访变成故事是记者的核心技巧，间接话语使记者将采访中零散的信息和措辞综合起来，以便控制故事讲述的节奏。间接话语允许转述者介入他人的话语，为转述者提供了总结他人话语的机会，具有一定的节俭性，可以加快叙事速度。直接话语的引号、第一人称和现在时都会打断叙事流，而人称、时态跟叙述语完全一致的间接话语能使叙述流顺畅地发展，而间接话语中的"言语行为的叙述性转述"把人物的话语变成言语行为来转述，具有高度节俭的作用（申丹，1991）。请看下面例句：

（6-4）［此例为《中国日报》在转述第一场辩论中两位竞选对手关于政府开支的争论，此处为 Obama 的观点。］

　　转述语①：a. Obama said the problem with that was that some programs needed more money.

　　　　　　b. He mentioned early childhood education as an example.

　　　　　　c. Moderator Jim Lehrer's opening question concerned the economic crisis.

　　　　　　d. While neither man committed to supporting bailout legislation taking shape in Congress, they readily agreed lawmakers must take action to prevent millions of Americans from losing their jobs and their homes.

　　　　　　e. Both also said they were pleased that lawmakers in both parties were negotiating on a compromise.

（*China Daily*，2008 - 09 - 27，CD 103）

　　上例是《中国日报》转述第一场辩论中两位竞选对手争论的一段话，a、b、c、d、e 五例话语转述，均为间接话语。间接话语的连续使用加快了叙事速度，同时，间接话语对原话语进行了高度的总结，大大节约了报纸的篇幅。上例转述语中的 a 句是对原话语的含义性总结，b 句是对原话语言行为的转述，d 句和 e 句则是对辩论中两个人话语的高度总结。间接话语的节俭作用体现了书面语篇这一叙述形式的优势②。

　　间接转述为新闻记者操纵原话语提供了较为便捷的语法形式，部分间接话语在转述功能上的弱化，也进一步加快了叙事速度，但前提是要满足读者理解的要求。自由间接话语在删除转述小句后，具有较强的独立性和自主性，但由于在语法上缺少转述标记，往往令读者难以区分转述者和被转述者的话语，因而在新闻语篇中的数量较少。同样，由于篇幅有限而导致的大量间接话语的使用给转述者对原话语的介入提供了方便，而介入较多便不可避免出现转述失真现象。

----

　　①　由于该例涉及的原话语篇幅较长，考虑本研究的篇幅限制，暂时省略。对该段话语的对比分析具体请参看其他章节，如第三章例（3-45）和第五章例（5-5）的分析。

　　②　申丹（1991：18）指出，在电影和戏剧中难以实现"言语行为的叙述性转述"所体现的节俭性，小说具有这一叙述形式的优势。

以上分析表明，新闻转述方式的选择及其对转述相似性的影响充分体现了话语转述对以读者为中心的新闻交际语境的常规性顺应，同时也体现了新闻转述者在选择过程中的主观能动性。值得注意的是，新闻转述行为对不同语境因素的顺应有时是矛盾的或冲突的，如通过使用间接转述或混合转述对原话语的介入（心理语境的一部分）可能会与对新闻基本规范，如真实性（社会语境的一部分）的顺应发生冲突。

6.3 新闻转述措辞及其相似性选择的顺应性

新闻转述措辞的选择及其在相似性上的特点体现了新闻转述者对新闻交际语境的顺应。在转述过程中，转述者作为整个活动的主体总是面临着语言选择的问题，除了在转述方式及其相似性的选择，还表现出措辞及其相似性的选择。与转述方式相比，转述者对措辞的选择更加能够体现出转述者作为整个活动主体的主观能动性。这些措辞的选择总是在顺应交际语境的情况下进行的，下面我们将详细讨论转述者如何在顺应新闻交际语境中的心理世界、社交世界和物理世界的情况下进行措辞的选择。

6.3.1 转述措辞的选择与新闻交际中的心理世界

新闻转述措辞的选择体现了转述者对新闻交际中受众群体认知和情感世界的积极顺应。在新闻话语交际中，转述行为需要尊重原说话者（本次语料的说话者为总统候选人）的话语权，因而在措辞上的主要选择为字面型转述。同时，为了减轻读者的阅读负担，转述者总是尽量遵循报纸的规约，省略掉原话语中一些重复的地方，修正原话语的语法错误，使读者在较少的时间内获取较多的有效信息，这就是受众接受信息过程中的"易感知"心理[①]。实际上，绝对意义上的保留原措辞性的转述是不大可能的，也没有必要，除非是原始视频能再现原话语的语音、语调等信息，措辞的绝对精确并非总是有利于读者的理解。新闻传播者充分考虑了这一因素，字面型转述中能表达原意的较为正式的句子就体现了转述者考虑读者认知需求所做出的积极努力。请看下例：

---

① 受众的接受心理，通常是由"易感知"心理发展为"喜感知"心理，进而上升为"欲求知"心理的过程。易感知心理指受众期盼能够通过感官较为容易地接受修辞信息的心理（胡曙中，2007：147）。

（6－5）［此例为《中国日报》在转述第二场辩论中 McCain 关于医疗、能源和福利三大问题的态度。］

原话语：My friends，we are not going to be able to provide the same benefit for present-day workers that <u>we are going</u>—that present-day retirees have today. We're going to have to sit down across the table，Republican and Democrat，as we did in 1983 between Ronald Reagan and Tip O'Neill.

（Debate 2，2008 – 10 – 07）

转述语：McCain also said it was important to reform the giant benefit programs such as Medicare，Medicaid and Social Security. <u>"My friends，we are not going to be able to provide the same benefit for present-day workers that present-day retirees have today，"</u> he said，although he did not elaborate.

（China Daily，2008 – 10 – 08，CD 204）

对比原话语和转述语，可以发现原话语中第一个 "we are going" 在转述语中并没有再现。在辩论中，McCain 在回答关于医疗、能源和福利三大问题的优先举措时，谈到了对福利政策的改革。该例转述语的原话语涉及 McCain 谈到的两句话：我们无法给今天的劳动者提供同样的待遇，我们（共和党和民主党）将不得不坐下来（商谈）。McCain 似乎担心第一句话意义不明，所以在开始第二句话（we are going）之后又对原话语进行了补充，添加了定语成分 "present-day retirees have today"。对于读者来说，原话语中的 "we are going" 对于读者理解原话语来说没有帮助，反而有干扰作用，因而在转述语中被省略。

也有一些字面型转述保留了原话语中的重复和停顿，生动地再现了原话语的韵律特征，同时也暗含了转述者对原话语的态度，具体可以参看第四章例（4－1）和例（4－2）的分析。字面型转述通常都会忠实于原话语，但当消息源发生失误或者省略了话语中的主要信息，往往也造成转述的失真。在第四章例（4－18）和例（4－19）中，消息源的失误使话语转述的效力发生了变化，一个小女孩的话语和美国总统 Obama 的话语相比，当然是后者的语用效力更大，这种以高权势者替代低权势者作为消息源在一些社会新闻中更是常见。在第四章例（4－20）中，原话语主要信息的省略使转述目的发生了微妙的变化。字面型转述也常常会误导读者，措辞的精确常常会使读者误以为意义的准确，以更隐蔽的方式传递转述者的主观意图。

6.3.2 转述措辞的选择与新闻交际中的社交世界

新闻转述措辞的选择体现了转述者对新闻交际中的社交世界的顺应。新闻媒体是交际活动中的主动者，总是拥有获取第一手资料的优先权，然而，网络可以为受众提供各种信息源，从而也对新闻转述的准确性造成了一定的压力。因而，新闻转述措辞的选择大多数为字面型，在真实性上大多数为保真型。同时，在市场经济的影响下，西方传媒的受众意识非常强烈，而中国传媒与受众之间的关系也经历了从"以传者为中心"到"以受者为中心"的转变（胡曙中，2007：148－151）。因此，字面型转述也体现了转述者为博取读者注意力而进行的积极努力。作为消费者的受众在新闻交际中处于非常重要的地位，博取受众的注意力是新闻媒体必须要考虑的一个方面，即便是总统的话语也会成为媒体调侃的对象，成为报道的内容。请看下例：

（6－6）［文章在描述美国总统在宣誓就职时出了点差错，此处为转述 Obama 在宣读誓词所出现的口误。］

原话语：... I will execute the office of president of the United States faithfully.

（*Constitutional Oath*，2009－01－20）

转述语：Instead of swearing that he "will faithfully execute the office of president of the United States," Mr. Obama swore that he "will execute the office of president of the United States faithfully."

（*The New York Times*，2009－01－20，NT 523）

美国总统在就职宣誓中出现了失误，《纽约时报》在转述时做到了刻意的精确，指出总统在宣誓时把一个单词"faithfully"的位置从句首移到了句尾。在普通的新闻报道中，某一个单词的位置错位可能并没有这么重要，但在总统就职宣誓这样神圣的场合中，一词之差可能就会引起民众的强烈反应。媒体及时地抓住了这一新闻进行报道，吸引了读者的注意力。

另外，新闻转述者在新闻传播中充分发挥他们的媒介者角色（Fairclough，1995），对原话语的措辞进行操纵和控制，从而对受众的认知世界产生影响。转述措辞中大量的局部字面型转述，尤其是重述型转述，充分体现了转述者对原话语的直接控制。请看下例：

（6－7）［此例为《中国日报》在转述第一场辩论中两位竞选对手关于
　　　　　经济危机的讨论。］

原话语：Obama：And, number four, we've got to make sure that
　　　　　we're helping homeowners, because the root problem here
　　　　　has to do with the foreclosures that are taking place all
　　　　　across the country.

　　　　　McCain：We're talking about failures on Main Street, and
　　　　　people who will lose their jobs, and their credits, and their
　　　　　homes, if we don't fix the greatest fiscal crisis...

（*Debate* 1, 2008 – 09 – 26）

转述语：While neither man committed to supporting bailout legislation
　　　　　taking shape in Congress, they readily agreed lawmakers
　　　　　must take action to prevent millions of Americans from losing
　　　　　their jobs and their homes.

（*China Daily*, 2008 – 09 – 27, CD 103）

上例中的转述语是对原话语中两位竞选对手所说的话语进行的高度总结和概括。在辩论中，Obama 提出要帮助购房者，McCain 认为，不解决危机人们就会失去工作、信誉和家园。两位竞选人都没有直接说"立法者不必需采取措施……"，转述语显然是糅合了转述者自己的理解和语言表达方式。

信息时代的受众在新闻交际中处于重要的地位，他们可以通过网络对所传播的信息进行核实和反馈，使得传播过程朝着更加符合公众需要和愿望的方向发展。新闻转述的措辞选择必然要顺应双方之间的社会关系变化。与此同时，转述者依然在新闻交际中充分发挥其媒介者角色，重述型转述便是转述者在措辞选择上的一种高度自由。正如 Fairclough 所言，新闻报道者往往承担了多重角色，如媒介者、创作者和实施者，局部字面型转述反映了转述者在措辞上的一种折中选择。

6.3.3　转述措辞的选择与新闻交际中的物理世界

新闻转述措辞的选择体现了转述者对新闻交际中物理世界的顺应。物理世界的两大因素是时间和空间。新闻话语总是转述过去所说的话语，通常要求报道者在较短的时间内发出新闻，时间的滞后和紧迫往往会影响转述措辞的选择。在信息时代，新闻报道者都会携带录音或摄像工具，事后可以参照，从而能够在措辞上达到高度的准确性。同时，一些重要的新闻事件都可以在网络上找到原始视频，这就使新闻转述者必须实现较高程度的准确性和真实性。但由于原话语为口语体，将其转述为书面语总难免会有一些改变或失误发生。在本书的一些语料中，有不少的失真型转述就体现在个别数据的错误或者由于读音相似而造成的转述失误。

新闻交际中物理世界中的另一个重要因素是空间，空间的影响在本书中主要体现为报纸的篇幅限制。有限的篇幅无疑会对新闻转述的措辞选择产生巨大的影响，迫使转述者尽量选取较为重要的信息进行报道，就特定的信息而言，尽量对原话语进行高度概括和总结，本书语料中的重述型转述便充分体现了新闻话语在措辞上的节俭，如例（6－7）用概括性的语言总结两个人的话语，大大节约了篇幅。同样，转述者对措辞的重述型选择也有一定的风险，语言表达的自由必然会影响信息的真实性。请看下例：

（6－8）［此例为《纽约每日新闻》在转述第三场辩论中 Obama 的一句话。文章在介绍两位竞选对手关于双方在广告中的诋毁性话语时，转述了 McCain 对 Obama 的指责，此处为 Obama 的解释。］

原话语：I do think that he inappropriately drew a comparison between what was happening there and what had happened during the civil rights movement, and we immediately put out a statement saying that we don't think that comparison is appropriate.

（*Deate* 3，2008－10－15）

转述语：Obama said Lewis' comparison was wrong.

（*New York Daily News*，2008－10－16，CD 319）

从措辞上来看，上例中的原话语有 39 个单词，转述语仅有 4 个单词，非常简练。从真实性上来看，将 Obama 所说的"不合适地"（inappropriately）转述为"错误"（wrong）显然是对原话语在真实性上的偏离。

以上分析表明，新闻转述措辞的选择是转述者顺应新闻交际各种语境因素的选择。在新闻话语交际中，转述者需要考虑读者对新闻话语客观性的心理需求和认知加工能力，选择大多忠实于原话语的、剔除了原话语中重复、修正或语法错误的字面型转述。同时，新闻转述者与读者之间的关系，以及双方在交际过程中的角色等都会影响转述措辞的选择。转述者的媒介者角色决定了其选择要满足读者的期望，同时隐含转述者所代表的媒体立场，因而出现了不少重述型转述和局部字面型转述。此外，新闻交际在时间上的滞后和紧迫、空间上的篇幅限制同样制约着新闻转述措辞的选择。数量不少的重述型转述和局部字面型转述以较少的篇幅对原话语的信息进行概括性的转述，体现了转述者在转述过程中对物理世界的顺应。需要说明的是，新闻转述对语境因素的顺应有时是矛盾或冲突的，如对重述型转述的选择（心理语境的一部分）与对报纸的有限篇幅（物理语境的一部分）的顺应相一致，但常常与对新闻基本规范，如真实性（社会语境的一部分）的顺应产生矛盾。

6.4　新闻转述策略调控的顺应性

新闻转述策略则是新闻记者或评论员转述新闻当事人话语的有效方式。交际就是一个解决问题的过程："如果我（交际者）想在听话者的意识中引发这样或那样的结果，那么，使用语言来实现这一目的的最好方式是什么？"（Leech，1983：前言）。转述他人话语有许多策略，如语码转换就可以使转述的信息清楚地识别出来（Gumperz，1982：76）。此外，引号和冒号也有类似的功能，非常醒目地提示话语的转述性。新闻转述者可以选择特定的转述结构，也可以选择转述策略。

新闻话语交际语境中涉及的转述者、原说话者和受众构成了新闻转述行为的主要参与者。一般情况下，对新闻话语的研究主要关注新闻记者和受众之间的交际，默认新闻记者的视线与原说话者的视线是重叠的。在新闻转述行为中，转述者处于核心地位，原说话者和受众均处于隐性的地位，在理解和转述他人话语时，新闻记者与原说话者的视域有重叠的地方，但也有错位的地方。同样，在向受众群转述他人的话语时，新闻记者与受众的视域有重叠的地方，也有错位的地方。新闻转述策略的选择受制于新闻转述交际所涉及的众多参与者（转述者、原说话者和受众），以及由参与者及其所在的世界共同建构的交际语境。

6.4.1　转述策略与新闻交际中的心理世界

新闻转述者在理解原话语时需要考虑原说话者的心理世界，在具体转述时不仅要顺应记者自身的认知能力和情感态度，更需要对目标受众的心理世界进行预测和评估。新闻转述中对原话语信息中程序意义的突显、隐含意义的总结、对原信息的弱化或强化、预设信息的前景化、信息量的添加等，都充分体现了转述者对原话语信息的策略性调控，一方面顺应了转述者对原话语的认知和加工，另一方面顺应了受众对特定信息的需求目的，以最精简的方式呈现出转述者认为读者最需要的信息。

(6-9) [此例中的原话语为 Obama 在第二场辩论中针对 McCain 的指责所进行的回应，《纽约时报》和《卫报》进行了不同的转述。]

原话语：There are some things I don't understand. I don't understand how we ended up invading a country that had nothing to do with 9/11... That was Senator McCain's judgment and it was the wrong judgment. When Senator McCain was cheerleading the president to go into Iraq, he suggested it was going to be quick and easy. we'd be greeted as liberators. That was the wrong judgment, and it's been costly to us. So one of the difficulties with Iraq is that...

(*Debate* 2, 2008 - 10 - 07)

转述语：And when Mr. McCain was "cheerleading" Mr. Bush to invade Iraq, saying it would be quick and easy. "That was the wrong judgment," he says. The war has put an enormous strain on the troops and on our budget, Mr. Obama says...

(*The New York Times*, 2008 - 10 - 7, NT 212)

转述语：Obama, in what appeared to be a well - rehearsed line, also took up McCain's frequent put - down from the first debate in which the Republican candidate accused his rival of "not understanding". Obama replied that he understood well enough it had beena mistake to invade Iraq.

(*The Guardian*, 2008 - 10 - 07, GD 209)

在原辩论中，双方就伊拉克问题展开了激烈的辩论。Obama 结合对方多次提到的"not understand"进行了回应，并给出了一系列数据来说明入侵伊拉克是错误的。《纽约时报》在转述时直接给出了 Obama 的原话：那是个错误的判断，随后以间接话语的方式给出了 Obama 入侵伊拉克所需费用的分析。《卫报》则以最简短的篇幅总结了 Obama 的看法：他非常清楚入侵伊拉克是个错误。两份报纸在转述同样话语的选择上体现了他们对受众知识的预测和评估。《纽约时报》选择了 Obama 的部分原话进行直接转述，其他部分给以间接转述，满足了需要了解更多信息的（美国）读者；《卫报》则以较为简练的方式给出了转述者对原话语的总结性理解，在有限的篇幅内，向（英国）读者提供了最有效的信息，大大减少了读者的认知努力。

此例中《卫报》的转述策略可以看成是对合作原则在量上的违反。除了对原话语信息的概括性总结，转述者也会在转述过程中添加信息，如添加说话者的身份或与话语相关的背景信息。在转述美国大选时，国外媒体，如《卫报》和《中国日报》在转述相关话语时都添加了不少的背景信息，以填补国外读者所缺少的相关语境信息。此外，在转述过程中对原话语信息的弱化或强化、利用预设将信息结构进行重新组织、利用标记转述者立场的言语标记语都可以用来影响读者的认知语境。

6.4.2　转述策略与新闻交际中的社交世界

新闻交际中的社交语境涉及转述者与原说话者、读者之间的相互关系。对美国总统大选的新闻报道离不开媒体与原说话者及其所代表的党派之间的关系，Obama 在 2008 年美国大选中赢得了大多数美国媒体的支持，连一向声称支持共和党人的《芝加哥论坛报》和《洛杉矶时报》都公开声明支持 Obama（沈国麟，2009），但也有些报纸如《纽约邮报》支持共和党候选人 McCain。此外，媒体与受众之间的关系也对新闻话语本身产生巨大的影响，为了吸引广大读者，媒体会以各种方式将大选辩论生动形象地展示给读者。下面是我们对《纽约时报》和《纽约邮报》关于同一段话语的转述进行比较。

（6－10）［原话语为第三次辩论中，McCain 对 Obama 多次提到他支持 Bush 政策的回应。《纽约时报》和《纽约邮报》进行了不同的转述。］

原话语：McCain：Yes. <u>Senator Obama, I am not President Bush. If you wanted to run against President Bush, you should have run four years ago.</u> I'm going to give a new direction to this economy in this country.

（*Debate* 3，2008－10－15）

转述语：... in response to Mr. Obama's statement that Mr. McCain had repeatedly supported Mr. Bush's economic policies, Mr. McCain fairly leaped out of his chair to say："Senator Obama, I am not President Bush. If you wanted to run against President Bush, you should have run four years ago." Acknowledging Mr. McCain had his differences with Mr. Bush, Mr. Obama replied, "The fact of the matter is that if I occasionally mistake your policies for George Bush's policies, it's because..."

(*The New York times*, 2008 – 10 – 16, NT 312)

转述语：... Obama played defense most of the night, smiling frequently and never losing his cool. McCain chafed at Obama's repeated efforts to link him to President Bush. "Senator Obama, I am not President Bush," the GOP candidate said at one point. "If you wanted to run against President Bush, you should have run four years ago."

(*The New York Post*, 2008 – 10 – 16, NP 311)

在辩论中，Obama 多次指出 McCain 一贯支持布什的经济决策，McCain 非常生气，给出了相应的回击：我不是布什，如果你要跟布什总统竞选的话，你应该参加四年前的竞选。从表面上来看，《纽约时报》和《纽约邮报》的转述没有很大的差别。但《纽约时报》在转述完 McCain 的这句话之后，提供了奥巴马的进一步反击，以论证 McCain 在很多方面是 Bush 的支持者。《纽约邮报》则以 McCain 的回答为整篇文章的结尾，似乎在回应文章的标题：McCain 的最后回击。媒体在选择哪些话语、省略哪些话语、如何组织转述语之间的关系等都与媒体的立场有着重要的关联。此外，媒体也会操纵不同的转述方式，对不同人物的话语进行不同的前景化或后景化：使用直接话语转述主要一方的话语，间接话语转述次要一方的话语；将次要一方的话语作为预设，用从句的方式嵌入复杂句中从属部分；直接使用表达转述者立场的言语标记语或元语用评述语表达媒体与新闻当事人之间的社会关系，暗含其倾向性。

在转述原话语时，媒体会顺应当前的社会语境，选择相应的转述策略。《纽约时报》在转述两位候选人话语时，对双方的年龄、相貌、动作、行为都进行了生动的描述。在转述奥巴马就职演说时，媒体都会把热情民众作为原话语的直接参与者进行描述；在转述 McCain 的落败演说时，则描述了失望的支持者［请参照第五章例（5 – 21）和例（5 – 22）］。《中国日报》在转述奥巴马就职演说时，将演说所发生的全球语境中的间接听众进行了描述：厌倦了美国单边政策的其他国家的人们［请参照第五章例（5 – 24）］。

6.4.3　转述策略与新闻交际中的物理世界

新闻转述中的物理语境涉及原话语与转述语的时空交错。一般来说，转述发生在过去的话语事件时，媒体会参照此时此刻为指示中心，使用过去时、"那"等远指指示词；受制于纸质版面的束缚，媒体也常常会压缩篇幅，减少话语信息量，对原话语进行总结性转述。但新闻媒体也常常会利用特定的物理语境，比如，间接话语中的从句部分使用近指指示语、现在时等，突显新闻报道的即时性。请看下例：

（6-11）〔在第一场辩论中，Obama 就 McCain 对伊拉克战争发表评论。此处为《纽约时报》的转述。〕

原话语：John, you like to pretend like the war started <u>in 2007</u>. You talk about the surge. The war started in 2003.

（Debate 1，2008-09-26）

转述语：... Obama, in a well-rehearsed passage, said <u>McCain behaved as if the war in Iraq had begun only last year-instead of 2003</u>.

（The Guardian，2008-09-27，GD 104）

（6-12）〔在第二场辩论中，McCain 强调他比 Obama 有经验，谈到他对美国奉献了他的一生。《纽约时报》对此进行了转述。〕

原话语：So what I don't know is what the unexpected will be. <u>But I have spent my whole life serving this country</u>...

（Debate 2，2008-10-08）

转述语：Still, Mr. McCain said, <u>he has spent his whole life serving this country</u>.

（The New York Times，2008-10-07，NT 212）

例（6-11）中英国《卫报》在转述 Obama 的话语时，间接话语的从句部分受转述语境的制约，使用了完成时，同时参照转述语境中的时间信息，将 2007 年转述为 last year，这对于当天或者当年（2008）的读者来说，没有任何理解障碍，符合新闻话语的特点。在例（6-12）中，《纽约时报》在使用间接话语转述 McCain 的话语时并没有进行时态的推移，而是使用了现在完成时。另外，近指词语 this country 的使用，也充分体现了该媒体对国家的情感。类似的分析还有第五章的例（5-25）。

媒体利用语言的书写特征提供语境化线索（Gumperz，1982），如再现原话语中的停顿、重复、修正等（见第四章字面型转述），或标记某个词语的特殊语调。请看下例：

（6－13）［在第一场辩论中，McCain 以自己的年龄和经验优势指责 Obama 稚嫩和经验不足。此处是《纽约时报》的转述。］

原话语：Again, a little bit of naivete there. He doesn't understand...

（*Debate* 1，2008－09－26）

转述语：He McCaindeplored his opponent's "naivete," though he stumbled slightly on the pronunciation of the Iranian president's name，and...

（*The New York Times*，2008－09－27，NT 106）

在转述 McCain 对奥巴马的描述"稚嫩"时，《纽约时报》运用了文字编辑中对于单词语音、语调的标记，并加上引号，再现了 Mc Cain 在发这个单词时的特殊语调，并给出了嘲讽性的评论。

语言使用的策略是利用意义的外显表达与内隐表达间相互作用，以种种手段来回避外显性的表意方式（Verschueren，2000：31；李捷等，2010：140）。话语转述的策略就是回避外显性转述的表意方式，如弱化原话语的施为力度、省略次要信息等，也可以刻意突显原话语的隐含意义部分、将预设信息前景化、添加过量信息、再现原话语语境信息等。不能简单地把语用学界定为对隐性意义的研究（Verschueren，2000：185），新闻转述者有效利用外显性转述策略，如利用转述指示语突显新闻话语的即时性特征、转述方式的交替使用突显特定的信息，或使用元语用评述语对当前转述行为进行评论或与其他转述行为形成对话性关系等，这些选择都是在顺应新闻交际语境下的转述策略。

6.5　新闻转述行为中的意识突显

语言结构的选择和新闻语境成分存在于相互顺应的动态交际过程中，这样，语言结构的选择就不是单纯的语言选择，而是伴随着人类生活的各种场景而展开（李捷等，2010：139－140）。新闻话语这一言语体裁为话语转述行为提供了生活场景，还为话语转述的各种选择提供了恰当的表意框架，为话语转述意义的生成创造了条件。新闻转述行为本身创造了一种语境：一种利于转述者规避话语责任的转述语境。

在顺应论的理论框架下讨论新闻转述行为，自然离不开转述过程中的意识突显问题。话语转述行为本身就是一种元话语的使用，属于语言的一种自反性使用（Lucy，1993），转述者具有较高程度上的元语用意识。发生在新闻交际中的转述行为，具有更高程度上的意识突显。在特定的新闻交际语境因素的制约下，不同的媒体在转述他人话语的时候会有不同的顺应性选择：转述方式、转述措辞、转述相似性以及各种回避外显性和利用外显性转述功能的语用策略。这些选择可能是在新闻交际语境因素制约下（语言现实和社会规约）的被动顺应，也可能是为了实现交际目的而采取的主动顺应（于国栋，2004）。言语交际中的语言选择并非都是在相同的意识程度和带有同等目的的情况下做出的，元语用意识表现出不同程度的突显（Verschueren，2000：188）。意识突显程度是一个相对的概念，一些突显程度较低的表达方式，往往需要听话者付出更多的时间和精力（何自然等，2007：97），也更具模糊性和隐秘性。

社会规范确定标记性模式，标记性越明显就越容易受到注意，意识程度就越强，就越突显（Verschueren，2000：183）。在新闻转述行为中，默认的原型转述行为应该是直接转述、字面型转述和保真型转述。如果说数量不少的这些原型转述性选择属于新闻记者面对新闻传播语境的被动顺应，对于非直接转述、非字面型转述、非语义保真型转述的选择则均属于记者的主动性顺应。新闻写作要求记者规范、准确地使用直接话语，直接话语及其准确性在新闻转述行为中是默认的，转述者没有很多的意识，只是一种自反性行为。间接转述、混合转述及其相似性的偏离则需要进行人称时态转换，是具有较高意识程度的行为。此外，记者或评论员完全可以违反新闻语篇的规范要求，选择其他类型的非原型转述：元语用评述语修饰直接转述、间接转述中混杂着原说话者的声音；直接转述与间接转述的交替使用等；措辞的重述、转述信息的失误等。当某些隐性策略与读者的期待或假设发生冲突时，就可能比显性策略具有更高的突显性（Verschueren，2000：185）。这样，对于转述方式如直接转述和间接转述的交替使用恰恰体现了转述者在较高程度上的意识突显。

值得关注的是，不是所有转述者的意识都有鲜明的突显度。新闻媒体对于转述信息的调控和转述语言表达策略的选择都属于转述者在新闻语境中的主动顺应，具有较高程度的元语用意识。但区别是，转述者对于信息内容的各种修饰或改变很难被读者发现，具有较低的突显性。Hubler 和 Bublitz（2007：11）区分了两种元语用行为：显性和隐性，并用显性和隐性警告类言语行为做了类别性解释。两位作者指出，显性元语用行为之所以受欢迎是因为例子较容易获取。两者都服务于交际目的，只是隐性元语用行为难以识别，对受众具有潜在的影响。请再看上文我们讨论过的例子：

语用学视角下的新闻转述研究

（6-14）［在第一场辩论中，Obama 就 McCain 对伊拉克战争发表评论。此处为《纽约时报》的转述。］

原话语：John, you like to pretend like the war started in 2007. You talk about the surge. The war started in 2003.

（*Debate* 1，2008-09-27）

转述语：... Obama, in a well-rehearsed passage, said McCain behaved as if the war in Iraq had begun only last year-instead of 2003.

（*The Guardian*，2008-09-27，GD 104）

在上面两例中，《卫报》使用了显性评价性语言"in a well-rehearsed passage"，属于显性元语用行为；从转述信息来看，该例间接转述中的措辞与原话语略有变动，属于隐性元语用行为。此外，上文我们讨论过的对原信息的各种操控性策略均属于隐性转述策略，如果读者不对比原话语，就无法理解记者在话语转述中所做的改动。

新闻转述行为中的元语用意识还表现在其动态顺应中：语言信息结构的重组；随着时间变化而发生动态顺应；不同媒体对不同话语的选择，同一媒体对不同人物话语的不同转述策略等。转述者的元语用意识会促使其使用各种语言手段，留下种种痕迹，这些手段使语篇文本化，使读者感觉新闻报道中重构原话语与简单描述客观世界的语篇没有质的差别。但实际情况并非如此，尤其是在对比原话语时，我们会发现，转述者是在很大程度上重新建构了原话语语境，从而重新建构了原话语的意义。

6.6　小结

本章详细讨论了新闻话语语境制约下的新闻转述方式及其相似性选择、新闻转述措辞及其相似性选择以及新闻转述策略的选择，并论述了新闻转述行为中的意识突显。新闻转述行为中对于直接转述、字面型转述及其高度相似性的选择属于顺应新闻语境制约下的原型转述行为。非原型转述行为如混合型转述、重述型转述及其较低相似性的选择属于新闻语境制约下的主动性顺应。新闻转述者常常会使用各种规避外显性转述的策略或利用显性/隐性互动来实现交际目的。这些转述行为往往表现出转述者较高程度上的元语用意识。但值得注意的是，不是所有的元语用行为都是显性的，隐性的元语用行为往往没有明显的语言痕迹，更具有隐蔽性和欺骗性。

第七章

个案研究：娱乐新闻中的转述行为①

---

① 本章在景晓平、杨淑红（2013）对汉语娱乐新闻转述研究的基础上进一步扩充而成。

7.1 引言

本书对新闻转述方式的调查显示，新闻转述行为并非表现出"广泛使用间接转述形式"的趋势（Fairclough，1995；辛斌，1998，2007，2010；高小丽，2013），而是以直接转述为主，间接转述和混合转述为辅，但会采用各种显性或隐性的转述策略表现出媒介的主观性，潜移默化地影响着新闻话语的受众群。这一倾向可能与本书收集的语料自身的特点有关，所转述的话语为两位总统候选人激烈的辩论；也有可能与当今世界新闻报道的娱乐化（infotainment）① 有关。Postman 在《娱乐至死》（1985）一书中指出，现实社会的一切公众话语日渐以娱乐的方式出现，并成为一种文化精神，我们的政治、宗教、新闻、体育、教育和商业都心甘情愿地成为娱乐的附庸。Postman 这本书的副标题正是"演艺时代的公共话语"，其潜台词是，所有的公共话语都沦为娱乐消费品。照此推理，娱乐新闻话语应该表现出各类公共话语中最极致的娱乐性。在新闻娱乐化的趋势下，有必要对娱乐新闻话语中的语言使用进行研究，以了解娱乐新闻话语中的转述语是否表现出不同于严肃新闻的特点，同时也反观严肃新闻话语是否表现出娱乐化的趋势。

娱乐新闻以其活泼、轻松、有趣的内容和形式吸引着广大读者，日益成为人们生活中不可或缺的一部分。广义上的娱乐新闻是指使人轻松、快乐、供人休闲、消遣的新闻报道，狭义的娱乐新闻指报道娱乐业的新闻（郝雨、宫文婷，2009：10）。从娱乐新闻的发展阶段来看，娱乐新闻从20世纪80年代后从属于文化新闻的附属性地位，到90年代娱乐新闻与文化新闻并列，到了21世纪初，娱乐新闻地位进一步上升。与此相对，关于娱乐新闻的研究却没有在学术中占有重要地位，主要出现在一些非核心期刊上（郝雨、宫文婷，2009）。大量的研究是从新闻传播的角度，关注娱乐新闻中的女性形象问题（张谦，2003；申婧、李程，2009；于惠淑、解娜，2010），不少研究关注娱乐新闻低俗化及其价值取向问题（灵石，2002；杨青，2003；关瑛，2011；王丹，2012）。仅有少量研究从语言学视

---

① 该词由 information 与 entertainment 组合而成，在新闻娱乐化的潮流中，新闻的娱乐功能超过了信息传播功能。所谓新闻娱乐化，是在内容上偏向软新闻或尽力使硬性新闻软化，即所谓的"硬新闻软着陆"。新闻娱乐化现象的三点特征：一是内容上注重软性新闻，二是着力挖掘硬新闻中的娱乐性因素，三是形式上强调吸引力（吴飞、沈荟，2002）。

角考察娱乐新闻的语言使用问题，如赵淑梅、秦秀阳（2005）研究了娱乐新闻中英汉语码转换现象的使用，赵增虎（2007）运用评价理论分析了对娱乐新闻的态度资源。

目前关于新闻转述语的研究多集中于严肃新闻的研究，尚未涉及非严肃新闻，如娱乐新闻话语的研究。娱乐新闻的低俗化、失实性及其他社会问题是其长期以来遭受诟病，难登学术大雅之堂的一个重要原因。与此同时，娱乐新闻具有广泛的读者群，使其在人们的生活中发挥重要的影响作用，潜移默化地影响人们的世界观。鉴于娱乐新闻转述的原话语获取难度较大，本章仅调查娱乐转述方式及其消息源，为公共话语的研究提供借鉴。

7.2　研究设计

7.2.1　研究问题

娱乐新闻中的原话语难以获取，本章主要从转述方式和消息源两个方面探讨娱乐新闻转述的顺应性选择。通过收集一定量的娱乐新闻转述，了解娱乐新闻转述方式的变异性选择：是以往文献中所描述的间接转述，还是本书研究所发现的直接转述？娱乐新闻主要转述哪些群体的话语？其消息源是否明确？

关于转述方式的分类，我们仍然沿用本书采纳的分类：直接转述、间接转述和混合转述。其中，自由直接话语包括在直接话语中，自由间接话语包括在间接话语中，预先调整的话语和警示引语则属于混合转述。关于消息源的分类，我们主要采用辛斌（2006）的分类：①确切的消息源：报道者有名有姓的交待话语的发出者；②模糊不定的消息源：报道者不直接点明话语的发出者，而是用一些模糊的词语来暗示；③不提及/零消息源：报道者对消息来源不清楚，或者觉得不重要或故意隐瞒。在对语料的观察中，我们注意到了第一类确切的消息源中出现了一些特殊情况，如消息来源为某机构或组织的。在第三类不提及/零消息源中出现了一些参照语境可以确定来源的情况。因而，我们在确切消息源和不提及/零消息源里分别区分了两个次类。

7.2.2　语料收集

本章分别选取了三家美国媒体和三家中国媒体，分别为美国 ABC 新闻、*Time* 周刊和 *People* 周刊，国内《南方都市报》《北京青年报》和《扬子晚报》，随机收集一期的娱乐新闻话语。这几家媒体在美国和中国分别都具有较大的影响力，受众群较为广泛，其语料具有典型性和研究的意义。我们总共收集了 19 篇英语娱乐新闻和 30 篇汉语娱乐新闻，收集到的转述语分别为 118 例和 161 例，具体情况见表 7.1。

表 7.1　英汉娱乐新闻转述语总表

媒体		篇数	字/词数	转述语	总计（例）
英文媒体（19 篇）	ABC	6	2 882	52	118
	Time	4	1 509	26	
	People	9	1 792	40	
中文媒体（30 篇）	《南方都市报》	3	5 166	32	161
	《北京青年报》	11	7 608	43	
	《扬子晚报》	16	10 640	86	

7.3　研究结果与讨论

7.3.1　娱乐新闻中的转述方式

在统计过程中，我们剔除了一些以访谈为主体内容的新闻语料，如英汉娱乐新闻中都会以问答形式出现的报道，如果按照转述语来统计，则会大大增加直接转述的比例。经过仔细统计，六家媒体中出现的各类转述语总计分别有 118 例和 161 例，不同转述方式出现的频率见表 7.2 和表 7.3：

表 7.2　英语娱乐新闻转述的频率

转述\媒体	直接转述		间接转述		混合转述		总计
	直接	自由直接	间接	自由间接	预先调整	警示型	
ABC	24	0	20	0	3	5	52
Time	11	0	10	0	1	4	26
People	20	4	10	2	0	4	40
总计	55（46.6%）	4（3.4%）	40（33.9%）	2（1.7%）	4（3.4%）	13（11.0%）	118（100%）
	59（50.0%）		42（35.6%）		17（14.4%）		

表 7.3　汉语娱乐新闻转述的频率

转述方式报纸	直接转述		间接转述		混合转述		总计
	直接	自由直接	间接	自由间接	预先调整	警示型	
《南方都市报》	7	4	10	2	7	2	32
《北京青年报》	11	2	20	0	5	5	43
《扬子晚报》	27	16	27	2	13	1	86
总计	45 （28.0%）	22 （13.7%）	57 （35.4%）	4 （2.5%）	25 （15.5%）	8 （5.0%）	161 （100%）
	67 （41.6%）		61 （37.9%）		33 （20.5%）		

　　从转述行为的总体情况看，英汉语娱乐新闻话语中的各类转述方式出现的频率在总体趋势上是一致的，都是以直接转述为主，分别为 50.0% 和 41.6%，其次是间接转述和混合转述，这一趋势在英语娱乐新闻话语中表现得更为明显一些。英汉娱乐新闻转述方式的分布特点与本书统计的新闻转述方式的总体趋势是一致的，其中，英语娱乐新闻话语中的直接转述与本书所统计的严肃类新闻话语中的直接转述数量非常接近（50.0% 和 50.32%）。这与辛斌、李曙光（2010）对英汉政治类新闻转述方式的统计数据有很大差别，他们的研究表明，英汉报纸均倾向于使用间接转述，分别为 57.52% 和 62.86%，其中《今日美国》的间接转述是直接转述的两倍，《新华日报》中的间接转述是直接转述的四倍多。本书对政治新闻话语和娱乐新闻话语的研究均发现直接转述为新闻转述的主要方式。从具体的次类来看，英汉语娱乐新闻转述表现出细微的差异，英语中主要以直接转述中的直接话语为主（46.6%），汉语主要以间接话语为主（35.4%），区别在于汉语娱乐新闻中的直接转述中除了 28% 的直接话语，还有大量的自由直接话语（13.7%），而英语娱乐新闻中的自由直接话语仅有 3.4%，而英汉娱乐新闻话语中的自由间接话语都很少。辛斌（2006）认为"自由直接话语和自由间接话语在新闻报道中几乎不出现"，本书对严肃类新闻转述的研究也指向这一特点，但对娱乐新闻话语的统计显示，自由间接话语确实数量很少，自由直接话语的数量还是比较多的。此外，汉语中的混合转述比英语多，主要为预先调整的直接话语，而英语中的混合转述主要表现为警示型话语。

　　以上数据说明，英汉语娱乐新闻话语都表现出对直接转述的重视，与本书对政治类新闻转述的调查数据一致，这似乎不能用 Fairclough（1995）

所说的将官方语言转化为大众语言的趋势来解释。本书认为，无论是严肃新闻还是娱乐新闻，媒体对直接转述都很重视，这是后现代社会新闻客观性和娱乐化的复杂体现，体现了新闻媒介尊重新闻客观性和迎合受众娱乐心理的顺应性选择。

7.3.2　娱乐新闻中的消息来源

消息来源是指被转述话语的来源，本研究将消息来源分为三大类、五小类，具体包括确切消息源（来自个体或机构）、模糊消息源和零消息源（独立语境或依赖语境）。统计结果如表7.4和表7.5所示：

表7.4　英文娱乐新闻中的消息源

	确切消息源		模糊消息源	零消息源		总计
	个体	机构		依赖语境	独立语境	
ABC	41	7	2	0	2	52
Time	21	0	5	0	0	26
People	29	3	1	6	1	40
总计	91	10	8	6	3	118
	101（85.6%）		8（6.8%）	9（7.6%）		（100%）

表7.5　汉语娱乐新闻中的消息源

	确切消息源		模糊消息源	零消息源		总计
	个体	机构		依赖语境	独立语境	
《南方都市报》	15	1	5	6	5	32
《北京青年报》	28	5	5	2	3	43
《扬子晚报》	45	2	17	6	16	86
总计	88	8	27	14	24	161
	96（59.6%）		27（16.8%）	38（23.6%）		（100%）

从以上数据可以看出，英汉语娱乐新闻转述消息源主要为确切消息源，分别为85.6%和59.6%，这一特点在英语娱乐新闻中表现得更为明显。这说明娱乐新闻首先隶属于新闻体裁，在报道中尽可能保证消息的准确性。此外，英汉娱乐新闻的消息源主要来自个体（77.1%和54.7%），

少数来自机构（8.5%和5.0%），这也符合娱乐新闻的特点，娱乐新闻中的人物绝大多数是影、视、歌界的明星（申婧、李程，2009）。在确切消息源的使用上，报道者除了简单地使用名字之外，还会混杂一些昵称（如：小贾斯汀）、身份标记（如：Hamm's publicist Erica Gray；The Star；Gaye's son，Marvin Gaye III；旧情人邵美琪）、扮演过的角色（如：小青陈美琪）、职业（如：Syafril Nasution，one of the local organizers；徐耿导演）、职务（如：省文化厅党组书记、厅长徐耀新）、微博注册名（"HKChan-nel"微博、新浪微博网友"江烈农"）等，表明说话者身份的多样化表达可以激活读者对消息本身的兴趣和关注，使娱乐新闻充斥着比现有新闻多几倍的信息量，还会刺激读者去链接阅读更多的相关信息。

英汉娱乐新闻转述均使用了不少的模糊消息源（6.8%和16.8%）和零消息源（7.6%和23.6%），汉语娱乐新闻中的这类不明确信息更多一些。我们仔细观察后发现，英汉娱乐新闻的模糊消息源为追捧明星的粉丝（fans）、采访过明星的某报纸、记者或网友（*Tabloid Headlines*；a reporter；@lilybenson）等，与转述明星话语的确切消息源形成鲜明的对比。语料分析表明，汉语中模糊消息源较多是因为转述了较多普通大众的话语，而普通大众常常没有身份、地位，因而没有确切的指称语。值得关注的是娱乐新闻话语中有不少的零消息源，有的转述信息可以参照语境找到消息源，但有些话语找不到消息源，尤其在一些汉语娱乐新闻中。无消息源的转述语恰恰是造成娱乐新闻"失实"的一个重要方面，这是因为媒体一般会对影响较大的社会、政治、经济新闻比较重视，而对娱乐新闻在思想上不够重视（谢余，2005）。美国史学家Schudson（1978）认为娱乐性新闻主要是让受众得到娱乐，记者就是找故事，而不是找事实，这种新闻是满足读者的美学需要，帮助读者解释生活，也帮助他们与他们生活的国家、城市与阶层建立关系。

以上分析表明，娱乐新闻话语中大量的确切消息源都是关于明星人物的话语，而普通老百姓的话语均使用了模糊消息源或者零消息源，与此呼应，明星之外的人物话语多为间接转述，这与娱乐新闻关注的重点是有关系的，是娱乐新闻媒体在顺应新闻交际语境下所做的选择。娱乐新闻交际中，受众关注的是明星的生活，他们的话语自然要充分突显，表现在消息源的指称上，媒体对明星尽可能多地提供身份信息，多使用直接转述，而尽量模糊普通人的身份，从而抬高明星在大众传播中的"演员"地位。

7.4 娱乐新闻转述的顺应性解读

娱乐新闻转述语境与严肃新闻转述语境没有本质的区别，都要受报纸转述行为在时间和空间上的限制，转述者都要尽力了解读者的心理世界，改善双方的关系，争取最多的读者。然而，娱乐新闻中记者与明星之间有较为微妙的关系，娱乐记者为了取悦读者，不惜一切代价追踪明星的生活，甚至于冒犯明星，获取较多的私人信息。同时，明星需要借助媒体向大众发布相关的信息，获取更高的知名度。明星与媒体的关系就像一场充满了利益的婚姻，彼此需要，彼此利用，谁也离不开谁（吴玉兰，2006），但这种微妙的合作关系在某些时候也会因为暂时利益的无法妥协、当事人的素质参差等而崩坍。这种相互制约的关系会影响到娱乐新闻转述行为的各种选择，娱乐记者会捕风捉影、添油加醋地报道明星说过的话，也会参照公众对明星的情感态度而选择相应的转述策略。从转述方式上来看，直接话语的使用会最大限度地实现其娱乐性目的，在娱乐新闻中发挥着不可忽略的作用。直接话语使娱乐新闻具有客观性；使报道者与转述语之间保持距离，表明报道者对转述内容持保留或反对态度，但更重要的是直接话语具有强调作用，能够引起读者的注意；增强报道的戏剧性和对话性，使之更加生动（辛斌，2006：2；辛斌、李曙光，2010：123）。此外，大量的间接转述与直接转述交替使用，充分表现出娱乐新闻媒体在实现娱乐性目的下表达立场的策略性选择。一方面，大众传播媒体使用间接转述模糊转述者话语和被转述者话语之间的界限，用转述者的声音淹没被转述者的声音（Fairclough，1995：61）；另一方面，媒体依靠大量的直接转述给读者提供生动的娱乐素材，读者更关心的是娱乐新闻人物的话语内容，间接转述提供背景信息，直接转述则可以形象生动的展示焦点人物的话语。请看下面两例：

（7－1） a. Ignore tabloid headlines saying that hunky Mad Men star is suffering from throat cancer, coughing up blood and on his death bed.

b. "It's a simple injury," Hamm told the Associated Press Thursday. "Something that develops on your vocal cord from overuse because I talk a lot."

（*Time*，2013 – 09 – 27）

(7-2) 在昨天的发布会现场，黄秋生当然是绝对的"主角"。……而在戏外，黄秋生与罗志祥粉丝的"骂战"又有升级趋势，(a) 在红馆开唱的小猪称要和前辈道歉，(b) 黄秋生却表示不领情，因此惹怒小猪粉丝。(c) ××昨天亮相，(d) 自然免不了被媒体问及他与罗志祥何时和解之事，对此，(e) <u>他表示："和解什么呢？我和他根本没有事，又不是他骂我，我也没有骂他。一直以来都是那些脑残粉在搞事，和他有什么关系呢？他为什么要为了一些与他无关的事情道歉呢？"</u>

（《南方都市报》，2013-01-31）

例（7-1）是《时代周刊》在报道美剧《广告狂人》的著名演员 Jon Hamm 的一段新闻。一些通俗小报对 Hamm 的病情进行了恶俗报道时，说他患了喉癌，快要离开人世了，《时代周刊》在引用通俗小报的这些报道时使用了间接话语，而在引用 Hamm 对此事的回应时使用了直接话语：仅仅是因为说话太多而已。间接话语的使用对传闻进行铺垫，使其成为该新闻的背景信息，以突显出由 Hamm 话语所构成的前景信息，同时对小报传闻予以澄清。两相对比，造成明显的戏剧效果，让读者哑然失笑。例（7-2）报道的是香港演员黄秋生与罗志祥之间的八卦琐事，报道者使用间接话语（a，b，d）向读者交待了在采访之前两人的互动，然后用直接话语（e）形象生动地描述了黄秋生在这次采访时的说话神态。娱乐明星之间的矛盾常常被记者夸大性地宣传，阅读这样的新闻就像观看真人秀一样。娱乐新闻的这一特点也充分体现在其他转述方式的交替运用上，请看下面两例。

(7-3) Bullock recounted on Friday's Tonight Show with Jay Leno a prank played on her by her longtime friend and Gravity costar that resulted in Bullock's dress "disintegrating".

（*People*，2013-09-28）

(7-4) 去年6月1日，(a) 黄秋生在微博以连珠炮发粗口回敬，气愤地爆出<u>"苍蝇""大便"</u>等词语，并说不认识"罗志祥"有罪吗。此后，两人的粉丝在网上的骂战一直没完没了。……不过，昨日，媒体追问这个问题时，(b) <u>黄秋生却答得很简单："我跟罗志祥并没有吵架啊，只是粉丝们在挑事而已。"</u>

（《北京青年报》，2013-01-30）

例（7－3）是《人物周刊》在报道采访演员 Bullock 的一段有趣的新闻，Bullock 说到她的一条昂贵的蕾丝裙子被她的好友——另一演员 Clooney 的恶作剧给"毁"了，因为 Clooney 在一次宴会上故意告诉她大家都去游泳池，她信以为真，就穿着漂亮昂贵的蕾丝裙子跳进了游泳池，《时代周刊》在此使用了"警示型话语"，重点突出了 Bullock 话语中的"disintegrating"一词，映射出裙子问题所带来的形象破坏。例（7－4）是《北京青年报》在报道黄秋生和罗志祥的部分新闻，在罗列之前两人的矛盾时，报道者使用"警示性话语"［见例（7－4）a 中画线的部分］引出了黄秋生在微博上的粗鲁言语。Bell（1991）认为这种形式清楚表明报道者暗含不赞成的态度，Geis（1987）认为这是一种嘲讽性转述，以此嘲讽某人所说的话语。例（7－3）、例（7－4）a 中的警示型话语暗含出记者幽默或嘲弄的语气。娱乐新闻中充斥着大量的警示性话语，大多表示记者的一种嘲弄性的口吻，似乎娱乐明星都成了记者笔下被观看的他者，给读者带来观看的快感。例（7－4）b 句记者对转述语的评价直接影响了读者对引号内直接话语的理解。在例（7－4）中，报道者大力描述两位明星之间的矛盾和冲突，然而在面对记者提问时，黄的回答似乎说明他们之间并没有矛盾，报道者的评价性话语"却答得很简单"暗示黄秋生的回答言不由衷。

从准确性来看，有些直接转述精确再现了原话语［如例（7－1）、例（7－2）］，而有些直接转述［如例（7－4）b］对原话语进行了总结式的概述，还有些转述语是对原话语的误导式转述。请看下例：

(7－5)［有网友提问是否能出演一部韩国电视剧的翻拍，媒体对演员
        陈坤的回应进行了报道。］

原话语：陈坤：我知道这部戏，并且我身边的很多朋友都在看，但这
        段时间我还真没有追电视剧，我还是个动漫控，我一直希望
        有一部动漫能被拍成电影，如果有这样的机会，我希望有这
        样的角色做尝试……其实我根本就没想过，我的态度是以我
        个人的兴趣，我很喜欢这个角色，或者这个角色我没演过，
        因为我觉得每个角色不同的人演恐怕会有不同的创造，我不
        care（在意）这个角色之前是不是有人演过。

转述语：粉丝希望翻拍中国版，而"都叫兽"的热门人选则是陈坤。
        <u>当天陈坤表示知道此事，并且只要是好角色，不在乎是不是
        翻拍剧</u>。

（新华网，2014－02－12）

转述语：标题：<u>陈坤希望演中国版"都教授"</u>

168

参与投资的陈坤笑称这两年不拍戏导致"脑子有病"，<u>也回</u><u>应称不介意翻拍《来自星星的你》来演"都叫兽"</u>，自爆情人节时只能陪儿子过生日。

（《扬子晚报》，2014 - 02 - 13）

从原话语来看，陈坤对这个电视剧并不熟悉，也没有直接回应是否拍这部戏，但各家媒体在转述时都添加了很多想象性的语言，《扬子晚报》在标题上甚至明确地说陈坤希望演中国版"都教授"。这都是媒体为了吸引读者眼球的一种夸张式转述，对于正在观看这部电视剧的观众来说，任何与剧中人物有关的话题都能吸引读者的兴趣。其实，类似的虚假性报道非常多，公众并不关心明星是不是这样说过，而且通常只是当做娱乐手段，而不是像严肃新闻一样用来获取信息。

从消息来源看，明星作为新闻的焦点，都会表现出确切指称，而除此之外其他网民、粉丝等仅仅是陪衬式的背景人物，一般表现为模糊消息源或零消息源，如例（7 - 5）中的"有网友提问"和"参与投资的陈坤笑称"。其次，用来指称明星的称呼语往往能表现出媒体的倾向性，如例（7 - 2）中的昵称"小猪"和全名"黄秋生"。此外，媒体常常会选用表现明星多重身份的指称语给读者提供多重信息，同时暗含其倾向性，如上文讨论过的"小青陈美琪"。消息源的不确定往往具有一定的吸引力，媒体常常捕风捉影式的转述一些公众感兴趣的话题，将其标记为模糊或零消息源。如每年对春晚相关信息的预测性报道是中国观众最感兴趣的新闻，我们随机查看了2014 年1 月1 日的一篇有关2014 年春晚的新闻，通篇只有一个确切（机构）消息源"央视回应称"，其余的均为模糊或零消息源，如"据悉""有消息称""经过媒体记者的核实""有知情人士表示""网络上也有消息称"等。此外，娱乐新闻转述动词大多为"透露""爆料""解密""解密""自曝"等，暗示出转述消息的不确定性和神秘性，吸引受众的注意力。

娱乐新闻转述方式的选择及其较低的转述相似性、大量模糊/零消息源的选择是娱乐媒体对当今社会广大受众心理和认知状态的一种顺应性选择。娱乐新闻的目的在于给受众带来愉悦、放松的心情，满足受众对于娱乐明星的好奇心理。受众对娱乐人物话语的精确性并没有很高的期待，这与娱乐新闻的目的是一致的。娱乐新闻更注重故事性和情节性，甚至有一定的戏剧悬念或煽情、刺激的方面（申婧、李程，2009）。直接话语属于非严肃行为，具有展示效果（Clark & Gerrig，1990）和"音响"效果（申丹，1991），能有效地实现娱乐新闻的这一目的。此外，间接话语和直接话语的交替使用使娱乐新闻充分展现故事的背景和前景（景晓平，2010），从而突显焦点人物的话语。混合话语的使用则体现了报道者在转述娱乐明星话语时的游刃有余，对人物的部分话语使用引号表现报道者与人物的距离，从而保持一个看客的态度。这充分体现了娱乐新闻的后现代特征（黄磊、彭国祥，2006），其主要体现是图像化，表现为娱乐新闻的肤浅性，媒体对娱乐基本上处于一种展示的平面状态，面对泡沫似的娱乐界故事，表现出极度的沉默和失语。无论是娱乐新闻还是严肃新闻，失实性报道都违背了新闻规范，属于娱乐新闻记者在顺应当时社会语境下的一种不当选择。多元化的指称语可以给读者提供丰富的信息，但模糊消息源和零消息源的过多使用会降低新闻的可信性，和失实性报道一样，属于媒体在顺应新闻语境因素下的选择，这种过度的顺应性选择会反过来影响和改变新闻交际语境，造成公众对娱乐新闻的不信任，使娱乐新闻逐步远离新闻语类的范畴，这就需要娱乐媒体坚守自己的职业道德，发挥其舆论导向作用。同时，受众也要逐步提高自己对娱乐新闻的反思和辨识能力，警惕媒体制造的夸张式的虚假话语世界。

7.5 小结

以上分析说明，出现在娱乐新闻中的转述语同样是娱乐新闻报道的重要内容，具有较强的娱乐性。通过对具有代表性的几份英汉报纸中的转述语进行分析，发现娱乐新闻中的转述方式呈现出多样化，以直接转述为主，间接转述和混合转述为辅。娱乐新闻转述方式的多样化体现了娱乐新闻的后现代性，通过多重手段展示新闻故事，强调娱乐新闻的生动性和可读性，以嘲讽的姿态展示娱乐人物的话语世界。娱乐记者既要在新闻报道中体现出自己的娱乐态度，使用间接转述淹没娱乐明星的主体话语身份，也要适当地使用直接转述来制造戏剧性和生动性，引起读者的注意力。值得注意的是，娱乐新闻中的直接转述内容也常常是记者进行加工后的话语，相似性较低，并非原话语，体现了娱乐新闻媒体在较大程度上的主观性。娱乐新闻中的转述消息源主要表现为确切消息源，体现其在本质上属于新闻题材的特质，但这些确切消息源往往包含了很多主观信息。确切消息源主要用来转述明星话语，且多为表达人物多重身份的复杂指称语，模糊或者零消息源主要用来转引普通人的话语。娱乐新闻转述方式及其较低相似性的选择是娱乐媒体迎合当今社会受众的心理状态而进行的顺应性选择。娱乐新闻转述消息源的不确定和内容上的失实会影响公众对娱乐媒体，乃至整个媒体的信任，而实际上，其他类型的新闻已经表现出娱乐化的特征。正如 Halpern（2007）所说："娱乐新闻像癌细胞一样转移扩散。以前，它们只在特定节目中播出；如今，他们已经蔓延到主流新闻媒体。"因此，媒体需要思考的是如何通过新闻转述弘扬正面的社会语用方式，避免新闻报道中的偏见、欺诈等消极或不良的语言使用，为公共话语的生态和语用文明建设作出贡献（陈新仁，2009，2014）。

第八章

结 论

8.1　引言

本章对整体研究进行回顾与总结，共由五个小节组成。除引言外，本章首先回顾了本书的研究对象、目标、分析框架和研究方法，总结本研究的主要发现，概述新闻话语的主要语用语言特征，探讨新闻话语在转述内容上与原话语的相似性特征，归纳出本研究在理论、方法和实践上的主要启示。最后，指出未来的研究趋势。

8.2　简要总结

本书以报纸新闻转述作为研究对象，探讨媒体如何对一个独立的发生在特定情景下的话语事件在转述过程中进行重新语境化。话语转述是一种表征他人话语作为客观存在的表述类言语行为，为了更为准确地透视该类言语行为，本书采用语言顺应论作为理论框架。值得注意的是，作为言语交际的一个重要问题，"交际内容"的选择在顺应论中没有得到足够的重视。针对语言顺应论存在的问题，本书对其进行了局部修正，把合作原则中关于交际内容的讨论糅合到顺应论中，对顺应论中的变异性、商讨性和顺应性进行了重新界定。在修正的顺应论框架中，交际内容和表达形式被赋予了同等的地位，整合后的语言顺应论更加适合话语转述的研究。在此基础上，本书探讨了以下几个方面的问题：新闻转述方式及其转述相似性，新闻转述的措辞及其相似性，新闻转述行为的调控策略，最后对娱乐新闻转述进行了个案分析。

本书收集了大量的严肃类英语新闻转述作为语料，涉及 15 家新闻报纸，总计有 155 篇报道，1 550 条新闻转述。依据本研究对话语转述方式和转述措辞的分类以及转述相似性的判断，对收集到的语料进行手工标注、统计与分析，本书就新闻转述行为在转述方式、转述措辞，转述行为与转述相似性之间的关系，转述策略三个方面进行了定性和定量的研究。在此基础上，本书还收集了来自 6 家英汉新闻媒体的 279 例英汉娱乐新闻转述，对其中的转述方式和消息源进行了对比分析。本书获得了有关新闻转述的一些有意义的发现，下面我们将分别从新闻转述的语用语言选择、新闻转述策略、新闻转述行为的相似性以及娱乐新闻转述的特点对新闻转述行为的顺应性进行概括性总结。

8.2.1 新闻转述的语用语言选择

8.2.1.1 新闻转述方式

本书详细介绍了语料中出现的三大转述方式：直接转述、间接转述和混合转述，并对各类转述方式与原话语的相似性进行了分析，探讨了不同转述方式的分布特点及其对转述相似性的影响。

新闻转述方式表现出了多样化的选择，主要表现为直接转述，其次是混合转述和间接转述。三类转述方式大都能够实现保真型转述，其中，直接转述主要在语言意义上忠实于原话语，但相当多的间接话语转述和混合转述在语用意义上忠实于原话语。语料中也有少量的失真型转述，在三类话语转述方式中均有分布，但在间接转述和混合转述中比例较高。

新闻转述者既选择话语转述方式，也选择转述内容的相似性，这些都是在新闻语境的制约下做出的顺应性选择。绝大多数的直接转述体现了新闻转述者为了满足读者对信息的直接、客观等心理需求而进行的顺应性选择。混合转述则是新闻记者为了平衡自己的多重角色，在追求客观性和节俭性的同时所选择的一种折中的语言形式。间接转述则为新闻转述者操纵原话语提供了较为便捷的语言形式，不仅加快了叙事速度，而且满足了报纸新闻节俭性的要求。从新闻转述对真实性的绝对要求来看，无论是语用保真还是失真，都体现了新闻转述者在较大程度上的主观性选择。

本书的语料分析表明，新闻转述者在转述方式上表现出了多样化的选择，转述方式的选择影响其与原话语之间的相似性。新闻转述方式对直接转述的主导性选择说明了转述行为主要从说话者的视角对原话语进行转述，而间接转述和混合转述说明转述者也常常会从转述者的视角介入原话语事件。新闻转述方式的多样化体现了新闻转述者对新闻交际语境和语言现实的顺应性选择，如读者的心理语境、转述者与原说话者、读者之间的社会关系以及报纸篇幅的限制等因素都同时制约着新闻转述行为的各种选择，而新闻转述对不同语境因素的顺应常常具有冲突性。

8.2.1.2 新闻转述措辞

新闻转述在措辞上的选择主要包括字面型转述、局部字面型转述和重述型转述，不同转述措辞的选择在转述相似性上表现出不同的特点。新闻转述措辞的分布特点及其对转述相似性的影响可以在顺应论的框架下得到解释。

新闻转述行为在措辞上的选择主要为字面型转述，其次为重述型转述和局部字面型转述。字面型转述主要出现在直接转述中，重述转述主要出现在间接转述中，局部字面型转述主要出现在混合转述中。从保真型转述来看，绝大多数字面型转述和局部字面型转述在语言意义上忠实于原话语，而重述型转述却更多地在语用意义上忠实于原话语。从失真型转述来看，大部分发生在重述型转述和局部字面转述中。这说明，当转述者不再拘泥于原话语时，就意味着对原话语的理解和表达有着更多的主观性，容易发生意义上的偏离。

新闻转述措辞的选择及其在相似性上的特点体现了新闻转述者对新闻交际语境的顺应。与转述方式相比，转述者对措辞的选择更加能够体现出转述者在整个言语行为中的主体能动性。字面型转述在整体上体现了读者对准确性的心理需求，而那些剔除了重复或口误现象的字面型转述则充分考虑了读者的认知加工需求。局部字面型转述反映了转述者在平衡多重角色时在措辞上的一种折中选择。重述型转述则反映了转述者对原话语在语言表达上的主观处理和加工。同时，重述型转述和局部字面型转述都以较少的篇幅对原话语的信息进行概括性的转述，体现了转述者在转述过程中对报纸篇幅限制的顺应性选择。

语料分析表明，新闻转述措辞上表现出了多样性的特点，不同转述措辞在转述相似性上表现出了不同的属性。新闻转述在字面型转述上的主导性选择说明新闻转述主要以准确的措辞对原话语进行转述，而重述型转述和局部字面型转述却说明新闻转述者用自己的语言表达方式逐步介入所转述的话语事件。新闻转述措辞的多样化体现了新闻转述者对新闻交际语境的顺应性选择倾向，读者的心理语境、转述者与读者之间的社会关系以及报纸篇幅的限制等因素都制约着新闻转述措辞的各种选择。同样，新闻转述对不同语境因素的顺应常常表现出冲突性。

8.2.2　新闻转述策略

依据修正的顺应论，话语转述行为是一个在内容和形式上同时进行选择的过程。选择的实质是顺应，为了顺应新闻语境的要求，转述者对转述信息、语境成分等方面进行了隐性的策略调控，同时也在转述形式、转述标记语和元语用评述语方面进行了显性的策略选择。

首先，新闻转述行为的隐性策略包括对转述信息和语境成分的策略性调控。对转述信息的策略性调控包括对原话语信息类型的选择和原话语信息状态的调整，原话语信息类型的使用策略包括概念信息与程序信息、显义与隐义之间的调控，原话语信息状态的调整包括对原话语信息的修饰（如弱化或强化）、原话语信息地位的改变（如次要信息主要化、预设信息断言化）。新闻转述对语境成分的使用策略包括对特定情景成分（如时间或地点）与特定参与者（如说话者或听话者）的选择。

其次，新闻转述行为的显性策略包括对转述形式、转述标记语和元语用评述语的策略性选择。新闻转述行为在转述形式上的使用策略表现在指示语的移情使用和反先用现象、不同转述方式构成的明暗对比。转述言语标记语本身可以表现转述者的主观倾向性，即便是一些中性的言语标记语也可以通过修饰语的选择来表现转述者的主观立场。元语用评述语的使用可以指向转述语本身、转述语义内容或转述语篇之外的背景信息或其他相关话语。元语用评述语的功能体现在明确转述行为的言外之意、对转述命题内容进行直接评价或者通过提供其他相关信息对转述语形成隐性的评价。通过指向其他话语，元语用评述语与转述语之间形成各种支持或反对的对话性关系，从而展现转述者的主观倾向性。

本书认为，无论是对转述信息和语境成分的策略性调控，还是转述者对转述形式、转述标记语与元语用评述语的选择性使用，都表现出新闻转述者在新闻语境制约下的顺应性选择，体现出新闻转述较高程度的元语用意识。各种转述策略的使用说明了新闻转述者对话语转述的调控和操纵，即便是与原话语具有高度相似性的转述语也会在特定的语境下表现出对原说话者意图的偏离。

从整体上来说，新闻转述行为在方式、措辞方面的多样化选择及其对相似性的影响反映了转述者在机构语境制约下的常规选择，而新闻转述行为在对原话语事件本身的隐性策略选择（如信息类型、信息状态和信息量的调整）和转述表达过程中的显性策略调控则充分反映了转述者在各种机构语境因素影响下的积极主动的选择。这些选择充分体现了新闻转述行为的顺应性①和主观性，以及显性转述和隐性转述之间的互动策略。

8.2.3　新闻转述行为的相似性②

本书在第一章分析框架部分曾就言语交际内容的变异性做过讨论，指出言语交际内容的变异性可以从合作原则的质量、数量和关系原则三个维度来考虑。交接内容在质量上的变异性则要参考关联理论对于表征和元表征的相似性，本节简要回顾文献中有关真实性与相似性的论述，对新闻转

---

①　语料中也有一些特殊情况，由于时间紧迫或仅依据录音材料进行转写而造成的转述失误，如第四章例（4–51）和第五章的例（5–22），显然是转述者的笔误造成的。这种情况属于陈新仁（2010）所说的"不顺应"的一种情况：交际者虽然做出了语言选择，但不是为了实现某种交际目的。这种情况促使我们进一步思考"顺应性"的概念，这种没有意图的语言选择可以理解为语言使用对自身认知能力的一种"顺应"，而言语交际中的语言顺应主要体现在说话者对接受者一方的被动或主动顺应，只有这样，才能较好地实现交际目的。

②　更为详细的论述请参照景晓平（2014）"元表征视角下话语转述的相似性"一文。

述内容的相似性进行讨论。

　　"相似性"的概念来自于关联理论对表征和元表征的讨论。除了表征能力之外，人们还具有将某些表征内容重新再现出来的"元表征能力①"（冉永平，2002：15）。元表征是指参照形式或内容上的某种相似性，使用一个表征来表征另一个表征（Sperber & Wilson，1995，2001），是内嵌有低阶表征的一种高阶表征（Wilson，2000：411）。Sperber 和 Wilson（1995，2001：229）区分了两种表征方式：描写性和阐释性。建立在逻辑/命题形式相似性基础上的元表征被称为"阐释性表征"，两个表征命题形式的相似性有程度差异，可能会有下限，但不必有上限，超过上限，相似性被等同性替代，阐释由再现替代。两位作者进一步指出，任何话语都是对于说话者思想的一种阐释性表征，这种表征并非说话者思想的一种完全再现，与其具有一种相似性。传统语用学家认为语句是对说话者思想的准确再现，这种说法显然夸张了（Sperber & Wilson，1995，2001：230）。一个语句可以是说话者思想的刻意或随意阐释，关键看该话语在多大程度上再现了说话者的思想（Noh，2000：73 – 74）。在表征过程中，表征源和表征结果之间存在一定程度的相似性（冉永平，2002），但这一相似性存在着程度上的差别，两者共享的特征越多，相似度就越高（Noh，2000：73）。

　　Sperber 和 Wilson（1995）的"相似性"概念挑战了 Grice（2002）关于交际"真实性"的论述，人们在交际中没有必要给出一个刻意真实的表达，无须遵守质量原则，这就是交际中的随意言谈。随意言谈给交际双方并没有制造什么困难，并不是违反了质量原则（Carston，2009）。陈新仁（2007）提出了语用真实性的概念，认为只要交际双方能够接受信息传递方面的某种近似性，不认为该近似信息会影响当前的交际意图，就可以认为这一含有近似表达的话语是真实的。同样，隐喻并非违背质量原则，隐喻不过是随意言谈的一种极端情况，并不需要特别的理解机制。关联理论的几位学者多次指出，交际中存在一个"刻意言谈—随意言谈—隐喻"连续统（Speber & Wilson，2008；Carston，2009；Sperber &Wilson，2012）。

　　转述语是众所周知的语言的阐释性用法，转述语与原话语的相似性表现在不同的维度上，可能是语言行为、措辞、语义内容等。转述是语言的一种元表征使用，转述并非与原话语在句法或语义上等同，转述的本质弱于刻意的重述（Noh，2000）。Noh（2000）和 Wilson（2000）都指出不同类型的转述语在形式或内容上与原话语具有相似性。从元表征的视角来

---

　　① 如把他人讲的话、从电视上听到的新闻或从书本中获取的某种观点等通过语言重新表征出来（冉永平，2002：15）。

看，新闻转述行为也是在相似性基础上对原话语的一种阐释，这种相似性可能体现在形式或内容的不同层面上，但也可以参照交际中的随意言谈连续统在同一个维度对转述语的相似性进行探讨。本书对新闻转述内容的变异性进行分析，发现转述内容可能在语义内容上或语用含义上接近或偏离原话语。参照交际中的"刻意—随意—隐喻"连续统，作为元表征的新闻转述在表征原话语的过程中也会具有不同程度的随意性，转述语与原话语的关系可以描写为"刻意转述—随意转述—歪曲转述"连续统。无限接近的一极是精确再现原话语，无限偏离的另一极则是歪曲转述原话语，介于两者之间的则是大量的随意性转述，如本书中所讨论的不同类型的语义保真、语用保真型转述。类似的还有措辞上的不同变体形式：字面型转述、局部字面型转述和重述型转述。Sperber 和 Wilson（1995）认为等同和再现都是交际中的极端形式，从经济原则来考虑，似乎在转述他人话语的时候无须准确记录原话语，在日常交际中转述他人的话语时，人们似乎从来不会拿出笔记本或录音设备来记录要转述的话语，都是在进行随意性的转述。对新闻话语来说，准确性和客观性是第一要求，新闻记者往往具有先进的录音设备，但在转述他人话语的时候记者并非总是准确再现，而是融入了记者们的主观性理解，转述语中除了大量的语义保真外，还有不少转述语在语义或语用意义上偏离原话语。此外，记者还可以通过各种显性或隐性策略转述话语，表现记者身份在新闻转述过程中的主体性和顺应性。

新闻转述行为作为一种语言元表征，在转述内容方面与原话语有着不同程度的偏离。转述语与原话语的错位与现实语境有关，在日常交际中，囿于转述者有限的记忆力，常常无法再现，而且也没有必要精确再现原话语。新闻转述语与原话语的错位则更多的体现了新闻记者在转述过程中的主现能动性和顺应性，能够在客观性和主观性方面实现巧妙的平衡。

8.2.4 娱乐新闻转述的特点

在论述了严肃类新闻转述行为在转述方式、转述措辞及转述策略方面的顺应性之后，本书对英汉娱乐新闻转述中的转述方式和消息源进行了具体分析。首先，娱乐新闻中的转述方式呈现出多样化，但主要以直接转述为主，以间接转述和混合转述为辅。这充分体现了娱乐新闻的后现代性，强调娱乐新闻的生动性和可读性，以嘲讽的姿态展示娱乐人物的话语世界。娱乐记者既要在新闻报道中体现出自己的立场，使用间接转述淹没娱乐明星的主体话语身份，也要适当的使用直接转述来制造戏剧性和生动性，引起读者的注意力。值得注意的是，娱乐新闻中的直接转述内容也常常是记者进行加工后的话语，并非原话语，体现了娱乐新闻转述者在更大程度上的主观性。娱乐新闻中的转述消息源主要表现为确切消息源，体现其在本质上属于新闻题材的特质，但这些确切消息源往往用来转述明星话语，且多为表达人物多重身份的复杂指称语，模糊或者零消息源主要用来转引普通人的话语。娱乐新闻转述中不少模糊消息源和零消息源以及转述内容上的过度偏离表现了娱乐媒体在顺应新闻语境因素下的选择，这种过度的顺应性会反过来影响和改变新闻语境，造成公众对娱乐新闻的不信任，使得娱乐新闻逐步远离新闻的范畴。本书对严肃类新闻转述方式的调查数据与娱乐新闻转述方式的使用频率是一致的，都占到总体转述方式的一半，说明新闻转述更重视受众的感受，使新闻话语更加生动，具有可读性。在新闻报道发生娱乐化趋势的情况下，无论是严肃媒体还是娱乐媒体都不能丧失自己的职业道德，要尽量提供确切消息源，提供准确的报道，在新闻报道中发挥其舆论导向作用。

总体来说，新闻转述行为是新闻交际语境制约下的顺应性言语行为，表现出转述者不同程度、不同维度的元语用意识。直接转述、字面型转述及其高度相似性的选择属于顺应新闻语境制约下的原型转述行为，属于被动顺应性行为。非原型转述行为如混合型转述、重述型转述及其较低相似性的选择属于新闻语境制约下的主动顺应性行为。此外，新闻转述者常常会采用各种规避外显性转述的策略或利用显性/隐性互动来实现交际目的。这些转述行为往往表现出转述者较高程度上的元语用意识。但值得注意的是，不是所有的元语用行为都是显性的，隐性的元语用行为往往没有明显的语言痕迹，更具有隐蔽性和欺骗性。新闻转述在相似性维度上的变异，尤其是娱乐新闻在直接转述中对原话语的歪曲和重组，表现出转述者较高的元语用意识，但突显度并不高。新闻转述行为对新闻交际语境因素的主动或被动顺应不一定都是合理的，也不一定都有较为明显的语言标记，值得读者注意。

8.3 研究启示

本节主要介绍由本研究中得到的启示，包括理论启示、方法论启示和实践启示三部分。

8.3.1 理论启示

第一，本书将修正的语言顺应论运用到新闻转述的分析中，将新闻转述的转述内容和转述形式结合起来进行研究，进一步加深了人们对话语转述的认识。在顺应论的框架下，本书把新闻转述看成是发生在一定社会语境中的言语行为，同时考虑了原话语语境和转述语境在话语转述过程中的影响。转述形式和真实性是话语转述研究的重要课题（Holt & Clift，2007：7），但转述形式的讨论主要限于书面语篇，而转述真实性的讨论主要限于口语中，鲜有研究将两者结合起来进行讨论。本书在修正的顺应论框架下，讨论话语转述在方式和措辞方面的选择及其对内容相似性的影响，并讨论了新闻转述行为的策略。本研究的发现深化了人们对话语转述这一复杂的交际活动的认识，同时也有助于提高人类在转述他人话语中所表现出的元表征能力。

第二，本书将合作原则纳入语言顺应论的分析框架中，对语言顺应论进行了修正，进一步完善了顺应论，加强了顺应论的解释力和可操作性，同时也深化了人们对合作原则的认识。顺应论主张将语用学看作语言功能的视角或综观，拓宽了语用学的研究视野（Jaffe，2001；陈新仁，2007）。但本研究认为，语言顺应论过于重视语言结构作为顺应的客体，而对作为语言交际研究的一个重要维度——"交际内容"没有给予足够的重视。在顺应论中，具有变异性的语言选择层次必然是以语义为参照的语言运作体系（张克定，2000），但这里的语义重心体现在针对特定的命题内容而进行的语言结构的选择。对此，本书将合作原则中关于交际内容的讨论纳入语言顺应论的框架中，交际内容和表达形式的顺应性选择被赋予了同等地位，使顺应论对言语交际中的内容属性、形式选择和功能发挥三个方面更具有解释力。合作原则关于交际内容的相关性、质量以及数量特征进一步增强了语言顺应论的解释力，同时"变异性"这一概念也有助于合作原则走出困境，交际内容的选择不是简单的多与少、真和假，而是较多的可能选择项。各个选择项之间也不是对于某一特定标准的违反，尽管在概率的选择上交际可能更加倾向于某一"无标记"的属性选择或形式选择。

第三，本书将语用学理论运用到新闻话语的研究中，进一步拓宽了语用学的研究范围，体现了语用学与传播学之间的相互融合。当代语用学的显著特征之一是强调学科之间的相互交叉，所关注的话题已经远远超越了传统的语用学研究课题（冉永平，2007）。Verschueren（2000）指出，研究语用学，需要考虑它与其他研究领域的关系。新闻话语的语用研究是当前用学关注的一个重要议题，本研究揭示了媒体话语中的隐蔽意义，说明语用学可以为公共领域的生态建设做出贡献（陈新仁、余维，2008：110；陈新仁，2009，2014）。传统语用学主要关注理想交际者的原型言语行为，对新闻话语作为公共话语的语用研究无疑是对语用学研究的一个必要的补充，有助于实现语用学的宏大目标。

8.3.2 方法论启示

本研究收集的转述语语料是来自新闻报纸的真实语料，主体语料均可以找到所转述的原话语，在研究方法上克服了以往研究的缺陷。由于客观条件限制，以往关于话语转述的研究都无法找到原话语，无法考察原话语的相关特征，也就无法得知转述语与原话语之间在哪些维度上发生了变化。本研究通过描述话语转述的方式、措辞选择及其对转述相似性的影响，揭示了话语转述在转述过程中的各种变化，同时对传统文献中不同的转述方式在内容忠实性的争议上给予了明确的回答。

8.3.3 实践启示

第一，本书对新闻转述的研究有助于人们更好地理解媒体话语作为公共语篇所具有的隐含意义。从表面上来看，新闻转述采纳了较多的直接型转述，在措辞上也主要表现为字面型转述，相似性上主要为保真型转述，但不容忽视的是，新闻转述在内容属性和形式方面均表现出不同程度的偏离。研究发现表明，转述形式影响着转述内容属性的选择，但两者之间的关系并不是绝对的，直接型转述中也有措辞上的重述型转述与相似性上的失真。此外，转述者还通过各种方式对内容、形式等进行显性或隐性调控，并积极介入话语转述，表达自己的主观立场。这就提醒读者，媒体话语并非绝对的客观。本研究增强了人们对新闻话语的理解，提高了人们对新闻语用问题的敏感性。

第二，本研究有助于英语话语转述的语法教学，对相应的口语教学也有一定的启示。传统语法教学中对话语转述的产出和理解是二语教学的一个重要方面，一直吸引着很多语言教师的注意力。Harman（1990）指出，语法教科书上提供给学习者的有关直接话语和间接话语的相互关系的知识，这与他们在教室之外的实际生活中所可能遇到的种类相比，是远远不够的。教科书上要求的直接话语向间接话语的机械转换对学习者在理解实际生活中各种类型的转述句来说几乎没有什么帮助（Yule et al.，1992：245）。本书对新闻转述在内容和形式方面的灵活选择以及两者之间的关系进行探讨，有助于缩短课堂教学与实际生活中遇到的具体实例之间的距离，从而进一步提高学习者的话语转述能力。

8.4　存在的不足与未来的研究方向

8.4.1　本研究的不足

由于研究者个人知识水平有限，且掌握的文献相对不够全面，本研究难免存在一些缺陷，现总结如下：

第一，本书的语料在普遍性与真实性上存在一定的欠缺。为了获取大量的转述语，同时能够考察转述语与原话语之间的差异，本书选择研究的语料的重要标准是原话语的重要性与可获得性。本书选取的语料是有关美国大选辩论赛以及总统演讲的转述语，这些语料在话题上较为狭窄，不具备多样性。本书对娱乐新闻转述尽管尝试进行了个案分析，但语料不够充分，且因为原话语无法获取，也没有对两种语料进行系统的比较，因而在普遍性上难免有不足。另外，为了检索方便，本研究使用的语料为电子版本的媒体话语，而非真正出版的新闻报纸，因而，所收集的语料在排版格式等方面不够准确，也无法在分析语境因素时予以考虑，真实性有一定的欠缺。

第二，本书在对转述方式、转述措辞以及转述相似性的界定、分类及具体的识别存在一定的主观性。转述方式的界定与分类在参考了文献中的相关研究和观察本语料的基础上进行的，转述措辞的分类则主要通过对比转述语与原话语在措辞上的差异程度进行。转述的相似性主要通过对比转述语和原话语，并结合原话语语境和转述语境来进行判断。对转述方式、转述措辞以及转述相似性的判断在理论界定上可能存在着一些不够完善的地方，在具体识别的过程中，也难以从绝对意义上阻止研究者主观性的介入。

8.4.2　未来研究方向

本书对新闻转述在转述方式、转述措辞以及转述相似性的顺应性选择上进行了较为全面的讨论，得出了一些有意义的发现，但仍有许多问题需要进一步探讨。

首先，应该进一步深入探讨影响报纸新闻转述的各种因素，全面揭示新闻转述行为的特点。比如，在转述非严肃话题的话语时，转述语在内容属性、形式上的选择是否与转述严肃话题的话语时存在着差异？本书尽管做了娱乐新闻转述的个案分析，但仍需要大量对等语料的系统性比较。此外，还应进一步探讨不同权威程度、不同意识形态的报纸在新闻转述行为上的差异，并关注汉语语境下的新闻转述与英语语境下的新闻转述所存在的差异。

其次，应该加强有声新闻转述的研究，关注不同媒介（如纸质媒介、电子刊物、电视媒介等）对新闻转述的影响。话语转述一直是新闻话语的重要话题，但通常仅局限于书面语中的转述现象（吕晶晶，2011；辛斌，2012），鲜有研究指向有声新闻播报中的转述语。国家非常重视新闻话语的研究，近三年来，教育部和国家社科资助的有关新闻话语的项目有将近10项，却大多为报纸新闻的研究，仅有1项为"电视新闻话语的跨学科研究"（侯建波，2012）。这可能与报纸新闻的语料方便获取有关，这就给本课题留下了巨大的研究空间，以图像、声音为主要媒介的电视新闻播报中的转述语，有待语言学家的深入研究。

最后，应进一步扩展话语转述的研究范围，采用多样化的研究方法，以了解不同语境下的话语转述行为。从话语转述的现有研究来看，研究方法越来越趋向实证性（Blackwell & Tree，2012），体现为语料的真实性、语境的多样性和语篇形式的多样化（Clift & Holt，2007），更多的研究开始转向口语语篇。吕晶晶（2011）指出国内转述研究的未来走向：互动语料（尤其是副语言特征）的研究、与其他学科交叉研究、汉语语料作为研究对象等。

183

附　录

附录一：本研究所用的原话语事件分布表

原话语事件	发生时间
美国大选第一次辩论	2008 年 9 月 26 日
美国大选第二次辩论	2008 年 10 月 7 日
美国大选第三次辩论	2008 年 10 月 15 日
Obama 获胜演说	2008 年 11 月 5 日
McCain 落败演说	2008 年 11 月 5 日
美国总统就职演说	2009 年 1 月 20 日
美国总统国会演讲	2009 年 2 月 25 日

附录二：本研究所用的语料来源分布表

报纸名称	原话语						合计
	第一次辩论	第二次辩论	第三次辩论	获胜演说和落败演说	就职演说	国会演讲	
《中国日报》	3	5	4	3	6	—	21
《人民日报》	—	1	2	—	8	5	16
《卫报》	1	3	—	2	1	1	8
《太阳报》	1	1	1	1	2	1	7
《泰晤士报》	1	5	3	2	2	2	15
《纽约时报》	4	5	3	1	4	3	20
《华盛顿邮报》	—	—	1	1	3	2	7
《洛杉矶时报》	—	2	2	1	—	1	6
《纽约每日新闻》	1	2	3	2	5	1	14
《美国太阳报》	1	1	—	1	3	—	6
《巴尔的摩太阳报》	—	—	—	—	5	1	6
《论坛报》	—	—	—	—	10	1	11
《纽约邮报》	—	—	—	—	4	1	5
《华尔街日报》	—	—	—	—	6	1	7
《芝加哥论坛报》	—	—	—	—	6	—	6
合计	12	25	19	14	65	20	155

附录三：本研究语料标注代码及标注示例

转述相似性的判断		转述相似性的类别	转述形式代码表		转述形式分类名称
保真型转述	< STR >	语义保真型转述	转述措辞	< VR >	字面型转述
				< PVR >	局部字面型转述
	< PTR >	语用保真型转述		< RR >	重述型转述
失真型转述	< SDR >	语义失真型转述	转述方式	< DD >	直接话语转述
				< PDD >	语用失真型转述
				< ID >	间接话语转述
				< FID >	自由间接话语转述
	< PDR >	自由直接话语转述		< MD1 >	从直接话语滑向间接话语
				< MD2 >	从间接话语滑向直接话语
				< MD3 >	警示型话语转述

标注示例：

< ID > < RR > < PTR > Obama said this should be borne in mind when voters made their decision about which of the two had the better judgment and who was the better equipped to be the next president.

< DD > < VR > < STR > "Here is Ahmadinejad, who is now in New York, talking about the extermination of the state of Israel, of wiping Israel off the map, and we're going to sit down, without precondition," McCain said, shaking his head in apparent incredulity.

< MD3 > < RR > < PTR > On the latter point, he said repeatedly that Mr. Obama "doesn't understand" the key issues affecting the country.

< DD > < PVR > < SDR > "Ten days ago, John said the fundamentals of the economy are strong —" Mr. Obama started.

< ID > < RR > < PTR > When Mr. McCain was asked how he would deal with the economic crisis, < ID > < RR > < PTR > he talked about curbing government spending, especially what he said was $18 billion in spending on pet projects.

术语对照表

表述类言语行为   Representative speech act

保真/失真型转述   Report of (in) fidelity/infidelity

公开表征   Public representation

嘲讽引用   Snigger quote

程序性意义   Procedural meaning

抽象表征   Abstract representation

传闻式转述   Hearsay report

纯引用   Pure quotation

低调陈述语   Understater

第三方引用   The third-party quotation

对方引用   Co-party or second-party quotation

概念意义   Conceptual meaning

话语联系语   Discourse connective

话语标记语   Discourse markers

话语/言语表达   Discourse/Speech presentation

话语/言语表征   Discourse/Speech representation

话语事件   Discourse event

言语转述   Discourse/Speech report

话语/言语转述行为   Discourse/Speech reporting

混合引语   Mixed quotation

建构的对话   Constructed dialogue

阐释性使用   Interpretive use

警示型转述   Scare report

句式降级语   Syntactic downgrader

刻意—随意—隐喻   Literal – Loose – Metaphor

类型与例示   Type vs token

零引述/转述   Zero quotative

描绘与描写	Depict vs describe
明说与隐含	What is said vs what is implicated
描写性和阐释性	Descriptive vs interpretive
目击式转述	Eyewitness report
目击者向目击者（转述）	Eyewitness-to-eyewitness
目击者向局外人（转述）	Eyewitness-to-outside
模糊限制语	Hedge
评论/批评语言学	Critical linguistics
强化语	Intensifier
确切/模糊/零消息源	Specified/Unspecified/Zero source
使用与提及	Use vs. Mention
实施者、责任者、创作者	Animator，Principal，Producer
思维表征	Mental representation
显义与隐义	Explicature vs Implicature
相似性	Resemblance
虚拟性转述	Hypothetical report
言语标记语	Speech markers
言语类/非言语类转述	Verbal/Nonverbal report
言语行为的叙述性转述	Narrative report of speech act
以言指事、以言行事和以言	Locutionary/Illocutionary/Perlocutionary
引语成事	act Quotation
语调降级语	Downtower
语境化线索	Contextualization cue
语句行为	Utterance act
语言转述	Language report
语义/语用保真/失真	Report of semantic/Pragmatic（in）fidelity
语用真实性	Pragmatic truth
语用缓和	Pragmatic mitigation
元表征	Metarepresentation
元交际反身行为	Metacommunicative reflexive action
元语用结构或元语用指示语	Metapragmatic indicators
元语用意识	Metapragmatic awareness
元语用评述语	Metapragmatic comment

元语用行为	Metapragmatic act
直接/间接/混合话语转述	Direct/Indirect/Mixed discourse report
直接/间接/自由直接/自由间接	Direct/Indirect/Free direct/Free Indirect
话语/言语	Discourse/Speech
直接言语/思维	Direct speech/Thought
转述（引用）标记语	Quotation markers
转述措辞	Reporting wording
转述动词	Reporting verb
转述方式	Reporting mode
转述/引述功能	Reporting Quotativefunction
转述语（转述话语/言语/思维）	Reported discourse/Speech/Thought
转述言语/转述语境/转述者	Reported speech/Reporting context/
言语	Reporting speech
转述小句和转述句	Reporting clause，Reported clause
字面型/局部字面型/重述型转述	Verbatin/ Partially/ Rephrasing report
自我引用	Self quotation

参考文献

［1］ ARCHAKIS A & D PAPAZACHARIOU. Prosodic cues of identity construction: intensity in Greek young women's conversational narratives ［J］. Journal of sociolinguistics, 2008 (5): 627 – 647.

［2］ ATAWNETH A M. The discourse of war in the Middle East: analysis of media reporting ［J］. Journal of pragmatics, 2009 (2): 263 – 278.

［3］ AUSTIN J L. How to do things with words ［M］. Beijing: Foreign Language Teaching and Research Press, 2002.

［4］ HABERLAND H. Reported speech in Yoruba ［M］//F. Coulmas. Direct speech an indirect speech. Berlin: Mouton de Gruyter, 1986.

［5］ BAKHTIN M M. The dialogic imagination: four essays ［M］. M. Holquist, Ed. C. Emerson & M. Holquist, Trans. Austin: University of Texas Press, 1981.

［6］ BAMGBOSE A. Reported speech in Yoruba ［M］//F. Coulmas. Direct speech and indirect speech. Berlin: Mouton de Gruyter, 1986.

［7］ BANFIELD A. Narrative style and the grammar of direct and indirect speech ［J］. Foundations of language, 1973 (1): 1 – 39.

［8］ BANFIELD A. Where epistemology, style, and grammar meet literary history: the development of represented speech and thought ［J］. New literary history, 1978 (3): 415 – 454.

［9］ BAYNHAM M. Direct speech: what's it doing in non – narrative discourse? ［J］. Journal of pragmatics, 1996 (25): 61 – 81.

［10］ BELL A. The language of news media ［M］. Oxford: Oxford University Press, 1991.

［11］ BLACKWELL N, JEAN E & FOX TREE. Social factors affect quotative choice ［J］. Journal of pragmatics, 2012 (44): 1150 – 1162.

［12］ BOLDEN G. The quote and beyond: Defining boundaries of reported speech in conversational Russian ［J］. Journal of pragmatics, 2004 (36): 1071 – 1118.

［13］ BLUM – KULKA S & OLSHTAIN E. Requests and apologies: a

cross – cultural study of speech act realization patterns [J]. Applied linguistics, 1984 (3): 195 –213.

[14] BLYTH C, JR S, et al. I'm like, 'say what ?!': a new quotative in American oral narrative [J]. American speech, 1990 (3): 215 –227.

[15] BUTTNY R. Reported speech in talking race on campus [R]. Human communication research, 1997 (23): 477 –506.

[16] CALSAMIGLIA H & FERRERO C L. Role and position of scientific voices: reported speech in the media [R]. Discourse studies, 2003 (2): 147 –173.

[17] CAMPBELL C. Writing with others' words: using background reading text in academic compositions [M] //B. Kroll. Second language writing: Research insights for the classroom. Cambridge: Cambridge University Press, 1990.

[18] CAPPELEN H & E LEPORE. Varieties of quotation [J]. Mind, 1997 (106): 429 –450.

[19] CARNAP R. Meaning and Necessity [M]. Chicago: University of Chicago Press, 1947.

[20] CARSTON R. Thoughts and utterances: the pragmatics of explicit communication [M]. Malden: Blackwell, 2002.

[21] CARSTON R. Metaphor, lexical pragmatics and metarepresentation [C]. Paper presented at the 11th China pragmatics conference, 2009.

[22] CHRISTIE C. Rewriting rights: a relevance theoretical analysis of press constructions of sexual harassment and the responses of readers [J]. Language and literature, 1998 (3): 215 –234.

[23] CHURCH A. On Carnap's analysis of statements of assertion and belief [J]. Analysis, 1950 (10): 97 –99.

[24] CLARK H H & GERRIG R J. Quotation as demonstration [J]. Language, 1990 (66): 764 –805.

[25] CLIFT R. Indexing stance: reported speech as an interactional evidential [J]. Journal of sociolinguistics, 2006 (5): 569 –595.

[26] CLIFT R & HOLT E. Introduction [M] //E. Holt & R. Clift. Reporting talk: reported speech in interaction, Cambridge: Oxford University Press, 2007.

[27] COHEN A & MANION L. Research methods in education [M]. 3rd ed. London: Routledge, 1991.

[28] COLLINS D E. Reanimated voices: speech reporting in a historical – pragmatic perspective [R]. Amsterdam and Philadelphia: John Benjamins Publishing Company, 2000.

[29] Coulmas F. Direct and indirect speech: general problems and problems of Japanese [J]. Journal of pragmatics, 1985 (9): 41 – 63.

[30] COULMAS F. Reported speech: some general issues [M] //F. Coulmas. Direct speech and indirect speech. Berlin: Mouton de Gruyter, 1986a.

[31] COULMAS F. Direct speech and indirect speech [M]. Berlin: Mouton de Gruyter, 1986b.

[32] COUPER – KUHLEN E. Accessing and accounting [M] //E. Holt & R. Clift. Reporting talk: reported speech in interaction. Cambridge: Oxford University Press, 2007.

[33] CULBERTSON H M & SOMERICK N. Quotation marks and bylines – what do they mean to readers? [J]. Journalism quarterly, 1976, 53 (3): 463 – 508.

[34] CULBERTSON H M & SOMERICK N. Variables affect how persons view unnamed news sources [J]. Journalism quarterly, 1977, 54 (1): 58 – 69.

[35] DAVIDSON D. Inquiries into truth and interpretation [M]. Oxford: Oxford University Press, 1984.

[36] DE BRABANTER P. Hybrid quotations [M]. Amsterdam: John Benjamins Publishing Company, 2005.

[37] DOR D. On newspaper headlines as relevance optimizers [J]. Journal of pragmatics, 2003 (35): 695 – 721.

[38] DREW P. Complaints about transgressions and misconduct [J]. Research on language and social interaction, 1998 (31): 295 – 325.

[39] DUFFY M J & FREEMAN C P. Anonymous sources: a utilitarian exploration of their justification and guidelines for limited use [J]. Journal of mass media ethics, 2011, 26 (4): 297 – 315.

[40] EDMONSON W. Spoken discourse: a model for analysis [M]. New York: Longman Group Limited, 1981.

[41] FAIRCLOUGH N. Critical discourse analysis: the critical study of language [M]. London /New York: Longman, 1995.

[42] FERRARA A. An extended theory of speech acts [J]. Journal of pragmatics, 1980 (12): 341 – 350.

[43] FETZER A. "Minister, we will see how the public judges you." Media references in political interviews [J]. Journal of pragmatics, 2006 (38): 180 – 195.

[44] FETZER A. Theme zones in English media discourse: forms and functions [J]. Journal of pragmatics, 2008 (40) : 1543 – 1568

[45] FOX W. Writing the news: a guide for print journalists (Li Bin, Trans.) [M]. Beijing: Xinhua Press, 1999.

[46] FRASER B. Conversational mitigation [J]. Journal of pragmatics, 1980 (4): 341 – 350.

[47] GALATOLO R. Active voicing in court [M] //E. Holt & R. Clift. Reporting talk: reported speech in interaction. Cambridge: Oxford University Press, 2007: 195 – 220.

[48] GIBSON R. Beyond accuracy: the effects of direct vs paraphrased quotation [C]. AEJMC conference paper, 1997.

[49] GIBSON R, et al. Pull quotes shape reader perceptions of news stories [J]. Newspaper research journal, 2001, 22 (2) : 66 – 78.

[50] GIBSON R & ZILLMANN D. The impact of quotation in news reports on issue perception [J]. Journalism & mass communication quarterly, 1993, 70 (4): 793 – 800.

[51] GIBSON R & ZILLMANN D. Effects of citation in exemplifying testimony on issue perception [J]. Journalism & mass communication quarterly, 1998, 75 (1): 167 – 176.

[52] GIVON T. The binding hierarchy and the typology of complements [J]. Studies in language, 1980 (5): 333 – 378.

[53] GOFFMAN E. Frame analysis: an essay in the organization of experience [M]. York, Pennsylvania: Northeastern University Press, 1974.

[54] GOFFMAN E. Forms of talk [M]. Oxford, England: Blackwell, 1981.

[55] GREEN G. Pragmatics and natural language understanding [M]. Hillsdale, NJ: LEA Publishers, 1996.

[56] GRICE H P. Studies in the way of words [M]. Beijing: Foreign Language Teaching and Research Press, 2002.

[57] GUMPERZ J G. Discourse strategies [M]. Cambridge: Cambridge University Press, 1982.

[58] GUNDEL J K, et al. Cognitive status and the form of referring expressions in discourse [J]. Language, 1993 (69) : 274 – 307.

［59］ HALE F D. Unnamed news sources: their impact on the perceptions of stories ［J］. Newspaper research journal, Winter 1984 (5): 49 – 56.

［60］ HALLIDAY M A K. An introduction to functional grammar ［M］. 2nd ed. London: Edward Arnold, 1994.

［61］ HALLIDAY M A K & HASAN R. Cohesion in English ［M］. London: Longman, 1976.

［62］ HALPERN JAKE. Fame junkies: the hidden truths behind America's favorite addiction ［M］. Boston: Houghton Mifflin Harcourt, 2007.

［63］ HARMAN I P. Teaching indirect speech: deixis points the way ［J］. ELT journal, 1990 (44): 230 – 238.

［64］ HARWOOD N. An interview – based study of the functions of citations in academic writing across two disciplines ［J］. Journal of pragmatics, 2009 (41): 497 – 518.

［65］ HOLMES J. Modifying illocutionary force ［J］. Journal of pragmatics, 1984 (8): 345 – 365.

［66］ HOLT E. Reporting on talk: the use of direct reported speech in conversation ［R］. Research on language and social interaction, 1996 (3): 219 – 215.

［67］ HOLT E. Reporting and reacting: concurrent responses to reported speech ［R］. Research on language and social interaction, 2000 (33): 425 – 454.

［68］ HOLT E & CLIFT R. Reporting talk: reported speech in interaction ［M］. Cambridge: Oxford University Press , 2007.

［69］ HORN L R. Towards a new taxonomy for pragmatic inference: Q – based and R – based implicature ［M］//D. Schiffrin. Meaning, form, and use in context: linguistic applications. Washington, D. C. : Georgetown University Press, 1984.

［70］ HORN L R. Pragmatic theory ［M］//F. Newmeyer (ed.). Linguistics: the Cambridge survey. Cambridge: Cambridge University Press, 1988 (1): 113 – 145.

［71］ HUBLER A & BUBLITZ W. Metapragmatics in use ［M］. Philadelphia: John Benjamins, 2007.

［72］ HYLAND K. Academic attribution: citation and the construction of disciplinary knowledge ［J］. Applied linguistics, 1999 (3): 341 – 367.

［73］ IFANTIDOW E. Newspaper headlines and relevance: ad hoc concepts in ad hoc contexts ［J］. Journal of pragmatics, 2009 (41): 699 – 720.

[74] IKEO R. An elaboration of the faithfulness claims in direct writing [J]. Journal of pragmatics, 2009 (41): 999 – 1016.

[75] JAFFE A. Review of Jef Verschueren's understanding pragmatics [J]. Language in society, 2001 (30): 104 – 106.

[76] JESPERSEN O. The philosophy of grammar [M]. London: George Allen and Unwin, 1924.

[77] JESPERSEN O. A modern English grammar on historical principles [M]. London: George Allen and Unwin, 1954.

[78] JUCKER A & ZIV Y. Discourse markers: description and theory [M]. Amsterdam: John Benjamins, 1998.

[79] KUO S H. Reported speech in Chinese political discourse [J]. Discourse studies, 2001 (2): 181 – 202.

[80] LAKOFF G & JOHNSON M. Philosophy in the flesh [M]. New York: Basic Books, 1999.

[81] LABOV W. Language in the inner city [M]. Philadelphia: University of Pennsylvania Press, 1972.

[82] LAUERBACH G. Discourse representation in political interviews: the construction of identities and relations through voicing and ventriloquizing [J]. Journal of pragmatics, 2006 (38): 195 – 215.

[83] LEECH G N. Principles of pragmatics [M]. London: Longman, 1983.

[84] LEECH G N & SHORT M H. Style in fiction: a linguistic introduction to English fictional prose [M]. Beijing: Foreign Languages and Research Press, 2001 (Original work published, 1981).

[85] LEHRER A. Remembering and presenting prose: quoted speech as a data source [J]. Discourse processes, 1989 (12): 105 – 125.

[86] LEVINSON S. Activity types and language [J]. Linguistics, 1979 (17): 365 – 399.

[87] LEVINSON S. Pragmatics [M]. Cambridge: Oxford University Press, 1983.

[88] LEVINSON S. Pragmatics and the grammar of anaphora [M]. Journal of Linguistics, 1987 (23): 379 – 434.

[89] LI C. Direct and indirect study: a functional study [M] //F. Coulmas. Direct speech and indirect speech. Berlin: Mouton de Gruyter, 1986.

[90] LUCY J A. Reflexive language: reported speech and metapragmatics

[M]. Cambridge: Oxford University Press, 1993.

[91] LEUNG E & John G. Interpreting cantonese utterance final particles in bilingual courtroom discourse [J]. Interpreting, 2009 (2) 190 – 215.

[92] LUNDE I. Rhetorical enargeia and linguistic pragmatics: on speech – reporting strategies in East Slavic medieval hagiography and homiletics [J]. Journal of historical pragmatics, 2004 (5): 49 – 80.

[93] LYONS J. Deixis as the source of reference [M] //E. L. Keenan. Formal semantics of natural language. Cambridge: Oxford University Press, 1975.

[94] MACAULAY R. You're like 'why not?': the quotative expressions of Glasgow adolescents [J]. Journal of sociolinguistics, 2001 (1): 3 – 21.

[95] MATHIS T. & G YULE. Zero quotatives [J]. Discourse processes, 1994 (1): 63 – 76.

[96] MAYES P. Quotation in spoken English [J]. Studies in language, 1990 (14): 325 – 363.

[97] MAYNARD SENKO K. Textual ventriloquism: quotation and the assumed voice in Japanese newspaper columns [J]. Poetics, 1997 (24): 379 – 392.

[98] MCCAWLEY J D. The syntactic phenomena of English [M]. Chicago: University of Chicago Press, 1988.

[99] MCHALE B. Free indirect discourse: a survey of recent accounts [J]. PTL, 1978 (3): 249 – 287.

[100] MENCHER M. News reporting and writing [M]. Beijing: Tsinghua University Press, 2012.

[101] MEY J L. Pragmatics: an introduction [M]. Beijing: Foreign Language Teaching and Research Press, 2001.

[102] MUSHIN I. Japanese reportive evidentiality and the pragmatics of retelling [J]. Journal of pragmatics, 2001 (33): 1361 – 1390.

[103] MUSOLFF A. Promising to end a war = language of peace? The rhetoric of allied news management in the Gulf War 1991 [M] //Schaffner, et al. Language and peace. New Hampshire: Dartmouth Publishing Company, 1995.

[104] MYERS G. Functions of reported speech in group discussions [J]. Applied linguistics, 1999 (20): 376 – 401.

[105] NOH MUN – JU. Metarepresentation: a relevance – theory approach

[M]. Amsterdam / Philadelphia: John Benjamins Publishing Company, 2000.

[106] NORRICK N R. Using large corpora of conversation to investigate narrative: The case of interjections in conversational story telling performance [J]. International journal of corpus linguistics, 2008 (4): 438 – 464.

[107] PARK YUJONG. Interaction between grammar and multimodal resources: quoting different characters in Korean multiparty conversation [J]. Discourse studies, 2005 (1): 79 – 104.

[108] PERELMUTTER R. Pragmatic functions of reported speech with Jako in the Old Russian Primary Chronicle [J]. Journal of historical pragmatics, 2009 (1): 108 – 131.

[109] POLITIS P & KAKAVOULIA M. Direct discourse in the Greek press: from evidentiality to subjectivity [J]. Revista alicantina de estudios ingleses, 2006 (19): 345 – 363.

[110] POSTMAN N. Amusing ourselves to death: public discourse in the age of show business [M]. USA: Penguin, 1985.

[111] QUINE W V. Quantifiers and propositional attitudes [J]. Journal of philosophy, 1956 (6): 177 – 187.

[112] QUINE W V. Word and object [M]. Cambridge: MIT press, 1960.

[113] QUINE W V. Philosophy of logic [M]. 2nd ed. Cambridge: Cambridge University Press, 1986.

[114] QUIRK R, et al. A universal grammar of english [M]. London: Longman Group Limited, 1972.

[115] QUIRK R. et al. A comprehensive grammar of the English language [M]. London: Longman Group Limited, 1985.

[116] RECANATI F. Open quotation [J]. Mind, 2001 (110): 637 – 687.

[117] REDEKER G. Linguistic markers of discourse structure [J]. Linguistics, 1991 (29): 1139 – 1172.

[118] RICHARDS J, et al. Longman dictionary of language teaching and applied linguistics [M]. Beijing: Foreign Language Teaching and Research Press, 2005.

[119] RICHARD M. Propositional attitude [M] //Hale B & WRIGHT C. A companion to the philosophy of language. Malden/Oxford/Carlton: BlackWell Publishing Ltd, 1999.

[120] SAEED J I. Semantics [M]. 2nd ed. Oxford: Blackwell Publishing, 2003.

[121] SAKA P. Quotation and use-mention distinction [J]. Mind, 1998 (107): 113 – 135.

[122] SBISA M. Illocutional force and degrees of strength in language use [J]. Journal of pragmatics, 2001 (33): 1791 – 1814.

[123] SCHIFFRIN D. Discourse markers [M]. New York: Cambridge University Press, 1987.

[124] SCHUDSON M. Discovering the news, a social history of American newspapers [M]. New York: Basic Books, Inc, 1978.

[125] SEARLE J. Expression and meaning: studies in the theory of speech acts [M]. Cambridge: Cambridge University Press, 1979.

[126] SEMINO E, et al. Using a corpus to test a model of speech and thought presentation [J]. Poetics, 1997 (25): 17 – 43.

[127] SEMINO E & SHORT M. Corpus stylistics: speech writing and thought presentation in a corpus of English writing [M]. London: Routledge, 2004.

[128] SHORT M, et al. Revisiting the notion of faithfulness in discourse presentation using a corpus approach [J]. Language and literature, 2002 (4): 325 – 355

[129] SHAW P. Reasons for the correlation of voice, tense, and sentence function in reporting verbs [J]. Applied linguistics, 1992 (13): 302 – 319.

[130] SHUKRUN – NAGAR P. Quotation markers as intertextual codes in electoral propaganda [J]. Text & Talk, 2009 (4): 459 – 480.

[131] SHI L. Textual borrowing in second language writing [J]. Written communication, 2004 (21): 171 – 200.

[132] SLEMBROUCK S. The parliamentary hansard 'verbatim' report: The written construction of spoken discourse [J]. Language and literature, 1992 (2): 101 – 119.

[133] SLEURS K, et al. Constructing press releases, constructing quotations: a case study [J]. Journal of sociolinguistics, 2003 (2): 192 – 212.

[134] SPERBER D & WILSON D. Relevance: cognition and communication [M]. Beijing: Foreign Languages and Research Press, 2001. (Original work published, 1995)

[135] SPERBER D & WILSON D. Verbal metaphors [C]. Paper presented at the 10th China pragmatics conference, 2007.

［136］ SPERBER D & WILSON D. A deflationary account of metaphors ［M］//R. Gibbs. The cambridge handbook of metaphor and thought. Cambridge: Cambridge University Press, 2008.

［137］ SPERBER D & WILSON D. Meaning and relevance ［M］. Cambridge: Cambridge University Press, 2012.

［138］ STERNBERG M. Proteus in quotation-land: mimesis and the forms of reported discourse ［J］. Poetics today, 1982a (2) : 107 – 156.

［139］ STERNBERG M. Point of view and the indirections of direct speech ［J］. Language and style, 1982b (1) : 67 – 117.

［140］ SUNDAR S S. Effect of source attribution on perceptions of online news stories ［J］. Journalism & mass communication quarterly, 1998, 75 (1): 55 – 68.

［141］ SWALES J. Genre analysis: English in academic and research settings ［M］. Cambridge: Cambridge University Press, 1990.

［142］ TANNEN D. Introducing constructed dialogue in Greek and American conversational and literary narrative ［M］//F. Coulmas. Direct speech and indirect speech. Berlin: Mouton de Gruyter, 1986.

［143］ TANNEN, D. Talking voices: repetition, dialogue and imagery in conversational discourse ［M］. 2nd ed. Cambridge: Cambridge University Press, 2007.

［144］ THOMAS J. Meaning in interaction: an introduction to pragmatics ［M］. New York: Longman, 1995.

［145］ THOMPSON G. Reporting ［M］. Wang Zhiguang, Trans. Beijing: Foreign Languages Press, 1994.

［146］ THOMPSON G & Ye Y. Evaluation in the reporting verbs used in academic paers ［J］. Applied linguistics, 1991 (12): 365 – 382.

［147］ THOMPSON G. Voices in the text: discourse perspectives on language reports ［J］. Applied linguistics, 1996 (17): 501 – 530.

［148］ TURNER K. A note on the neo – Gricean foundations of societal pragmatics ［J］. International Journal of pragmatics, 2002 (12): 1 – 17

［149］ VAN DIJK T A. News as Discourse ［M］. Zeng Qingxiang, Trans. Beijing: Huaxia Press, 2003. (Original work published 1988)

［150］ VANDELANOTTE L. From representational to scopal 'distancing indirect speech or thought': a cline of subjectification ［J］. Text, 2004a (4): 547 – 585.

［151］VANDELANOTTE L. Deixis and grounding in speech and thought representation ［J］. Journal of pragmatics, 2004b（36）: 489 – 520。

［152］VAN DER HENST J B, et al. Truthfulness and relevance in telling the time ［J］. Mind and language, 2002（5）: 457 – 466.

［153］VERSCHUEREN J. International news reporting: metapragmatic metaphors and the U – 2 ［M］. Amsterdam and Philadelphia: John Benjamins Publishing Campany, 1985.

［154］VERSCHUEREN J. Pragmatics as a theory of linguistic adaptation ［M］. Antwerp: International Pragmatics Association, 1987.

［155］VERSCHUEREN J. Understanding pragmatics ［M］. Beijing: Foreign Language Teaching and Research Press, 2000. （Original work published, 1999）

［156］VERSCHUEREN J. Engaging with language use and ideology: pragmatic guidelines for empirical ideology research ［M］. Cambridge: Cambridge University Press, forthcoming, 2011.

［157］VERSCHUEREN J & OSTMAN J O. Key notions for pragmatics ［M］. Amsterdam and Philadelphia: John Benjamins Publishing Company, 2009.

［158］VINCENT D & PERRIN L. On the narrative vs non – narrative functions of reported speech: a socio – pragmatic study ［J］. Journal of sociolinguistics, 1999（3）: 291 – 313.

［159］VOLOSINOV V N. Marxism and the Philosophy of Language ［M］. L. Matejka & I. R. Titunik, Trans. Cambridge: Harvard University Press, 1986.

［160］WAUGH L. Reported speech in journalistic discourse: the relation of function and text ［J］. Text, 1995（1）: 129 – 173.

［161］WEIZMAN E. Roles and identities in news interviews: the Israeli context ［J］. Journal of pragmatics, 2006（38）: 154 – 179.

［162］WIERZBICK A. The semantics of direct and indirect discourse ［J］. Papers in linguistics, 1974（7）: 267 – 307.

［163］WILSON D & SPERBER D. Linguistic form and relevance ［J］. Lingua, 1993（90）: 1 – 25.

［164］WILSON D. Metarepresentation in linguistic communication ［M］ // D. Sperber. Metarepresentations: a multidisciplinary perspective. Oxford: Oxford University Press, 2000.

［165］YULE G, et al. On reporting what was said ［J］. ELT Journal,

1992（3）：245－251.

［166］YULE G. Pragmatics［M］. Oxford：Oxford University Press，1996.

［167］ZIPF G K. Human behavior and the principle of least effort：an introduction to human ecology［M］. New York：Hafner，1949.

［168］布鲁克斯（Brooks，B. S.），等. 新闻报道与写作［M］. 范红，译. 北京：新华出版社，2007.

［169］陈建林. 基于语料库的引述动词研究及其对英语写作教学的启示［J］. 外语界，2011（6）：40－48.

［170］陈洁，徐晨. 新闻标题语的顺应性研究——《人民日报》国内版与海外版同一新闻事件的标题语比较［J］. 江汉大学学报，2006（1）：88－92.

［171］陈新仁. 试论语用解释的全释条件［J］. 现代外语，2001（4）：378－389.

［172］陈新仁. 会话信息过量现象的语用研究［M］. 西安：陕西师范大学出版社，2004.

［173］陈新仁. 论语用的真实性［J］. 外语与外语教学，2007（9）：1－3.

［174］陈新仁. 批评语用学：目标、对象与方法［J］. 外语与外语教学，2009（12）：10－12.

［175］陈新仁. 语言顺应论：问题与建议［M］//何自然，陈新仁. 语用学研究：第3辑. 北京：高等教育出版社，2010.

［176］陈新仁. 批评语用学视角下的社会用语研究［M］. 上海：上海外语教育出版社，2014.

［177］陈新仁，吴珏. 中国英语学习者对因果类话语标记语的使用情况——基于语料库的研究［J］. 国外外语教学，2006（3）：38－41，封三.

［178］陈新仁，余维. 语用学研究需要更宽广的视野——日本语用论学会第十届年会报道［J］. 中国外语，2008（2）：108－111.

［179］程徽娉. 中国当代新闻报道的引语失当分析［D］. 苏州：苏州大学，2008.

［180］段业辉，李杰，杨娟. 新闻语言比较研究［M］. 北京：商务印书馆，2007.

［181］弗林特（Flint，L. N.）. 报纸的良知：新闻事业的原则和问题案例讲义［M］. 萧严，译. 北京：中国人民大学出版社，2005.

［182］富饶. 广告转述语言的语用认知分析［J］. 外语学刊，2007

（4）：73－76.

［183］付伊. 娱乐新闻的语言暴力研究［J］. 新闻爱好者，2011（13）：112－113.

［184］高俊霞. 引语类新闻标题的语用分析［J］. 洛阳师范学院学报，2006（6）：92－94.

［185］高小丽. 汉英报纸新闻语篇中转述形式的对比分析——新闻话语系列研究之一［J］. 外语学刊，2013（2）：64－70.

［186］顾曰国. 导读［M］//Austin J L. How to do things with words. Beijing：Foreign Languages and Research Press，2002.

［187］关瑛. 娱乐新闻的社会责任［J］，青年记者，2011（21）：43.

［188］郝雨，宫文婷. 近十年来我国娱乐新闻研究综述［J］. 当代传播，2009（6）：10－14.

［189］何自然. 导读［M］//Verschueren J. Understanding Pragmatics. Beijing：Foreign Languages and Research Press，2000.

［190］何自然. 导读［M］//Sperber D & Wilson D. Relevance：cognition and communication. Beijing：Foreign Languages and Research Press，2001.

［191］何自然. 非关联和无关联对话中的关联问题［J］. 外国语，2002（3）：11－17.

［192］何自然，陈新仁. 当代语用学［M］. 北京：北京大学出版社，2004a.

［193］何自然，陈新仁. 英语语用语法［M］. 北京：外语教学与研究出版社，2004b.

［194］何自然，谢朝群，陈新仁. 语用三论：关联论·顺应论·模因论［M］. 上海：上海教育出版社，2007.

［195］何自然，于国栋. 《语用学的理解》——Verschueren 的新作评介［J］. 现代外语，1999（4）：428－435.

［196］何自然，张淑玲. 非真实性话语作为语用策略的顺应性研究［J］. 外国语，2004（6）：25－31.

［197］侯建波. 2012 年度国家社科基金项目评审结果公布［EB/OL］. （2012－05－21）［2013－08－30］. http：//www. npopss－cn. gov. cn/GB/219469/17942372. html.

［198］胡春阳. 话语分析：传播研究的新路径［M］. 上海：上海世纪出版集团，2007.

［199］胡曙中. 英汉传媒话语修辞对比研究［M］. 郑州：郑州大学出

版社, 2007.

［200］胡正强. 新闻直接引语可以改动吗？［J］. 新闻爱好者, 2004 (11): 48 - 49.

［201］胡志清, 蒋岳春. 中外英语硕士论文转述动词对比研究［J］. 语言研究, 2007（3）: 123 - 126.

［202］黄成夫, 顺应理论在中国研究的回顾与展望［J］. 长沙大学学报, 2008（3）: 82 - 84.

［203］黄磊, 彭国祥. 娱乐新闻的后现代性表征［J］. 新闻前哨, 2006（6）: 29.

［204］黄敏. 事实报道与话语倾向——新闻中引语的元语用学研究［J］. 新闻与传播研究, 2008（2）: 10 - 16.

［205］黄衍. Reflections on theoretical pragmatics［J］. 外国语, 2001 (1): 2 - 14.

［206］黄莹, 我国政治话语体裁中人际意义的变迁——基于《人民日报》元旦社论的个案研究［J］. 广东外语外贸大学学报, 2006（2）: 42 - 45.

［207］黄友. 转述话语研究［D］. 上海: 复旦大学, 2009.

［208］吉布斯, 瓦霍沃（Gibbs C K & Warhover T）. 新闻采写教程: 如何挖掘完整的故事［M］. 姚清江, 刘肇熙, 译. 北京: 新华出版社, 2004.

［209］贾中恒. 转述语及其语用功能初探［J］. 外国语, 2000（2）: 35 - 41.

［210］姜晨. 新闻报道中直接引语的使用［J］. 新闻爱好者, 2009 (12): 35.

［211］江国成. 发改委: "三年内免谈房产税" 言论失实［EB/OL］. 新华每日电讯（2010 - 05 - 25）［2010 - 05 - 02］. http: //news. xinhuanet. com/mrdx/2010 - 05/25/content_13555959. htm.

［212］景晓平. 文学话语中的隐性交际: 文学语用学视角［M］//何自然, 陈新仁. 语用学研究: 第 2 辑. 北京: 高等教育出版社, 2010.

［213］景晓平. 元表征视角下的话语转述相似性［J］. 现代外语, 2014（4）: 481 - 490.

［214］景晓平, 杨淑红. 汉语娱乐新闻话语中的转述语研究［J］. 新疆广播电视大学学报, 2013（3）: 28 - 33.

［215］卡彭（Cappon J）. 美联社新闻写作指南［M］. 刘其中, 译. 北京: 新华出版社, 1988.

［216］李福印. 语义学概论［M］. 北京: 北京大学出版社, 2006.

[217] 李捷，何自然，霍永寿. 语用学十二讲 [M]，上海：华东师范大学出版社，2010.

[218] 李金凤. 也谈转述言语与新闻语篇的对话性 [J]. 外语与翻译，2008（3）：23 - 30.

[219] 李曙光. 语篇对话性与英语书面新闻语篇分析 [J]. 外语学刊，2007（6）：109 - 114.

[220] 李元胜. 顺应论在中国的研究综述 [J]. 成都大学学报，2007（3）：123 - 126.

[221] 李悦娥，范宏雅. 话语分析 [M]. 上海：上海外语教育出版社，2002.

[222] 李战子. 话语的人际意义研究 [M]. 上海：上海外语教育出版社，2002.

[223] 廖巧云. 合作·关联·顺应模式与交际成败 [J]. 四川外语学院学报，2005a（2）：58 - 63.

[224] 廖巧云. C - R - A 模式：言语交际的三维解释 [M]. 成都：四川大学出版社，2005b.

[225] 廖巧云. 合作·关联·顺应模式再探 [J]. 外语教学，2006（3）：20 - 23.

[226] 廖益清. 英语投射型小句复合体的功能语言学分析 [J]. 外语学刊，2006（1）：59 - 67.

[227] 灵石. 娱乐新闻到底娱乐了谁 [J]. 大众电影，2002（10）：44 - 45.

[228] 刘建明. 新闻学前沿——新闻学关注的 11 个焦点 [M]. 北京：清华大学出版社，2005.

[229] 刘其中. 直接引语与文风——直接引语在新闻报道中的作用 [J]. 中国记者，1995（12）：43 - 45.

[230] 刘其中. 净语良言——与青年记者谈新闻写作 [M]. 北京：新华出版社，2003.

[231] 刘森林. 语用策略 [M]. 北京：社会科学文献出版社，2007.

[232] 刘正光，吴志高. 选择—顺应：评 Verschueren《理解语用学》的理论基础 [J]. 外语学刊，2000（4）：84 - 90.

[233] 吕公礼. Grice 准则中的基本范畴及内在关系 [J]. 外国语，1999（1）：21 - 28.

[234] 吕公礼. 语言信息新论 [M]. 北京：中国社会科学出版社，2007.

［235］吕晶晶. 转述事件框架与转述的多维研究［J］. 外语研究，2011（2）：20-26.

［236］马博森，管玮. 汉语会话中的零转述现象［J］. 外国语，2012（4）：24-34.

［237］马景秀. 新闻话语直接引语的"修辞—评价"机制［J］. 外语教学理论与实践，2008（4）：77-81.

［238］毛延生. 被误解的"顺应"——语言顺应论之深度"误读"反思［J］. 南京邮电大学学报（社会科学版），2011（1）：66-72.

［239］彭建武. 语言转述现象的认知语用分析. 外语教学与研究［J］，2001（5）：359-366.

［240］彭建武. 语言转述现象的认知研究［D］. 上海：复旦大学，2003.

［241］钱冠连. 语用学：统一连贯的理论框架——J. Verschueren《如何理解语用学》述评［J］. 外语教学与研究，2000（3）：230-232.

［242］维索尔伦. 语用学诠释［M］. 钱冠连，霍永寿，译. 北京：清华大学出版社，2003.

［243］冉永平. 话语标记语的语用学研究综述［J］. 外语研究，2000（4）：8-14.

［244］冉永平. 元表征结构及其理解［J］. 外语与外语教学，2002（4）：15-18.

［245］冉永平. 言语交际的顺应—关联性分析［J］. 外语学刊，2004（2）：28-33.

［246］冉永平. 论语用元语言现象及其语用指向［J］. 外语学刊，2005（6）：1-6.

［247］冉永平. 语用学传统议题的深入研究 新兴议题的不断拓展——第十届国际语用学研讨会述评［J］. 外语教学，2007（6）：5-10.

［248］冉永平. 当代语用学研究的跨学科多维视野［J］. 外语教学与研究，2011（5）：763-771.

［249］冉永平. 语用学研究的复合性特征［J］. 外国语文，2012（5）：7.

［250］申丹. 小说中人物话语的不同表达方式［J］. 外语教学与研究，1991（1）：13-18.

［251］申丹. 有关小说中人物话语表达形式的几点思考［J］. 外语与外语教学，1999（1）：33-37.

［252］申丹. 导读［M］//Leech G N & M H. Short, style in fiction：a

linguistic introduction to English fictional prose. Beijing: Foreign Languages and Research Press, 2001.

［253］沈国麟.《纽约时报》为什么支持奥巴马［J］. 青年记者, 2009（7）: 78 – 80.

［254］申婧, 李程. 娱乐新闻中的女性形象分析［J］. 新闻爱好者, 2009（14）: 142.

［255］史文霞, 王振华, 杨瑞英. 介入视域中的中国博士生科技论文引言中转述的评价研究［J］. 西安电子科技大学学报（社会科学版）, 2012（6）: 94 – 101.

［256］首届美洲语用学大会暨第五届跨文化语用学国际研讨会概述［J/OL］.（2012 – 10 – 25）［2012 – 12 – 17］. http://www. cxrlinguistics. com/news_info. asp? pro = ok&nid = 790.

［257］孙迎晖. 中国学生英语硕士论文引言部分转述语使用情况的语类分析［J］. 外语教学, 2009（1）: 53 – 69.

［258］覃哲. 直接引语——西方记者的写作利器［J］. 阅读与写作, 2004（10）: 43 – 44.

［259］唐青叶. 学术语篇中的转述现象［J］. 外语与外语教学, 2004（2）: 3 – 6.

［260］王丹. 试论娱乐新闻侵犯公众人物隐私权问题［J］. 东南传播, 2012（12）: 93 – 95.

［261］汪吉, 对话中的省略和语用推理［J］. 外语研究, 2001（1）: 59 – 62.

［262］王俊杰. 英美报刊新闻作品选读［M］. 北京: 中国广播电视出版社, 2006.

［263］文秋芳, 俞洪亮, 周维杰. 应用语言学研究方法与论文写作［M］. 北京: 外语教学与研究出版社, 2004.

［264］吴飞, 沈荟. 现代传媒、后现代生活与新闻娱乐化［J］. 浙江大学学报, 2002（5）: 77 – 82.

［265］吴珏, 陈新仁. 英汉新闻标题中的预设机制: 调查与分析［J］. 外语教学, 2008（4）: 30 – 34.

［266］吴玉兰. 透视窦唯事件中记者与明星的博弈［J］. 传媒观察, 2006（7）: 14 – 15.

［267］谢少万. 也评"顺应理论"［J］. 西安外国语学院学报, 2003（3）: 9 – 11.

［268］谢余. 剖析娱乐假新闻现象［J］. 新闻实践, 2005（5）: 49.

［269］辛斌. 新闻语篇转述引语的批评性分析［J］. 外语教学与研究，1998（2）：9 – 14.

［270］辛斌. 语篇互文性的批评性分析［M］. 苏州：苏州大学出版社，2000.

［271］辛斌. 语篇互文性的语用分析［J］. 外语研究，2000b（3）：14 – 16.

［272］辛斌. 批评性语篇分析方法论［J］. 外国语，2002（6）：34 – 41.

［273］辛斌. 批评语言学：理论与应用［M］. 上海：上海外语教育出版社，2005.

［274］辛斌.《中国日报》和《纽约时报》中转述方式和消息来源的比较分析［J］. 外语与外语教学，2006（3）：1 – 4.

［275］辛斌. 转述言语与新闻语篇的对话性［J］. 外国语，2007（4）：35 – 42.

［276］辛斌. 引语研究：理论与问题［J］. 外语与外语教学，2009（1）：1 – 6.

［277］辛斌，李曙光. 汉英报纸新闻语篇互文性研究［M］. 北京：外语教学与研究出版社，2010.

［278］辛斌. 转述言语的戏剧效果刍议［J］. 外语学刊，2012（3）：32 – 37.

［279］徐赳赳. 叙述文中直接引语分析［J］. 语言教学与研究，1996（1）：52 – 66.

［278］徐盛桓. 信息状态研究［J］. 现代外语，1996（2）：5 – 12.

［281］徐涛，贾丽莉. 转述话语背后的意识操控——对两篇新闻报道的批判性话语分析［J］. 外国语言文学研究，2007（1）：42 – 50.

［282］徐学平. 顺应论与语用距离［J］. 外国语言文学，2005（2）：91 – 95.

［283］杨保军. 新闻真实论［M］. 北京：中国人民大学出版社，2006.

［284］杨慧芸. 直接引语使用分析——以《中国青年报》直接引语使用情况为例［J］. 新闻界，2005（6）：121 – 123.

［285］杨林秀.《社会语言学——说话者选择研究》述评［J］. 当代语言学，2007（3）：277 – 279.

［286］杨平. 关联—顺应模式［J］. 外国语，2001（6）：21 – 28.

［287］杨青. 娱乐新闻中值得注意的三种心态［J］. 新闻知识，2003

（10）：34－35．

［288］于国栋．语码转换研究的顺应性模式［J］．当代语言学，2004（1）：77－87．

［289］于惠淑，解娜．网络娱乐新闻对女性的性别歧视［J］．青年记者，2010（35）：14－15．

［290］曾蕾．从功能语言学角度看"投射"与语篇分析［J］．外语与外语教学，2000a（11）：15－17．

［291］曾蕾．英汉投射小句复合体的功能与语义分析［J］．现代外语，2000b（2）：163－173．

［292］曾庆香．新闻叙事学［M］．北京：中国广播电视出版社，2005．

［293］詹全旺．新闻言语行为分析［J］．安徽大学学报，2009（1）：50－54．

［294］张夫稳，吕光社．直接引语在新闻中的作用［J］．青年记者，2007（2）：53－54．

［295］张克定．语用句法学论纲［J］．外语与外语教学，2000（10）：25－28．

［296］张丽萍．论法庭情境中话语标记语——从法庭话语中的"我（们）认为"谈起［J］．南京理工大学学报（社会科学版），2009（1）：37－40．

［297］张谦．积极的歧视——对都市类市民报纸娱乐新闻栏目中女性形象的分析［J］．湖北省社会主义学院学报，2003（6）：27－30．

［298］张权．试论指示词语的先用现象［J］．现代外语，1994（2）：5－12．

［299］张荣建．管领词的引述功能与话语功能［J］．外国语，1998（2）：48－52．

［300］张荣建．书面语和会话中的引语分析［J］．外国语，2001（2）：42－47．

［301］张荣建．英语引语的多视角分析［J］．重庆师范大学学报，2007（2）：103－107．

［302］张艳君．顺应论中的合作原则［J］．外语学刊，2009（5）：81－84．

［303］章振邦．新编英语语法［M］．上海：上海译文出版社，1988．

［304］赵淑梅，秦秀白．广州地区报刊娱乐新闻中语码转换现象探析［J］．华南理工大学学报，2005（3）：62－65．

［305］赵增虎．评价系统框架下娱乐新闻的态度研究［J］．河南理工

大学学报，2007（4）：417－438.

［306］郑立华. 试论说话者角色的分离［J］. 外语学刊，2005（5）：49－54.

［307］周晓红. 直接引语：间接的意识形态——对两则新闻语篇中直接引语的批评性分析［J］. 中山大学研究生学刊，2008（1）：123－128.

后　记

　　本书是在我的博士论文基础上修改而成的，从 2007 年入学至今，历时九年，几易其稿，积叶成书，驻足回望，感慨良多！如果没有身边众多的良师益友，想必我也没有机会在我的学术生涯中涂上这样浓重的一笔。在此，请允许我向所有帮助过的人表达由衷的感谢！

　　首先，我要感谢在学业、工作和生活上给我全方位关心和指导的导师陈新仁教授！还记得 2004 年语用学会议上第一次见到陈老师，他幽默的谈吐与渊博的学识给我留下了深刻的印象。2007 年步入南京大学之后，开始有幸亲耳聆听陈老师的教诲，感受老师言传身教的师德与风范。陈老师在课堂内外的循循善诱，从理论到实践，处处演绎着语用学所蕴含的美妙与轻松，使我逐渐摆脱了科研工作的恐慌症。不仅如此，老师还随时随地为我答疑解惑，在旅途中、假期里，还不辞辛苦地帮我修改论文，那密密麻麻的修订与标注使我豁然开朗，也让我在感激之余，加倍努力。博士论文从选题、开题、初稿到定稿，每一个阶段都渗透着老师的大量心血！听说我要出版博士论文，老师对书稿从体例到内容又提出了大量的修改意见，并向"语用学学人文库"大力推荐我的书稿。老师为人处世的宽厚、治学态度的严谨、享受科研的至高境界，会永远激励着我，促使我不断地完善自我，以回报老师的拳拳爱生之心。我虽不是同门中最勤奋、最聪慧的学生，但怀有同样的眷眷感恩之心。在此，谨向长期以来关心、支持和帮助我的导师陈新仁教授表示衷心的感激和诚挚的谢意！

　　其次，我要感谢丁言仁教授、王海啸教授、张韧教授、辛斌教授、张辉教授、张权教授、魏向清教授、冉永平教授和李长生教授。在我论文选题和写作的各个阶段，他们以不同的方式提出了各种建议和意见，促使我不断思考论文的具体设计与论证过程。特别需要提及的是，王海啸教授、辛斌教授、张辉教授、张权教授、魏向清教授和冉永平教授在我论文开题答辩、预答辩和答辩会上提出的各种建议，不仅开拓了我的视野，也优化了本书的整体结构。此外，辛斌教授在电子邮件里对我写作中遇到的问题给予了及时的解答，还特意将他的专著赠予我研读，加深了我对新闻话语的认识。李长生教授在电话里对研究中的数据分析进行了细心的指导，使我的书稿避免了很多技术问题。在今后漫长的学术道路上，我将牢记诸位老师的谆谆教诲!

再次，我要感谢在学术道路上给了我无私帮助的老师们。感谢 Brighton 大学的 Ken Turner 教授慷慨无私地给我邮寄论文。感谢华东师范大学何刚教授在电子邮件里对我的问题进行细心地回答。感谢安徽大学詹全旺教授对我的求教给予的耐心解答。感谢南京大学的陈静老师，她对当前教育的深入思考，尤其是她对生活的积极态度，都深深地影响着我对学习、工作和生活的态度。感谢南京大学外国语学院研究生教务员陈爱华老师和孙小春老师，她们总是细心地解答我的各种疑问。

当然，我还要感谢我博士阶段的同学们，尤其是语用学团队中的各位同学。他们中的每一位都身体力行地实践着语用学的核心思想——礼貌与合作。毛延生深厚的哲学功底与高效的工作作风、李民严谨的治学态度、胡旭辉扎实的理论素养、袁周敏多元的人文情怀、虞锐不倦的求学精神、邓景敏捷的思辨能力、任育新不懈的求学作风以及几位硕士师妹（赵筠、鞠琳、游菲、姜琳丽等）在研讨课上的建议，都对本书的撰写提供了莫大的帮助。最难忘南大餐厅里的讨论、广州路口的小别，即使他们身在千里之外也以各种方式对我的求教给予及时回复。如果没有这些同学的帮助和支持，本书很难完成。在此，我深深地感谢他们!

感谢我的家人和朋友。感谢我的父母亲默默承受着子女不在身边照顾的孤独和思念，感谢我远在故乡的朋友们，感谢他们在我工作、学业繁忙的时候对我家人的照顾。感谢我的婆婆为我安心写作而承担了所有的家务。感谢我的丈夫付德平先生在我核查语料出问题时帮我编写程序，从而减少了我手工核查所需要的时间和精力。感谢我可爱、独立的女儿，从论文选题开始到今日书稿的完善和出版，将近十年，女儿和书稿相互见证。

感谢师公何自然先生对本书在修改过程中的各种建议和关心，从微观术语的使用到宏观结构的调整，何先生都给予了耐心的指导，并关心本书出版的每一个细节。感谢暨南大学出版社两位匿名审稿人给予的修改意见!

感谢暨南大学出版社人文社科分社杜小陆社长和本书的编辑刘晶老师，没有两位对图书出版的热爱、专业和严谨，本书不可能以如此面貌顺利出版。

感谢南京理工大学外国语学院领导和同事们对本人求学期间的关心和鼓励，感谢南京理工大学外国语学院对本书出版的大力资助!

寥寥数语，难以穷尽我对各位师长、同事、同学、朋友和家人的感谢。他们的帮助，我会永远铭刻在心。在此，我向所有给我帮助和支持的、提及过的和尚未提及的人们表示衷心的感谢! 我将永远怀着感恩的心迎接未来的新生活！

　　需要说明的是，尽管本书在撰写过程中得到了诸多帮助，但具体写作过程中出现的错误和问题皆由本人负责。

景晓平

2016 年 10 月 10 日